Karl Eberhard Sperl – Miss Eckstein und ihr Peace on Earth

Miss Eckstein
und ihr
Peace on Earth

Karl Eberhard Sperl

Impressum:

Herausgeber	Herausgeber Friedensmuseum Meeder e.V. Hirtenhof 13, 96484 Meeder Henning Schuster
Text	Karl Eberhard Sperl
Umschlag	Moritz Eisentraut

Gesamtherstellung und Druck
Louis Hofmann, Druck- und Verlagshaus GmbH & Co. KG, Sonnefeld

Wir danken unseren Förderern,
ohne die ein Erscheinen dieses Buches nicht möglich gewesen wäre:

OBERFRANKEN STIFTUNG — Niederfüllbacher Stiftung 1907 — VR-Bank Coburg

Meeder 2018

ISBN 978-3-00-059739-8

It is not
an easy thing
for a private person
to get the signature
of every man and woman
in the world,
but it can be done,
and I am going to do it,
if my health and money last.
I have set
my life upon it.

Anna B. Eckstein
am 10. März 1914 in „The Boston Journal"

„Mondenkind, ich komme!"
sagte Bastian noch einmal leise
in die Dunkelheit hinein.
Er fühlte von diesem Namen
eine unbeschreiblich süße,
tröstliche Kraft ausgehen,
die ihn ganz erfüllte.
Michael Ende 1979
in „Die unendliche Geschichte"

Höchste Vorsicht!

„Höchste Vorsicht!" sagte er. Ich schaue dem Mann eine Zeitlang in die Augen. Ich fasse Mut. Ich versuche es. Ich blättere behutsam, Seite für Seite. Ich höre nicht auf. Es fühlt sich unheimlich an, unheimlich, aber gut. „Sehr gut", höre ich mich sprechen. „Ja, das ist wunderschön."

Mir wird ein Stück Weltgeschichte anvertraut, ein Prachtband in Leder, dunkelrot eingefärbt. Goldgeprägt lockt eine Aufschrift:

UNIONE INTERNAZIONALE DI ROMA, 9139 ADESIONI ITALIANE, ALL' APPELLO MONDIALE PER LA PACE, ROMA SETTEMBRE 1911.

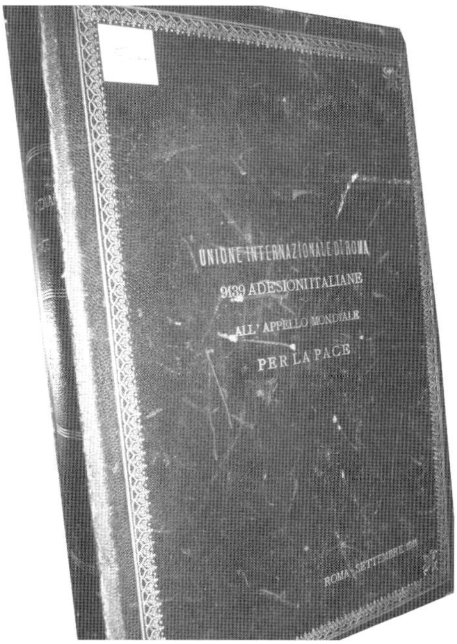

Kein Buch erschließt sich auf Anhieb, es muss mich erst herausfordern. Eine Weile muss ich erst seine Faszination empfinden. Dann geschieht etwas. Täglich werde ich neu beansprucht. Das Buch geht mit mir. Es wird ein langer Weg. Er tut mir gut. Schritt für Schritt, Seite um Seite komme ich mit ihm voran, bis ich mich selbst neu entdeckt habe.

Zwischen den Deckeln dieses Buches ruht der eigentliche Schatz: 250 vierseitige in bester Fadenheftung verbundene Bögen, bedruckt mit jenem „Appello mondiale", voll ausgeschrieben „Appello mondiale per impedire la Guerra fra le Nazioni". Bogen für Bogen hat dieser Aufruf zur Verhinderung des Krieges zwischen den Völkern 9 139 italienische Unterzeichner gesammelt.

Auf der Rückseite finde ich das Interessanteste. Am Ende nach verschiedenen „Istruzioni per i Sottoscrittori" steht ein Name mit Adresse. Eine „Miss" fordert diese Unterschriftenliste zurück: *Miss Anna B. Eckstein, presso la Ginn International School of Peace a Boston, 29, Beacon Street, Boston, Mass. U.S.A.* Als Absender der Bögen haben sich 9.139 Römerinnen und Römer eingetragen. In säuberlicher Handschrift identifizieren sie sich im Jahr 1911 mit dem Anliegen dieser Frau: „Ja, wir schaffen den Krieg ab."

Jetzt, 71 Jahre später, im Herbst 1982, bin ich wie elektrisiert. Die Friedensbewegung ist in Deutschland West und Ost stark wie nie zuvor. Vielfältig und massenhaft leisten Menschen Widerstand. „Wir wollen keine weiteren mit Atomwaffen bestückten Mittelstreckenraketen. Wir wollen sie weder in der Bundesrepublik noch in der DDR."

Nachdem ich an mich herangelassen habe, worum es in dem Prachtband geht, stelle ich Fragen: Warum bewegt sich Deutschland erst jetzt? Was hat die Menschen 1911 im damaligen Kaiserreich gehindert, dem Appell dieser Miss Eckstein zu folgen? Warum haben nicht sie schon entschlossen den nächsten Krieg verhindert? Dieser Appello mondiale hätte auch im Machtbereich von Wilhelm II. (1859 - 1941) Tausende Unterstützer finden müssen. Wo sind deren Unterschriften? In welchem Antiquariat sind sie verschwunden?

Meine Mutter hatte öfters Bertha von Suttner (1843 - 1914) erwähnt und ihren Roman „Die Waffen nieder". Mit Unterstützung der Evangelischen Kirche in Deutschland war über Suttner der Spielfilm „Herz der Welt" gedreht worden. Hilde Krahl spielte die Friedensfrau. Unser Gymnasium sah diesen Film Ende der 50er Jahre im Kino.

Dem Schuldirektor war das ein Anliegen. Er ist mir als Ostermarschierer in Erinnerung. Er war gegen Atomwaffen, das war selten in unserem Städtchen. Er unterrichtete Mathematik und Physik, ich besuchte bei ihm einen Kurs in Gabelsberger Kurzschrift, dafür hatte er intensiv geworben. Wir sollten uns Notizen machen können. Das mache es leichter, einander zuzuhören und einander zu verstehen! Dann würden wir weniger schnell vergessen. In Kurzschrift passe außerdem ein langer Brief auf eine Postkarte. Es wirkte auf mich, als wäre mit dieser Schrift und ihren Kürzeln ein Geheimnis verbunden.

Das ist alles, was ich als Kind von Pazifisten mitbekam. Von einer größeren Friedensbewegung im Deutschland vor den Weltkriegen hörte ich nie auch nur eine Andeutung. Weder war im Geschichtsunterricht davon die Rede, noch hörte oder las ich als Theologiestudent etwas davon. Lag das an mir? Lag es an meiner fehlenden Wahrnehmung für das, was Pazifisten bisher auf der Welt bewegt hatten?

Mir war von der Geschichte des Pazifismus kaum etwas vermittelt worden - vielleicht bewusst, vielleicht auch unbewusst. 1982 war ich dann überrascht. Von dem, was dieser Prachtband dokumentierte, hatte ich mir bis dahin keine Vorstellung gemacht. Man hatte uns Nachgeborene falsch informiert. Man verschwieg jede gelebte Alternative zum Krieg. Jetzt will ich alles von dieser Alternative wissen.

Wer ist diese Frau aus Boston? Warum glaubte sie, mit der Sammlung von Unterschriften den Krieg zwischen Völkern aufhalten zu können? Wer lebte drei Jahre vor dem Ersten Weltkrieg mit einer solchen Hoffnung auf friedliche Zeiten? Mit wieviel derart gesammelten Unterschriften hätte die Miss aus Boston es geschafft, die Urkatastrophe des 20. Jahrhunderts zu verhindern? Schließlich und vor allem: Wie kommt ein Dokument des Friedens aus Italien oder gar aus Amerika ausgerechnet nach Coburg?

Ich bin Christ. Zufälle gibt es für mich nicht. Ich danke dafür, dass solche Fragen durch dieses Buch gestellt werden. Mit Sigi Hirsch (* 1945) war mitten in Coburg ein umsichtiger Antiquar in der Albrecht'schen Hofbuchhandlung am Werk. Ohne Näheres zu wissen, erahnte er die historische Dimension seines Schatzes.

Als der Mann im Sommer 1982 in der Zeitung von einem Friedensmuseum im nahen Meeder liest, kommt zwischen seinen Bücherbergen in der Coburger Ketschengasse Hoffnung auf. Einer könnte von dieser Geschichte so gefesselt werden, dass er sich in ihr irgendwann zurechtfindet. Wenn überhaupt, so denkt der Herr der alten Bücher in Coburg, muss es einer in Meeder sein!

In diesem Dorf, zehn Kilometer außerhalb der früheren Residenz, mit etwas äußerem und gehörigem inneren Abstand zu den Abhängigkeiten der Stadtmenschen, dort draußen könnte dieser „Appello mondiale per la pace“ entschlüsselt werden. Als Friedensdorf hatte es sich einen Namen gemacht. Eben erst war Meeder eine „Theodor-Heuss-Medaille“ verliehen worden. Zusammen mit der Evangelischen Kirche in Deutschland hatte Hildegard

Hamm-Brücher in München die Gemeinde für ihre besondere Friedenskultur ausgezeichnet. Zwischen Erinnerung und Verheißung nimmt diese Kommune die Gegenwart ins Friedensgebet.

Die Treue zu dem 1650 für alle Zeiten gelobten Coburger Friedensdank war in den Dörfern des Kirchspiels inzwischen stärker als je zuvor. Trotz zweier Weltkriege, trotz der schlimmen Nazi-Herrschaft und trotz der Verächtlichmachung ihres Festes als „Friedenshetze", trotz oder gerade wegen der unmittelbaren Nähe zu der Todesgrenze der DDR sagten die Menschen dort draußen noch immer „Danke, Gott! Danke für den Frieden in unserer Welt und danke für den Frieden, den die Welt nicht geben kann!"

333 Jahre zuvor hatte nach 30 Jahren das Elend in Deutschland ein Ende gefunden. Auch wenn das Leben noch für Jahrzehnte äußerst mühevoll bleiben sollte, es war doch jeder Friedenstag ein Segen. Es herrschte der Glaube: „Ja, wir schaffen das. Wir fangen heute mit dem Frieden neu an". Und mit dem jeweils am Sonntag nach dem 19. August begangenen Fest lebte in der Urpfarrei von Sankt Laurentius die Dankbarkeit nicht nur auf den Lippen. Vor allem in Herzen, die sich bewegen ließen, wuchs die Hoffnung stärker als anderswo. Und die große Hoffnung von 1981 war, auch nach über 30 Jahren kaltem Krieg könnte hier an der Todesgrenze endlich der Frieden gefunden und miteinander geschlossen werden.

1982 ehrte mich als jungen Pfarrer das Vertrauen des Buchhändlers. Die Verantwortung für eine Tradition bezieht sich niemals nur auf die Vergangenheit. Doch die Dankbarkeit für den Frieden von gestern hilft, den Frieden heute zu suchen. Und wir - darüber gewann ich mit jedem Tag in Meeder mehr Gewissheit - wir würden diesem Frieden weiter nachforschen und ihn untereinander kommunizieren. Jede Friedensgeschichte wird als Kostbarkeit registriert. Sie wird zur Quelle für Kraft, Liebe und Besonnenheit.

Manchmal weißt du nicht, wie der Weg weitergeht. Für die Leute scheint es nach so viel Krieg kaum einen sinnvollen Weg zu geben. Aber keine Angst! Tu den ersten Schritt! Der Friede hat es in sich. Er ist selbst der Weg. Auf ihm bist du am Ziel, auch wenn dieses Ziel nie das Ende sein kann. In dem Prachtband von Sigi Hirsch steckt eine wahre Geschichte. Ich nenne sie „Miss Eckstein und ihr Peace on Earth". Die Begründung für diesen Titel verstecke ich. Spätestens im letzten Kapitel wird sie jeder entdeckt haben.

Es ist ein merkwürdiges Gefühl,
ein verbotener Schriftsteller zu sein und seine Bücher nie mehr
in den Regalen und Schaufenstern der Buchläden zu sehen.
In keiner Stadt des Vaterlands. Nicht einmal in der Heimatstadt.
Erich Kästner in
„Kennst du das Land, in dem die Kanonen blühen"
in einem späteren Vorwort
zu dem 1928 verfassten Gedicht

Eine Auferstehung

Ich fühle mich wie ein Detektiv. Der Name der Adressatin fällt auf. Er könnte der Schlüssel sein: „Eckstein". So heißen zahlreiche Familien in Franken. Wir schreiben an die vermutlich veraltete Adresse in Boston, zunächst leider vergeblich. Die örtlichen Zeitungen veröffentlichen unser Rätsel: „Wer ist diese Frau, wer ist Anna B. Eckstein?"

Monate vergehen. Endlich ruft mein Kollege Wilfried Beyhl (* 1945) aus der Stadtrandgemeinde Creidlitz an. Am 1. März 1983 habe er von einer Irmgard Eckstein (* 1903) einen Hinweis bekommen: „Was der Pfarrer von Meeder sucht, ist die verstorbene Tante von meinem verstorbenen Mann". Ich sage erneut „Gott sei Dank!" Endlich hat jemand den Mut. Endlich bekennt sich jemand dazu, von „Anna B. Eckstein" etwas zu wissen. Wir verlieren keine Zeit. Umgehend fahre ich mit Mitarbeiter Horst Schunk (* 1948) in den Coburger Süden.

„Gott sei Dank!" Diese drei Worte werden mein Glaubensbekenntnis. Sie erschließen mir auch Coburg. Meine Antritts-Predigt von 1979 als „Friedenspfarrer" im Grenzlandkreis setzte sich mit einem Heilungswunder (Lukas 17,11-19) auseinander: Jesus befreit zehn Aussätzige. Er holt Männer aus ihrem isolierten Leben. Aber nach geschehener Befreiung meldet sich nur einer. Nur einer denkt nach, nur einer bedankt sich. Nur einer von zehn!

Jesus ist berührt und bewegt. Diesem einen habe sein Glaube geholfen. So wirkt ein „Gott sei Dank!". Es macht mein Leben stimmig. Es befreit von Selbstüberschätzung, aber auch von Selbstunterschätzung. Mein Dankeschön macht aus dem, was den Dank ausgelöst hat, meine Geschichte. Ich werde zum bewussten Teil der Weltgeschichte. Ich werde es mit innerer Notwendigkeit.

Ein „Gott sei Dank!“ verrät nicht nur Erleichterung. Wer „dank-sagt“, bekennt sich. Er zeigt sich informiert. Er schließt jeden Zufall aus. Er gewinnt Erkenntnis.

Erkenntnis ist das Gegenteil von einer ungefähren Vorstellung. Der Erkennende glaubt eines felsenfest: Jeder Mensch ist etwas Besonderes, gerade weil keiner nur ein Fall für sich sein kann. Eile und Sorgfalt sind geboten, wo einer mein Interesse weckt. Ich will seine Geschichte hören. Ich setze mich damit auseinander. Mit dem, was mich davon betrifft und betroffen macht, muss ich leben. Ich werde es nicht verschweigen. Ein „Gott sei Dank!“ umfasst immer mehr. Mich verändert, was ich erfahre, und nicht nur mich. Jene Auskunft über die „verstorbene Tante“ half wirklich weiter.

Zuvor war es wie eine Mauer gewesen. Heute weiß ich warum. Aus Steinen der Angst war ein Bollwerk des Schweigens erbaut und gepflegt worden. Der Zwang zur Verdrängung wucherte im Innern wie ein Krebsgeschwür. Die Fassade nach außen wurde stetig übertüncht. 1988 erscheint „The first Nazi town“, eine Studie über Coburg von den Engländern Nicholas F. Hayward und David S. Morris. Sie weckt und klärt manche und manches auf.

1982 leben in und um die „erste Nazi-Stadt“ noch allerhand Verwandte und Bekannte der Friedensfrau. Sie alle könnten in ähnlicher Weise helfen. Aber nur jene Irmgard Eckstein nimmt sich dazu die Freiheit. Ist sie weniger „Nazi“ gewesen als die anderen? Oder hatte sie sich davon befreien können? Jedenfalls ist sie so frei. Sie sagt „Gott sei Dank!“ für diese Verwandte.

Wilfried Beyhl ist einer von 80 im Pfarrkapitel Coburg. Die anderen 79 hätten ebenso für Friedensspuren sensibilisiert sein müssen! Aber nur Beyhl nimmt meine mehrfache Bitte an das Pfarrkapitel auf. Nur er fragt Gemeindeglieder namens „Eckstein“. Nur er hilft suchen. Vielleicht fühlt er sich mir und meiner Arbeit verbunden. Jahre zuvor war er in Bayreuth mein Trainer beim Predigt-Schreiben gewesen. Nichts ist Zufall, Gott sei Dank!

Zum Ausdruck gebrachte Dankbarkeit öffnet. Der Weg des Friedens wird mein Weg. Ich gehe ihn, obwohl ein schnelles Ende nicht in Sicht ist. Meine Erkenntnisse verdichten sich. „Anna B. Eckstein“ gewinnt an Profil. Ich setze mich mit diesem Profil auseinander. Ich mache eigene Erfahrungen mit der Geschichte dieser Frau.

Meine Gedanken über sie bestimmen weniger historische Fakten oder die Einschätzung ihrer realen Erfolge. Sie geht mir nah, es wird persönlich. Ihre Schwierigkeiten, Belastungen und Niederlagen betreffen mich. Ich verändere mich, wie sie sich verändert hat. Auf diese Veränderung kommt es an. Dieses verändernde Anteilnehmen hatte auch Anna B. Eckstein geprägt.

Irmgard Eckstein und „ihr" Buch.

Irmgard Eckstein aus Creidlitz überließ dem Friedensmuseum ein weiteres Buch. Es war wesentlich kleineren Formats als jener „Appello mondiale". Auch dieses Buch war in rotes Leinen gebunden mit goldgeprägtem Titel. Die Verfasserin Anna B. Eckstein widmete es 1925 ihrem Patensohn Hans (1902 - 1977) und seiner Braut Irmgard zur Verlobung.

Es war „ihr" Buch gewesen. Gott sei Dank! Es trägt den Titel „Staatenschutzvertrag zur Sicherung des Weltfriedens". Am 17. März 1919 war es im Leipziger Verlag Duncker & Humblot erschienen.

Neben politischen, philosophischen und juristischen Erwägungen enthält es einen erzählenden Teil. Eckstein stellt darin ihre Kampagne zur „Weltpetition" dar, zu ebenjenem „Appello mondiale". 1918 blickt die inzwischen 50jährige zurück. Was waren die Gründe? Warum war ich, Anna B. Eckstein, zu schwach gewesen, warum konnte ich trotz meiner Hingabe an den Frieden diesen Weltkrieg nicht verhindern?

Doch, obwohl sie scheiterte, obwohl die befürchtete Katastrophe des Weltkriegs gekommen war, schaut sie jetzt dankbar auf ihren persönlichen Versuch, der Weltgeschichte einen anderen Verlauf zu geben. Ihr Einsatz war eine wichtige Etappe gewesen. Er wird seinen Sinn auf dem Weg des Friedens nie verlieren. Das hatten auch andere verstanden.

Im letzten Kriegsjahr hatte das „Kaiserlich-Königliche Institut für Internationales Recht" Kiel Anna B. Eckstein um diese Arbeit gebeten, um den „Staatenschutzvertrag zur Sicherung des Weltfriedens". Rechtzeitig zum Ende des vierjährigen Völkermordens wurde die Pazifistin mit der Niederschrift ihrer Gedanken und Erfahrungen fertig.

1910 war sie aus den USA heimgekehrt. Von Coburg aus setzte sie mit ihrer Kampagne für die Abschaffung des Krieges neue Akzente. Eines war völlig klar: Der nächste Krieg würde ein europäischer Krieg werden, eine einzige europäische Katastrophe. Jede Möglichkeit zu dessen Blockade müsse genutzt werden. Dieser Krieg würde auf Jahrzehnte wirklichen Frieden unmöglich machen. Europa würde sich sehr, sehr lange davon nicht mehr erholen.

So traurig das Leben in Deutschland durch diesen nicht verhinderten Krieg im Jahr 1918 geworden war, Eckstein fühlte sich bestätigt. Schon 20 Jahre zuvor hatte sie alles richtig eingeschätzt, den kaiserlichen Größenwahn, die militaristische Lebensverachtung und die sinnlose Verschwendung lebensnotwendiger Güter. Sie entwickelt dagegen politisch gangbare Alternativen.

Zum Jahreswechsel 1918/19 wird ihr Werk zur Lebenshilfe. Im Unterschied zum damals Üblichen ist dieses Buch nicht aus Rechthaberei geschrieben. Es ist frei von der Sucht nach Rache und Vergeltung.

Mehr als andere wusste Anna B. Eckstein, dass die deutsche Niederlage nicht von „Dolchstößen" aus der Heimat in den Rücken der kämpfenden Truppe verursacht war. Zu gut kannte sie die bittere deutsche Wahrheit. Finster entschlossen verhinderte die neue Supermacht Mitteleuropas von 1899 an bis ins letzte Kriegsjahr jeden Frieden durch Verständigung.

Eckstein lud 1918 ein, diesem Elend zum Trotz den Frieden zu suchen. Sie glaubte und hoffte erneut auf einen Rechtsstaat im Inneren und auf einen friedlichen Ausgleich zwischen den Nationen. Den Delegierten, die 1919 in Versailles für das geschlagene Deutsche Reich über den Frieden verhandelten, diente Ecksteins Buch als Orientierung: Ein wahrer Völkerbund sollte entstehen. Das damit verbundene Völkerrecht sollte eine verbindliche und einklagbare Rechtsgrundlage für alle Staaten und für ihre Bürger werden.

Für das Friedensmuseum ist dieses Eckstein-Buch 1982 die erste sichere Quelle. Seitdem wird in Meeder gesammelt und dokumentiert, was diese Frau für den Weltfrieden auf den Weg brachte. Mindestens genauso bedeutsam ist, was sie für ihre Kirche, für ihre Kirchengemeinde und für ihre Heimatstadt geleistet hat. Ecksteins Werdegang aufzuzeigen, ist unerlässlich. Es gilt zu retten, was zu retten ist. Viel zu viel wurde in der Zwischenzeit vernichtet.

Die zerstörte Erinnerung an diese Frau ist kein bedauerlicher Zufall. Schon 1922 tyrannisieren in Coburg die Nazis ihre Gegner. 1933 brechen alle Dämme. Wer sich auf Recht und Gerechtigkeit beruft, wird zum „Volksfeind". Viele landen in einer im Rathaus eingerichteten „Prügelstube". Wer nicht umgehend untertaucht oder ins Ausland flieht, wird auf der Stelle totgeschlagen oder kommt nach Dachau ins KZ.

„Ausrotten" heißt das in der Sprache der Rassisten. Und dieses Ausrotten oder „Ausmerzen" betrifft auch alles, was zuvor mühsam an Rechtsstaat im Inneren oder an internationalem Recht in den Beziehungen zu anderen Ländern und Völkern gewachsen ist. Für immer sollte es verbrannt, ausgelöscht und ausradiert sein.

Den öffentlichen Bücherverbrennungen folgt das Aussortieren „entarteter Kunst". Noch nicht einmal Künstler dürfen die Grenzen sprengen, welche die braunen Ungeister ihrem engen Denken ziehen. Öffentliche Bibliotheken und Archive vernichten systematisch und restlos, was bisher an Zeugnissen über das demokratische, sozialistische und pazifistische Bewusstsein der Deutschen gesammelt wurde. Oft genug geschieht dies in vorauseilendem Gehorsam. Es ist ein brutaler geistiger Kahlschlag.

Auch Nachkriegsdeutschland prägt das Desinteresse an Recht und Gerechtigkeit. Das Verhalten der schweigenden und verschweigenden Mehrheit war angeblich alternativlos. Dabei geht es keineswegs nur um die unmittelbaren Verbrechen der Nazis und um deren Opfer. Dem allgemeinen Gedächtnisschwund verfällt fast alles, was in Deutschland einmal anders gewesen war als braun und national-konservativ. Über dem ehemaligen Herzogtum Coburg lastet die Dunstglocke besonders dick. Das Wegschauen und Weghören setzt sich hier noch lange nach 1945 fort.

Das mag erklären, warum Coburg mit Anna B. Eckstein ausgerechnet seine weltpolitisch aktivste Persönlichkeit vergisst. Sie verschwindet aus dem Bewusstsein der Stadt, und zwar unvorstellbar vollständig. Es ist wie mit den Namen der Juden, die noch bis 1942 in manchen Häusern gewohnt haben. Keiner kann sich erinnern. Das heißt, keiner will sich erinnern. Fast erscheint es lebensgefährlich, sich erinnern zu wollen.

Von 1963 an weckt der Auschwitz-Prozess öffentliches Interesse. In „The first Nazi town" bewegt er nichts. Der gesellschaftliche Umbruch von 1968 wird in Coburg erst mit gehöriger Verspätung wahrgenommen.

Der Schweizer André Kaminski (1923 - 1991), ein Schriftsteller mit polnisch-jüdischen Wurzeln, beschreibt seine Gefühle in der Veste-Stadt. Sein

Tagebuch einer Deutschlandreise im Jahr 1987 trägt den Titel „Schalom allerseits“. Die vier Seiten über Coburg enthalten keine freundlichen Worte:

Die Bevölkerung dort setzt sich, wie mir scheint, aus Rentnern zusammen und ihren Urenkeln, die auch schon keine Zähne mehr besitzen. Die ganze Stadt sieht aus wie ein verzuckertes Kurhaus. Ich weiß nicht, ob je Bomben auf diese Stadt gefallen sind, aber die Einwohner müssen überlebt haben …

Erst 2016 erscheint das ehrliche Buch „Hitlers adeliger Diplomat“ von Hubertus Büschel (* 1969), geschrieben mit ausdrücklicher Unterstützung der herzoglichen Familie. Immerhin sind seit Kaminskis Besuch in Coburg erneut 30 Jahre vergangen. Es brauchte noch einmal eine Generation, bis sich ein Umdenken in der Veste-Stadt etablieren kann.

1968 war der 100. Geburtstag Anna B. Ecksteins am 14. Juni mit keiner Zeile gewürdigt worden. Die Pionierin des Völkerrechts ist zu diesem Zeitpunkt seit 20 Jahren tot. 1962 hatte man ihr Grab auf dem Glockenbergfriedhof sang- und klanglos abgeräumt. Zuvor konnte es jeder seit 1947 wenigstens auf ihrem Grabstein lesen: „Anna B. Eckstein - Vorkämpferin für den Weltfrieden“.

Eine Wende in Coburg leitet erst Landrat Dr. Klaus Groebe (1912 - 2001) ein. 1971 schließt er sich Willy Brandts Entspannungs-Politik an: „Wir wollen ein Volk von guten Nachbarn sein.“ Als SPD-Mann trägt Groebe diesem Aufbruch tapfer Rechnung. In Meeder findet er in Bürgermeister Helmut Hofmann (1930 - 2002) und den Pfarrleuten Eberhard (1926 - 2013) und Gundl Wolf (* 1924) kreative Partner. Groebe sorgt dafür, dass die seit 1650 bestehende Verpflichtung zum Friedensdank neu geachtet wird. Alle zehn Jahre pilgert Coburg Stadt und Land zu einem Fest nach Meeder.

Die dortige Laurentius-Pfarrei hatte großes Glück. Das unterschied sie von den anderen 49 Kirchengemeinden im ehemaligen Herzogtum. In Meeder überlebte die 1650 für alle Zeiten angeordnete Friedensfeier die Nazi-Zeit.

Aber es waren nicht nur jene zwölf schlimmen Jahre. Was den Frieden angeht, waren schon die Zeiten der Preußenkaiser düster gewesen. Ausgerechnet die sich bewusst evangelisch gebenden Hohenzollern wollten vom Frieden nichts wissen. Am 11. Mai 1917 schreibt Anna B. Eckstein in ihr Tagebuch:

Nachmittags Redaktion (Tageblatt): Herr Lorenz, der Redakteur, sprach unter anderem: „Wissen Sie, wohin alles über die Friedensbewegung, das mir unter die Hände kommt, geht? Hierhin.“ Dabei wies sein Zeigefinger auf den Papierkorb. … Und das ist der Redakteur eines Fortschritts-Parteiorgans! Dass Gott erbarm!

Für die ununterbrochene Feier des Coburger Friedensdanks in Meeder war nach 1933 in erster Linie Pfarrer Werner Pürckhauer (1906 - 1997) verantwortlich gewesen. Obwohl selbst NSDAP-Mitglied wehrte er sich unerschrocken gegen den Hass der Parteigrößen auf die Kirche. Der zeigte sich seit 1934 in voller Härte.

Zum andern gibt es in Meeder einen traditionsbewussten Kirchenchor, die „Choradstanten". Sie hatten den Friedensdank - nichts ist Zufall - zu ihrem Fest gemacht. Mit Ausnahme des Jahres 1944 wurde von ihnen das Gedenken an den Frieden nach dem verheerenden 30jährigen Krieg stets in der Laurentiuskirche gefeiert, und zwar am Sonntag nach Sebaldi (19. August).

1971 lassen sich durch das einmalig gebliebene Beispiel ihrer „Urpfarrei" auch andere ehemalige Untertanen des Herzogtums für die eigene Friedenstradition interessieren. Zur Unterstützung dieses politischen „Frühlings in der Provinz" gründe ich 1981 einen Verein, das „Evangelische Bildungswerk Coburg e.V.", und 1982 das Friedensmuseum der Kirchengemeinde Meeder. Die Wiederentdeckung Anna B. Ecksteins krönt dieses Erwachen. Ihr Vorbild inspiriert die kirchliche Friedensarbeit im Coburger Land.

1974 öffnete der Übergang Rottenbach-Eisfeld den eisernen Vorhang. Besuche in die Thüringer Nachbarorte waren seitdem im kleinen Grenzverkehr möglich. Allerdings entsprach den Stacheldraht, im Osten bestehend aus Unrecht und Menschenverachtung, im Westen eine innere Mauer aus Angst und schlechtem Gewissen. Das mag erklären, warum Coburger kaum diesen „kleinen Grenzverkehrs" nutzten.

Aber immerhin - was „hüben" und „drüben" zuvor „tod-sicher" voneinander trennte, verlor jetzt seine absolute Macht. Gerade deswegen mussten die Scharfmacher auf beiden Seiten unaufhörlich „nachrüsten". Doch wer sich persönlich damit auseinandersetzte, was drüben wirklich los war, sagte „Gott sei Dank!"

Das Ende der Trennung war für jeden absehbar, der hinüber- und durchblicken wollte. Jeder Grenzübertritt ist eine Demonstration. Man darf Menschen nicht künstlich voneinander trennen. Menschen haben ein Recht auf Gemeinschaft, ein Recht auf Frieden.

Auf dem Düsseldorfer Kirchentag 1985 motiviert der Philosoph und Atomphysiker Carl Friedrich von Weizsäcker (1912 - 2007) die Christenheit zu einem „konziliaren Prozess für Frieden, Gerechtigkeit und die Bewahrung der Schöpfung". Gemäß einer Anregung Dietrich Bonhoeffers (1906 - 1945) aus dem Jahr 1935 sollen sich alle zu dem einen großen Konzil einfinden und sich zu einer Botschaft vereinen, die die Welt nicht mehr überhören kann. Auch Kirchentags-Besucher aus dem Coburger Land sind begeistert. Wir nehmen diese Botschaft von Düsseldorf mit nach Hause.

Bald wollen auch wir Christinnen und Christen rund um Meeder etwas für dieses Friedenskonzil tun. Wir bitten die Bevölkerung um Adressen. Wer kennt Menschen in einem anderen Land? In einigen Familien bestehen noch Kontakte zu Osteuropäern, die als Fremdarbeiter über 40 Jahre zuvor Zwangsdienst auf Bauernhöfen leisten mussten. Inzwischen sind infolge des Wirtschaftswunders Coburger weltweit für ihre Firmen unterwegs. Einige werden dabei zu Friedensexperten, sie schließen überall Freundschaften. Außerdem gibt es infolge des ersten Golfkrieges auch in Coburg eine größere Zahl von Asylbewerbern aus dem Iran, dem Irak und aus Afghanistan.

Wir sammelten etwa 1 000 Anschriften, meist aus der DDR, aber auch aus Rumänien, Polen und der Sowjetunion. Auf dem Frankfurter Kirchentag 1987 errichteten die 17 Kirchengemeinden der Ephorie Rodach eine „Schreibstube" und ein „Friedens-Postamt". Die Wände sind dekoriert mit Bildern von Anna B. Eckstein und Informationen zu ihrer Weltpetition. Kirchentags-Besucher schreiben und verschicken von unserem Postamt aus an jede einzelne Adresse einen persönlich in Frankfurt geschriebenen Brief.

Diese Aktion ist zwar nicht identisch mit Anna B. Ecksteins Engagement „zur Verhinderung des Krieges zwischen den Völkern", aber die Absicht ist ähnlich. Viele kleine Leute in möglichst vielen Ländern sollen einander den Frieden erklären. So gesehen wird jene Coburgerin 40 Jahre nach ihrem Tod zur „Patin" für einen Coburger Beitrag zum Abbau des „Eisernen Vorhangs". Auch der Titel dieser Schrift, „Miss Eckstein und ihr Peace on Earth", erklärt sich aus dem andauernden Motiviertsein in und um Meeder durch diese Frau.

Seit 2010 bin ich Pfarrer im Ruhestand. Ich nehme mir die Zeit. Ich lese, transkribiere und kommentiere Ecksteins umfangreiche Tagebücher. Das weltweite Internet erleichtert jetzt die grenzüberschreitende Fahndung und Forschung nach Anna B. Eckstein. Ich finde, was sich außerhalb des Machtbereichs der Nazis von deutschen Demokraten und Pazifisten erhalten hat und was davon heute neu kommuniziert wird.

Horst Schunk beantragt 1983 die Benennung einer angemessen bedeutsamen Coburger Straße nach Anna B. Eckstein. Für dieses Ansinnen findet er keine Mehrheit. Dabei hatte Eckstein 1913 fast den Friedens-Nobelpreis erhalten und in ihre Heimatstadt gebracht, aber das zählt nicht. Von konservativen Stadträten hört Schunk: „Da können wir gleich noch Rosa Luxemburg (1871 - 1919) dazu nehmen." Ja bitte! Warum nicht!

Doch Schunk gibt nicht auf. 1987 wird ein kleiner Park „Anna-B.-Eckstein-Anlage" getauft, direkt hinter Coburgs Volkshochschule. An deren Gründung war Anna B. Eckstein 1919 ebenfalls beteiligt. Ich mag diesen Ort. Es ist ein ruhiger Platz für nachdenkliche Stadtbesucher.

Das Museumsteam in der neuen Eckstein-Anlage: Karl Eberhard Sperl, Rolf Büchner, Petra Müller, Horst Schunk, Rüdiger Spenlen, Gerda Flechsig, Micha Lang.

Inzwischen kann ich ermessen, wie stark Anna B. Eckstein in Coburg vernetzt war und mit wem sie alles zusammengearbeitet hat. In der Weimarer Republik wirkt das „Fräulein Eckstein" mit Herzblut für die „Deutsche Demokratische Partei" in Coburg. Sie kämpft mit dem „Demokraten" Dr. Hans Schack (1878 - 1946) und dem Sozialdemokraten Franz Klingler (1875 - 1933) für den Anschluss Coburgs an Bayern. Eckstein ruft im Verbund mit dem späteren Bundesjustizminister Dr. Thomas Dehler (1897 - 1967) aus Lichtenfels Bezirksvereine der „Deutschen Liga für Völkerbund" ins Leben. Sie gibt der Kultur dieser Stadt kräftige Impulse.

Vergleichbares lässt sich von Ecksteins Wirken in ihrer Kirche feststellen. In der Pfarrei St. Moriz arbeitet „Tante Anna" seit 1909 aus Sorge für ihre drei Neffen Hermann (1900 - 1945), Hans und Otto (1904 - 1982) im Kindergottesdienst mit. Sie sieht darin eine Erziehung zum Frieden, die sonst in den Schulen noch kaum stattfindet.

Bei ihren Vortragsreisen für die Weltpetition zwischen 1910 und 1912 vernetzt Eckstein sich mit Joseph Allen Baker (1852 - 1918) in London, mit Eduard de Neufville (1857 - 1942) in Wiesbaden und mit Friedrich Siegmund-Schultze (1885 - 1969) in Berlin. Diese drei bringen in England und Deutschland die ökumenische Bewegung auf den Weg. Ecksteins Impuls hat dafür eine Rolle gespielt, die bisher kaum beachtet wurde.

Erste „Früchte" zeitigt diese junge Ökumene nach dem Ersten Weltkrieg. Dank Ecksteins Beziehungen nach Großbritannien und in die USA erreichen Hunger leidende Coburger in der Inflationszeit Quäker-Sendungen.

Anna B. Eckstein gestaltet nach der Revolution den Übergang von der Staatskirche zur „Volkskirche". Sie erreicht im „Freistaat Coburg" zusammen mit Schulrat August Reukauf (1867 - 1941) die Fortführung von Religionsunterricht in der Schule.

Sie nimmt für Coburg im September 1919 an der richtungsweisenden Tambacher Konferenz der religiös-sozialen Bewegung teil. Sie hört dort den berühmten Vortrag von Karl Barth (1886 - 1968) „Der Christ in der Gesellschaft". Er gilt als Startsignal für die Verbreitung der dialektischen Theologie. Die damalige Besinnung auf Jesus Christus ist grundlegend für den späteren kirchlichen Widerstand gegen Adolf Hitler (1889 - 1945). Der deutsche Protestantismus muss sich endlich von falschen Loyalitäten befreien.

Schließlich wird Eckstein in der Zeit des Anschlusses an Bayern stellvertretendes Mitglied der Coburger Landessynode (1921). In diesem „Amt" zählt sie wenigstens auf dem Papier zu den ersten Frauen, die vorübergehend sogar für die bayerische Kirche Verantwortung tragen. In Bayern hätte dergleichen noch lange nicht sein dürfen. Erst seit 1958 können bayerische Frauen in Kirchenvorstände und Synoden gewählt werden.

Darüber hinaus ist Eckstein mit jungen Menschen im ehemaligen Herzogtum persönlich verbunden. Sie hat Sprachschüler, sie übernimmt für mehrere Kinder bei der Taufe die Patenschaft. Zu ihrem Umfeld zählen Persönlichkeiten, die in der jungen Bundesrepublik durchaus einflussreich werden. Der schon erwähnte Landrat Groebe heiratet die Tochter des Coburger Justizrates Alfred Ehrlicher (1877 - 1966). Zu ihm und seiner Familie hat Eckstein intensiven Kontakt.

Eng verbunden ist Eckstein mit der Scheuerfelder Pfarrfamilie Helbich. Die Eltern Paul (1877 - 1935) und Lotte (1883 - 1962) unterstützen in jeder

Hinsicht ihr politisches und kirchliches Engagement. Den Kindern Hans-Martin (1906 - 1975), Gertrud, Gottfried und Helmut erteilt „Tante Anna“ Sprachunterricht.

Hans-Martin studiert später Theologie. Von 1956 bis 1961 gibt er als Dekan dem kirchlichen Leben in Coburg Impulse. 1961 holen sich die Berliner diesen von Eckstein inspirierten Friedenspfarrer. Er wird Generalsuperintendent im zugemauerten West-Berlin. Durch ein zweistündiges Gespräch mit Nikita Chruschtschow (1894 - 1971) sorgt Hans-Martin Helbich 1963 für einen positiven Abschluss der Passierschein-Gespräche. Anna B. Eckstein wäre stolz auf ihren Schüler gewesen. Miteinander zu reden zählt bei ihr tausend Mal mehr, als über den vermeintlichen Feind böse Worte zu machen.

Warum hörte man nach 1933 auf, die Vorkämpferin des Weltfriedens wahr und ernst zu nehmen? Ich erkläre mir die spätere Geringschätzung für diese Frau mit der hochwirksamen braunen Gehirnwäsche. Grenzüberschreiter aller Art werden als „Nestbeschmutzer“ diskreditiert. Als schade man eigenen Interessen, wenn man die Nazi-Verbrechen benennt und ihr Vergessen verhindert!

Das Grundgesetz der Bundesrepublik Deutschland knüpft an die Verfassung von Weimar an. Gott sei Dank! Wenigstens auf dieser Ebene hat sich ein Stück der seit 1848 in Deutschland gewachsenen demokratischen Tradition erhalten. Von Anfang an geschieht dieses mühsame Wachsen von Rechtsstaatlichkeit aus der Opposition gegen das herrschende Unrecht heraus. Die Erinnerung an die schwierige Geburt des demokratischen Deutschland ist wichtig.

Das Gleiche gilt für das internationale Rechtssystem. Das Völkerrecht ist verhältnismäßig jungen Ursprungs. Umso bemerkenswerter ist der Umstand, dass mit Anna B. Eckstein eine juristische Laiin, ein Mädchen ohne jeden höheren Schulabschluss zu dessen Vorkämpferin wird.

Ich bin weder Historiker noch Jurist. Mein Leben lang war ich Seelsorger. Ich habe mich auch beim Entschlüsseln der Tagebücher Ecksteins so empfunden. Wo ich mich dem Vergessen eines Menschen in den Weg stelle, betreibe ich Seelsorge. Ich tue mir selbst damit etwas Gutes. Meine Erfahrung ist: Seelsorge macht Mühe, aber gerade deswegen erweitert sie mein Herz und meinen Horizont. Was mir sonst fremd bliebe, wird Teil meines Lebens. Es hilft mir weiter. Ich verharre nicht vor unüberwindlich scheinenden Grenzen.

Anna B. Eckstein war ein Mensch, der Zuspruch brauchte. Sie schaut auch vom Himmel aus nach Leuten, die auf Menschen jenseits ihrer Grenzen zugehen. Die Frau ist jetzt bei Gott, das ist mein Glaube. Sie ist ein Engel, das ist meine Erfahrung. Gott schickt sie mit ihrer Friedensbotschaft noch täglich zu mir. Diese pastorale Gewissheit wünsche ich jedem Leser.

Ich betreibe Eckstein gegenüber, was ich über 40 Jahre in Meeder und anderswo getan habe. Sonntag für Sonntag kommunizierte ich mit meiner Gemeinde. Im heiligen Abendmahl schenkt Gott Frieden. Die Liturgie beginnt mit der Präfation, der Danksagung: „Wahrhaft würdig und recht, billig und heilsam ist‘s … Gott überall zu loben und ihm für alles zu danken."

Mit einem großen Dank im Herzen setze ich mich mit dem Leben und Lieben dieser Frau auseinander. Darauf kommt es an, obwohl ich nicht jeden ihrer Tage, nicht jeden ihrer Schritte nachvollziehen kann. Wie in der persönlichen Begegnung mit einem Gemeindeglied bleiben in einem Tagebuch interessante Stellen oft dunkel und vielleicht auf immer unlesbar.

In diesem Buch beschreibe ich meinen Zugang zu dieser Frau. Ich entschlüssele ihr Leben, ihr Wirken, ihre Tagebücher auf einer sehr persönlichen Ebene. Sofern ich dabei politisch werde, geschieht dies, um das Innere eines Menschen besser zu verstehen. Es ist wie im richtigen Leben, du liebst jemand - und du ärgerst dich über ihn. Nur so lernst du den andern wirklich kennen.

Auch in einem Pfarrerleben ist es die Ausnahme, dass du das tiefer Verborgene von deiner Gemeinde erfährst. Aber diese Einschränkung ändert nichts. Du weißt es. Gott liebt genau diesen einen und genau diese eine Gemeinde über alles. Der Sinn deines Pfarrerlebens kann nichts anderes sein. Du behauptest diese Liebe frank und frei. Du kannst auch von und mit deinem Gott nicht anders reden. Du bringst ihn zur Sprache wie einen Menschen, den du über alles ins Herz geschlossen hast.

„Die verstorbene Tante von meinem verstorbenen Mann." Meine Freude über dieses Bekenntnis zu einer Vergessenen hat mich bewegt. Ich kann nur einladen, ich mache Mut. Ich identifiziere mich mit Anna B. Eckstein. So wie sie bin ich selbst auch, im Coburger Land beheimatet, ein evangelischer Christ, ein entschiedener Demokrat, einer, der Amerika und Deutschland in einem liebt, ein Mensch voller Widersprüche, einer mit Erfolgen und Niederlagen, kurz ein Friedensmensch.

Identifikation ist eine gute Möglichkeit. Verstorbene leben mindestens so lange fort, wie sie mein Leben berühren. Das Nicht-Vergessen der Verstorbenen liegt im persönlichen Interesse derer, die sich erinnern. Es weitet nicht nur den Blick. Was ich in ihrem Leben und Werk von mir und für mich entdecke, beseelt mich. Ich erfahre Auferstehung. Ich weiß, mein Sterben ist nicht das Ende meiner Liebe. Im Gegenteil.

Seelsorge ist Begleitung. Ich nehme den anderen wahr, ich fühle mich in ihn ein. Lebendig wird meine Sorge um das Innere eines Menschen aber durch Spontanes. Die Bibel redet dann vom „Heiligen Geist". Sie tut es zu Recht. Ein guter Gedanke ist kein Zufall.

Das „Friedensmuseum" war eine Idee beim Ausfüllen eines Fragebogens gewesen. Die Kirchengemeinde Meeder beantragte eine „ABM". Eine solche Arbeits-Beschaffungs-Maßnahme ließ sich nicht mit den herkömmlichen Aufgaben ihres Trägers begründen. Es musste sich um Außerordentliches handeln, eine außergewöhnliche Arbeit, die den üblichen Rahmen sprengt.

Die „ABM" wurde von der Arbeitsvermittlung so rasch genehmigt, dass ich im Dezember 1981 den Kirchenvorstand von dem „Errichten eines Friedensmuseums" nicht mehr rechtzeitig unterrichten konnte. Wegen der spontanen Eingebungen ihres Pfarrers waren die Damen und Herren verunsichert. Sie wollten erst einmal gefragt werden. Das musste ich einsehen. Es folgte eine für mich etwas unangenehme Sitzung. Es gelang mir aber, die Sorgen der Verantwortlichen zu zerstreuen. Sie verstanden mein Interesse.

Als Folge dessen verspüre ich einen gehörigen Erfolgsdruck. Ein „Friedensmuseum"! Von einem so bezeichneten Institut habe ich eine anspruchsvolle Vorstellung. Eine solche Einrichtung darf sich nicht mit Dokumenten zur Tradition eines verdienten Kirchenchores begnügen. Mit Horst Schunk als „ABMer" für das Friedensmuseum kam ein kommunikativer Mann nach Meeder. Er kannte viele Leute. Zur Verteidigung von schönen alten Bäumen, von Parks und Alleen in der Stadt hatte er einen „Baumschutz e.V." gegründet.

Schunk begeistert sich für das noch nicht vorhandene Museum. Er verwirklicht allerhand schöne Ideen. Aber glücklich machte mich erst unser Besuch bei Irmgard Eckstein in Creidlitz. Erneut erwies es sich als richtig, dem „Heiligen Geist" zu vertrauen. Nichts geht über Einfallsreichtum beim Ausfüllen von Fragebögen!

Es handle sich um „die verstorbene Tante von meinem verstorbenen Mann". Diese Worte riefen mich ausnahmsweise nicht zu einer Beerdigung. Ich wurde zum Zeugen, zum Beteiligten an der Auferstehung einer Totgeschwiegenen. Der Heilige Geist schafft Wunder. Er macht Tote lebendig. Er wandelt Geschichte, er löst sie auf, er verwickelt uns in unendliche Geschichten. Und diese sorgen selbst für ihre Fortsetzung. Das geschieht jenseits politischer Machtspiele oder wirtschaftlicher Spekulation.

Mein Buch „Miss Eckstein und ihr Peace on Earth“ sammelt und sichtet Friedensgeschichten. Nur mit solchen Geschichten versteht sich eine Demokratie selbst, und nur mit ihrer Hilfe wird sie selbstverständlich. Für jede Frau aber und für jeden Mann ist es ein Segen, die eigene Friedensgeschichte zu betrachten und zu begreifen. Meine Friedensgeschichte bildet ein Glied in einer Kette von Friedensgeschichten. Dem Frieden in meinem Dorf, in meinem Land und in meiner Kirche fehlt etwas, sollte meine Geschichte in dieser Kette ausgespart bleiben.

Die ganze Welt muss zu meiner Geschichte werden. Ich bin nicht allein. Ich stehe in einem großen Zusammenhang. So begreife ich mehr. Meine Geschichte ist nie zu Ende. Sie fängt immer wieder neu an. Sie erzählt vom Frieden auf Erden. Sie tut es durch die Zeiten hindurch. Sie verbindet jeden meiner Augenblicke mit der Ewigkeit. Gott sei Dank!

The little girl saw her first troop parade and asked, "What are those?"
"Soldiers." "What are soldiers?"
"They are for war.
They fight and each tries to kill
as many of the other side as he can."
The girl held still and studied.
"Do you know … I know something?"
"Yes, what is it you know?"
"Sometime they'll give a war
and nobody will come."
Carl Sandburg,
"The People, Yes" 23 (1936)

Als Kriegsgegnerin geboren

Mein Geburtsort Hafenpreppach lag 1946 in der amerikanisch besetzten Zone, von dort waren es keine sechs Kilometer in die Sowjetzone. Meine Großeltern lebten in Neustadt bei Coburg noch unmittelbarer an dieser Grenze. Von der Wohnung aus, in der ich als Kind die Ferien verbrachte, blickten wir auf Sonneberg, überragt vom Thüringer Wald.

Es sah wunderschön aus, vor allem wenn die Sonne auf diese unerreichbare Stadt vor den dunklen Berghängen leuchtete. Es wäre ein Nachmittagsspaziergang gewesen, aber dorthin gab es kein Durchkommen. Alle Straßen und Wege waren verriegelt, die Schienenwege blockiert. In den 40 Jahren, in denen ein Deutschland vom andern künstlich abgeschnitten war, bezahlten über tausend Menschen den Versuch der Grenzüberschreitung mit ihrem Leben.

Es gab einen Schießbefehl, Selbstschussanlagen, Minenfelder und Todesstreifen. Die Grenze war stets auf dem höchsten technischen Standard der Unmenschlichkeit. Als Halbwüchsige pinkelten wir trotzig an die Grenzmarkierungen. Vor unseren Cousinen zeigten wir uns dabei als Helden, in Wirklichkeit aber machte der Blick auf diese feindliche Welt Angst.

Der 17. Juni war im Westen zum Tag der deutschen Einheit geworden. 1953 wurde an diesem Tag der Streik von Bauarbeitern auf der Berliner Stalinallee und anderswo im Osten blutig niedergeschlagen. Im Herbst 1956 prägte sich meiner Kinderseele der wochenlange aussichtslose Kampf der Ungarn gegen die Sowjetmacht ein.

Erst recht war der Bau einer Mauer durch Berlin ein Schock. Jener 13. August 1961 fiel in unsere Neustadter Ferienzeit. Den ganzen Tag saßen wir vor Opas Fernseher. Wir dachten, das kann doch nicht wahr sein. Als es nachts dunkel wurde, standen wir noch lange vor dem Fenster der Ferienwohnung. Wir starrten hinüber auf die Lichter von Sonneberg, auf die Lichter jenseits der Todesgrenze.

Anna B. Eckstein, 1947 verstorben, hat jene deutsche Teilung, die uns beschäftigte, quälte und prägte, nur in den ersten Ansätzen miterlebt. Sie war aber selbst in einer ähnlich gespaltenen Heimat Kind gewesen. Ich entdeckte von ihr den Satz: *Ich bin eine geborene Kriegsgegnerin und Friedensfreundin.* So definierte sich die 78 Jahre vor mir geborene Coburgerin.

Für den amerikanischen Sozialhistoriker Merle Curti (1897 - 1997) schildert sie 1929 die Motivation für ihr lebenslanges Engagement. Von ihrem Schreiben an Curti, der in Massachusetts Material für eine Geschichte der amerikanischen Friedensbewegung sammelt, sind nur die Seiten „eins" und „sieben" erhalten. Das ist schade, aber die wenigen Sätze haben es in sich: Anlass für Ecksteins angeborenen Hass auf den Krieg und für ihre lebenslange Suche nach einem dauerhaften Frieden ist genau „meine" Grenze gewesen, die Grenze zwischen Neustadt und Sonneberg, zwischen Coburg und Eisfeld, zwischen Bad Rodach und Hildburghausen.

Mitte des 19. Jahrhunderts bedeutete diese Grenze kein großes Hemmnis mehr. Über Nacht wurde sie damals aber zur Katastrophe und richtete ungeheuren Schaden an. Die junge Familie Eckstein zerbrach fast darüber. Im Brief an Curti heißt es:

I am an abolitionist of war and a friend of peace by inheritance, I think. My parents had just been married, when, in 1866 the war between Prussia and Austria broke out, which meant war also between the neighboring German duchies of Saxe-Coburg, fighting on the side of Prussia, and Saxe-Meiningen, fighting on the side of Austria. Coburg is the homeland of my mother's family, Meiningen that of father's. The firstborn child of my parents, my sister, was an invalid all her life in consequence of the physical and mental suffering which that war had caused my mother.

Thüringen war einst zerstückelt worden. Ernst der Fromme (1601 - 1675) hatte seine sieben Söhne alle gleich lieb. Jeden wollte er versorgt wissen. 1680 bekam jeder ein eigenes Herzogtum. Doch solche Kleinst-Staaten sind kaum lebensfähig. Eine entsprechende Hofhaltung ist im Spätbarock auch bei schärfster Ausbeutung der wenigen Untertanen unbezahlbar.

Vor allem aber stehen die zusätzlichen Grenzen einer sinnvollen Lebensgestaltung im Weg. Sie hindern Handel und Wandel. Schließlich gehört auch zur friedlichsten Grenze mehr oder weniger offen die Androhung militärischer Gewalt. Die unselige Demarkationslinie zwischen Coburg und Eisfeld, zwischen Sachsen-Coburg und Sachsen-Meinigen hat es in sich. Sie entwickelte schon im 19. Jahrhundert eine lebensbedrohende Dynamik.

1918 endet die Adelsherrschaft in Deutschland. Kleinststaaten verlieren vollends ihre Existenzberechtigung, Thüringen vereint sich endlich. Coburg entscheidet sich anders, es schließt sich dem Freistaat im Süden an. „Welch ein Glück!“ hieß es im Nachhinein. Das klang, als beruhte ein Leben in Frieden und Freiheit auf Zufall wie ein Lottogewinn.

Mindestens den Leuten auf der anderen Seite der Grenze gegenüber war das zynisch. Auch der „kalte Krieg“ brachte Tod und Verderben. Gott sei Dank wurde er in Europa nie zum „Heißen Krieg“. Aber dieser kalte, nie erklärte und geklärte Friede war schlimm genug. Im Coburger Land, auf drei Seiten von Thüringen umgeben, blieb dieser „Krieg“ präsent, keiner konnte ihm ausweichen.

„Die Mauer ... wird in 50 und auch in 100 Jahren noch bestehen bleiben.” Mit diesem Satz wollte Mauerbauer Erich Honecker (1912 - 1994) im Januar 1989 noch jede Entspannung verhindern. Wer mit Grenzen auf Dauer das Leben der andern zerschneiden will, zerstört sich am Ende selbst. Er geht zugrunde an seiner Blindheit für das, was das Leben lebenswert macht, für das Anders-Sein des anderen.

Grenzen sind nur als vorübergehende Maßnahme mit absehbarem Ende sinnvoll. Eltern setzen Grenzen. Sie müssen ihr Kind beschützen und behüten. Aber auf Dauer findet sich keiner, der heranwächst, mit dem Eingegrenzt-Sein durch die Ängste anderer ab. Gott sei Dank!

Keine Grenze hält ewig. Je unüberwindlicher sie erscheint, umso mehr provoziert sie „Grenzverletzungen“. Für seine phantastischen Geschichten akzeptiert ein Kind keinerlei Einschränkung. Zum Helden wird jeder, der seine Grenzen spielend und souverän überschreitet. Ich lerne, meine Freiheit zu behaupten. Mit und ohne Spielregeln übernehme ich damit Verantwortung für mich und für die Welt, in der ich leben will.

Das Evangelium ist eine einzige Ermutigung zum Grenzübertritt. Am Anfang kommen Leute aus dem Orient. Sie schauen nicht auf die Grenzen, die alle Friedenswege versperren. Die wundersamen Könige folgen einem Stern. Sie lassen sich nicht aufhalten. Sie haben alles dabei. Sie bringen es über die Grenze.

Sie „schmuggeln“ Gold, Weihrauch und Myrrhe, also Reichtum, Frömmigkeit und Heilkunst. Sie müssen es tun. Mit diesem Kind müssen sie alles teilen. Denn dieses Kind lässt sich von keinem anderen Menschen abgrenzen.

Matthäus, der seine Jesusgeschichte mit dieser Grenzenlosigkeit beginnt, beschließt folgerichtig sein Buch mit einem Befehl. Der Auferstandene schickt jene, die seine Geschichte persönlich bewegt, zu allen Völkern: *Geht und gewinnt alle Völker zu Freunden.* Jedes Menschenkind soll einladen werden.

Das glaubt auch Anna B. Eckstein. Jesus ist ihr begegnet. Sie weiß es: Ich bin es, ich bin ein vollkommenes Gotteskind, ich bin eine Schwester von Jesus Christus. Der Heilige Geist führt mich. Die Liebe ist meine Kraft. Mit ihr überschreite ich jede Grenze. Ich gehe auf alle Menschen zu. Gott will und kann auch jeden anderen über dessen Grenzen hinwegbewegen.

Ecksteins Eltern heißen Johann Nikolaus (1840 - 1901) und Anna Barbara (1847 - 1926). Er kommt aus Eisfeld, 18 Kilometer nördlich von Coburg. Sie ist die Tochter von Schuhmacher Georg Götz (+ 1893) im Coburger Steinweg. Johann Nikolaus arbeitet als Portier und Hilfstelegraphist bei der Werra-Eisenbahn-Gesellschaft. Die beiden heiraten am 8. Mai 1866. Das junge Paar bezieht eine Wohnung, ideal gelegen, unweit vom Coburger Bahnhof.

Seit 1859 verbinden Züge das Herzogtum mit der Welt. 24 Jahre nach der ersten Schienenverbindung zwischen den Industriezentren Nürnberg und Fürth erreicht das Eisenbahnnetz die deutsche Provinz. Wesentliches hat sich jetzt geändert. „Himmelsleiter“ hießen im Coburger Land viele Wirtshäuser. „Himmelsleiter“ - der Name steht für einen biblischen Traum angesichts unüberwindlicher Grenzen. Jakob flieht vor dem Zorn seiner Familie. Als er einen Ort für die Nacht findet, träumt ihm von einer Direktverbindung zum Himmel. Gott ermutigt ihn mit diesem Traum, wie er einst seinen Großvater Abraham ermutigt hatte: Suche dein Glück anderswo!

Mitte des 19. Jahrhunderts lässt sich dieser Traum leichter leben. Eisenbahnen erschließen die Welt, so empfinden es die Menschen. Das Coburger Gasthaus „Himmelsleiter“ in der Leopoldstraße in der Nachbarschaft von Anna B. Eckstein Großeltern Götz nennt sich jetzt „Neue Welt“. Die Verheißung eines anderen und besseren Lebens anderswo wird zur realistischen Alternative. Der Coburger Bahnhof, in dem Eckstein als Jugendliche wohnt und aufwächst, eröffnet diese Perspektive.

Täglich wird in den Zeitungen für die Reise nach Amerika zu günstigen Preisen geworben. Jährlich verlassen Hunderttausende Europa in Richtung „Neue Welt“. Die meisten kommen jetzt aus Deutschland. Es sind nicht die schlechtesten, die sich auf den Weg machen. Dank ihrer Neubürger wachsen die USA in unglaublichem Tempo zur führenden Industriemacht.

Erst Ende der Neunzigerjahre kann die Industrie im neu geschaffenen Deutschen Reich einigermaßen konkurrieren, die Auswanderungsbewegung ebbt ab. Erst dann braucht das Vaterland wieder selbst seine Kinder. Deutschland wird seinerseits zum Einwanderungsland. Und dieses Land weiß doch den „Segen" bis heute nicht zu schätzen, den die nach Toleranz, Freiheit und Frieden Suchenden von anderswoher bedeuten.

Allerdings wird die Coburger Gaststätte „Neue Welt" in der Leopoldstraße am 19. Januar 1919 das „Lokal", in dem Anna B. Eckstein und ihre Mutter zum ersten Mal in ihrem Leben eine politische Wahl treffen können. In jener „Neuen Welt" stimmen sie über die Nationalversammlung ab, die in Weimar der ersten deutschen Republik eine demokratische Verfassung geben wird. Die beiden Frauen werden dann 50, beziehungsweise 71 Jahre alt sein.

Der Bau der Eisenbahnen quer durch die Kontinente signalisiert diese rasant erscheinende Entwicklung. Grenzen wirken unzeitgemäß. 1866 besteht Deutschland aus 34 Einzelstaaten, doch die Dominanz des Adels wirkt als Überbleibsel einer anderen Zeit. Längst stellt das Bürgertum die kreativste und produktivste Schicht in der Gesellschaft. Es fordert seine Freiheiten ein.

Wer etwas herstellt und wer seine Waren verkaufen möchte, findet sich nicht damit ab, dass er alle 20 Kilometer an einer weiteren Zollstation zahlen soll. Zollvereine bilden sich seit 1834 ähnlich der Europäischen Union heute. Es wächst zusammen, was nie hätte getrennt werden dürfen.

In dieser Welt mit immer weniger Grenzen erscheinen Kriege zwischen den Staaten als Anachronismus. Eine Ausnahme bildet Preußen. Es setzt weiter auf Krieg. Es vertraut nicht auf seine produktiven, sondern auf seine destruktiven Qualitäten. Am 18. März 1848 versammeln sich die Berliner vor dem Königsschloss. Sie verlangen mehr Freiheiten und weniger Grenzen. Doch der Preußenkönig fühlt sich bedroht. Friedrich Wilhelm IV. (1795 - 1861) lässt auf die Demonstranten vor dem Schloss schießen. Über 200 unbewaffnete Menschen verlieren ihr Leben.

Als die Frankfurter Bundesversammlung diesem angstvollen Mann wenig später die deutsche Kaiserkrone anbietet, lehnt er ab. Diese Krone sei verunehrt durch den „Ludergeruch der Revolution". Dieser erste Bundestag mit der schwarz-rot-goldenen Revolutionsfahne bleibt ohne Macht. Den Anspruch des Parlaments, für das Volk zu sprechen, verabscheuen die Herren in Preußen abgrundtief.

Trotz dieses Misstrauens gegenüber einer offenen Gesellschaft strebt Preußen in der Mitte Europas nach der Führungsrolle. Aber ohne und gegen das Volk hilft nur Gewalt. Insgesamt drei Kriege lässt Ministerpräsident Otto von Bismarck (1815 - 1898) führen, bis sein Staat 1871 dank militärischer Überlegenheit, aber ohne jedes demokratische Dazutun die Herrschaft beanspruchen kann.

Statt dem Schwarz-Rot-Gold des einstigen „Heiligen römischen Reiches Deutscher Nation" leuchtet jetzt überall das an Preußen orientierte Schwarz-Weiß-Rot. Bismarck wird Reichskanzler und sein König deutscher Kaiser. Er trägt diesen Titel allerdings ohne jeden Segen. Er bekommt ihn nicht vom Papst oder von irgendeiner anderen geistigen oder spirituellen Autorität. Sofern er sich als Kaiser und König von „Gottes Gnaden" begreift, lässt sich dergleichen nur vom eigenen Standesdünkel ableiten.

Für den preußischen Kriegstheoretiker Carl von Clausewitz (1780 - 1831) bedeutet Krieg „die Fortsetzung der Politik mit anderen Mitteln". Das klingt rational, aber diese „anderen Mittel" sind Unterdrückung, Mord und Totschlag. Viele leiden ein Leben lang an dem, was ihnen im Krieg widerfährt. Schwerste Verbrechen werden verharmlost. Meist entspringt den jeweiligen Kriegsfolgen die nächste Inszenierung von Gewissenlosigkeit, auch wenn jetzt abgeleitet vom Gottesgnadentum des obersten Befehlshabers als Losung „Gott mit uns" auf den Koppelschlössern der Soldaten steht.

Kriege beginnen in den Köpfen. Wer Krieg führen will, muss die Menschen voneinander trennen. Sie sollen im anderen erst einen Konkurrenten, dann einen Gegner, später einen Feind und schließlich einen Todfeind sehen. Feindbilder rechtfertigen die eigene Lieblosigkeit und Gewalttätigkeit. Menschen werden systematisch belogen und gegeneinander aufgehetzt. Erstes Kriegsopfer ist stets die Wahrheit. Aus einer Unwahrheit nach der anderen entwickelt sich eine zerstörerische Dynamik.

Sachsen-Coburgs Herzog Ernst II. (1818 - 1893) ist kein Preußen-Freund. Er profiliert sich als Förderer der deutschen Einigung auf friedlicher Basis. Noch 1864 verlangt er vom Preußenkönig die Ablösung Bismarcks: „Der Mann bedeutet Krieg". Aber das Herzogtum ist hoch verschuldet. Das weiß Bismarck zu nutzen. Er lockt und erpresst, wen immer er locken und erpressen kann.

Wider besseres Wissen verbündet sich Coburg mit Preußen. Dass zwischen Sachsen-Coburg und Sachsen-Meinigen Krieg sein soll, also zwischen Coburg und Eisfeld, zwischen Neustadt und Sonneberg, zwischen Bad Rodach und Heldburg und zum Königreich Bayern hin zwischen Coburg und Lichtenfels, zwischen Gestungshausen und Mitwitz, dass die Leute dort über Nacht kein

Recht mehr auf ein menschliches Miteinander haben, ist kaum jemandem zu vermitteln. Die Menschen kennen sich zu gut.

Im Fall der jungen Eisenbahner-Familie Eckstein kommt eine weitere schwere Erschütterung hinzu. Die Hochzeit von Johann Nikolaus und Anna Barbara ist gerade drei Tage vorbei, als am 11. Mai der Krieg erklärt wird. Herzog Ernst lässt sofort die Schienen der Werra-Bahn zwischen Rottenbach und Eisfeld demontieren. Feindliche Truppentransporte mit der Bahn müssen verhindert werden. Die Angestellten der Bahn-Gesellschaft sind über Nacht arbeitslos.

Johann Nikolaus Eckstein wird in Coburg außerdem über Nacht zum „feindlichen" Ausländer. Er muss „fliehen". In der Folge zieht er mit seiner frisch angetrauten Frau nach Meiningen. Es ist fast wie bei Maria und Josef, die von Nazareth nach Bethlehem müssen. Das erste Kind von Johann Nikolaus und Anna Barbara wird in Meiningen geboren.

Der „Deutsche Krieg" von 1866 dauert nur sieben Wochen. Aber von den insgesamt 1,2 Millionen Soldaten, die in Gefechte ziehen, werden 100 000 sterben oder ihre Gesundheit einbüßen. 100 Coburger bezahlen für die „Schlacht" bei Langensalza in Thüringen mit ihrem Leben. Zivile Opfer werden nicht erfasst, die schwere Schädigung der jungen Familie Eckstein ist in dieser Bilanz nicht enthalten.

Am 12. November wird Anna Barbara in der Fremde vermutlich in einer eher provisorischen Wohnung von ihrem ersten Kind entbunden. Sie gibt der Tochter den französischen Vornamen „Sidonie" (1866 - 1923). Das Mädchen wird ihr Leben lang schwerstbehindert sein. Sie braucht ständige Betreuung.

Anna Barbara Eckstein gibt den Aufregungen während ihrer Schwangerschaft die Schuld. Sie „hasst" den Krieg und die für diesen Krieg Verantwortlichen, und sie wird diesen „Hass" ihrer zweiten Tochter Anna Bernhardine, geboren am 14. Juni 1868, ins Herz pflanzen. Wann Ecksteins genau nach Coburg zurück können, ist nicht bekannt, vermutlich irgendwann im Jahr 1867.

Das Leben der jungen Mutter Anna Barbara ist auch selbst massiv beeinträchtigt. Die Kirchenbücher von St. Moriz in Coburg dokumentieren 14 weitere Geburten der Frau. Außer Sidonie und Anna Bernhardine überlebt nur Sohn Ernst die ersten Kindheitswochen. Von sechs Kindern heißt es „todtgeboren". Fünf weitere bleiben „ungetauft". Sie leben nur wenige Stunden, bei einem Knaben dauert der Kampf vier Tage. Sie alle bleiben namenlos. Eine als „Kunigunde Elise" getaufte Tochter lebt 12 Tage, und ein kleiner „Otto" stirbt nach 10 Wochen.

Die letzte Totgeburt ereignet sich am 28. April 1886. Die Tagebücher der 1884 nach Amerika ausgereisten Anna Bernhardine beginnen am 5. Mai 1886, vermutlich an dem Tag, als sie die Nachricht von der Totgeburt des jüngsten Schwesterchens erhält. Sie will jetzt alles aufschreiben, trotzdem werden die verstorbenen Geschwisterchen niemals erwähnt. Es ist zu traurig. Am 7. Mai heißt es nur „*Brief an meine Lieben zur Post gebracht.*" Ich stelle mir vor, welche Belastungen die ständigen Schwangerschaften der Mutter und die Sorge um sie bedeutet haben.

Mutter Eckstein selbst schenkt ihre ganze Liebe der behinderten Sidonie. Meist wird das Mädchen mit ihren geringen Möglichkeiten zärtlich „Tonchen" oder „Toni" gerufen. Irgendwann verspricht die jüngere Schwester Anna, sich um Tonchen zu kümmern, falls die Mutter dazu nicht mehr in der Lage ist. Anna ist gerade 18, als sie an Tonis 20. Geburtstag in New York ins Tagebuch notiert:

I mailed a lettre for poor darling Toni's birthday to day, God bless her and let her be happy and let me always be faithful and true in my promise to my poor darling sister. Amen.

Diese Verpflichtung bestimmt Annas Leben von Anfang an, sie wird darin nie nachlassen: *Let me always be faithful and true in my promise.* Auch ihr „Geborensein für den Frieden" wächst aus der Bindung an die von Bismarcks Krieg geschädigte Schwester. In dieser Bindung findet sie Halt. Sie tut Tag für Tag einfach den nächsten Schritt.

Sie geht dabei keiner Herausforderung aus dem Weg und keiner Schwierigkeit. Und sie weiß nicht nur ihre Mutter auf ihrer Seite, sie sucht und findet Weggefährten. Daran wird keine Enttäuschung etwas ändern. Sie hasst den Krieg, aber nicht die Krieger. Sie nimmt sich die Freiheit, für ihr Leben aus der Liebe heraus vor keiner Grenze zu kapitulieren, und sie lädt alle anderen dazu ein.

I am an abolitionist of war and a friend of peace by inheritance, I think. Also: „Ich wurde schon als Kriegsgegnerin und Friedensfreundin geboren, daran glaube ich." Ähnlich wie eine Prinzessin von Coburg von Geburt an einer bestimmten Klasse zugehört und sich zu einer entsprechenden Einstellung verpflichtet fühlt, so ist Annas Leben von vornherein entschieden. Es sind nicht die bescheidenen Vermögensverhältnisse ihrer Eltern, es ist vielmehr die Einstellung zum Leben. Den Abscheu vor dem Krieg nimmt Anna gleichsam mit der Muttermilch in sich auf.

Zusammengerechnet fordern die drei Bismarck'schen Kriege ähnliche Opferzahlen wie der amerikanische Bürgerkrieg (1861 - 1865). Eine halbe Million Männer verlieren ihr Leben und - wieder geschätzt - fünfmal so viele werden nie mehr richtig gesund. Als schlimmster „Kollateralschaden“ erweist sich langfristig der Verlust der Wahrheit. Zur Begründung dieser Kriege werden jede Menge Lügen erzählt. Wer sich dagegen nicht anlügen lässt, wer in der Wahrheit bleibt, glaubt keinem Krieg seine Rechtfertigung.

Das Coburger Herzogtum soll zur Belohnung für seine Bündnistreue Teile der benachbarten Herzogtümer zugeschlagen bekommen. Ernst II. lehnt das mit Rücksicht auf seine Verwandten ab. Lieber lässt er sich anders entschädigen. Er bekommt riesige Wälder in der Nähe von Schmalkalden und in Österreich als Privatbesitz. Die herzogliche Familie lebt noch heute davon.

1926 scheitert ein Volksentscheid zur Fürstenenteignung am Widerspruch der konservativen Parteien und an entsprechenden Wahlmanipulationen. Vor den Wahllokalen stehen Nazi-Posten. Sie notieren jeden, der sich an der Abstimmung beteiligen will. Das schüchtert ein, das nötige Quorum von 50 Prozent wird knapp verfehlt.

Das zweite Deutsche Reich mit der Fahne „Schwarz-Weiß-Rot“ bedeutet einen erheblichen Einschnitt im Denken der Deutschen. Der anschließende Friede ist alles andere als friedlich. Mit Wilhelm I. (1797 - 1888) steht erstmals ein evangelischer Fürst an der Spitze des Reiches. Es dauert, bis sich Katholiken mit dieser Situation anfreunden. Bismarck erlässt einen Kanzelparagraphen, katholische Pfarrer werden von der Polizei überwacht, manche landen im Gefängnis.

Wie den Katholiken ergeht es den Sozialdemokraten. Im Innern des neuen Kaiserreiches gibt es enorme Ab- und Ausgrenzungen, von der absoluten Benachteiligung der Frauen nicht zu reden. Schließlich wuchert der Antisemitismus. Immer werden es andere sein, ohnehin Benachteiligte, Schwächere, denen man die Schuld an den eigenen Schwierigkeiten zuschiebt.

Das Coburger Friedensdankfest von 1650 wird im jungen Kaiserreich nur noch von Kirchenchören mit kircheninterner Geselligkeit gewürdigt. Vielleicht auch als Ersatz dafür sprengt die Gestaltung des Sedan-Tages am 2. September alle Dimensionen. Der entscheidende Sieg über Frankreich wird für wichtiger erachtet als die Auferstehung des Jesus Christus, der seine Jünger zum Frieden segnet und sendet.

Das deutsche Kaiserreich sei „aus Blut und Eisen geboren“, nach drei Kriegen sei es „wieder auferstanden“. So lautet eine Inschrift der Meederer Ersatzglocken von 1873. Das verträgt sich schlecht mit dem Sieg des Friedefürsten am „dritten“ Tag, dem Sieg des Gewaltlosen über Tod, Hass und Unversöhnlichkeit.

Dieses „Reich" wird der geborenen Kriegsgegnerin vom Coburger Bahnhof unerträglich. Als 16jährige verlässt sie am Sedan-Tag Deutschland in Bremerhaven. Ihr Abschied von Deutschland an genau diesem Tag ist für Anna B. Eckstein kein Zufall. Für sie gehört beides zusammen. Sie verlässt ein Deutsches Reich, das sich auf bewusst herbei geführte Angriffskriege gründet. Jeweils am 2. September stellt Eckstein in den Tagebüchern diesen Zusammenhang her. Ihre Abscheu vor dem Sedan-Tag begründet ihre Auswanderung.

In ihrem Brief an Curti finde ich leider nur als Bruchstück eine Beschreibung dessen, was die kleine Anna vermutlich an einem Sedan-Tag erlebt hat, oder besser, was sie „inszeniert".

One of my earliest very distinct recollections is a scene which after the Franco-German war of 1870-71 was staged in our town, and which father had taken me to see. There was the grewsome thunder of distant canon coming nearer and nearer. Bursting shells. A village went up in flames. The first wounded carried across the stage was a Frenchman; I see him now in his wide scarlet trousers …

Der Sieg über Frankreich wird in Coburg auf einer Bühne vermutlich auf dem Schlossplatz mit Kanonendonner dargestellt. Ein Dorf geht in Flammen auf. Ein verwundeter französischer Soldat stürzt auf die Bühne ... Was weiter zu erzählen wäre, steht auf der nicht erhaltenen „Seite 2" des Briefes an Curti. Ich male mir die Szene aus: Die kleine Anna schreit. Man sagt oft von einem Kind, es „schreit wie am Spieß". So ähnlich muss es gewesen sein, jedenfalls wird die nationale Feierstunde in Coburg von dem kleinen Mädchen erheblich gestört.

Anna wird an diesem Sedan-Tag höchstens fünf Jahre alt gewesen sein. Kinder merken sich die Geschichten von ihren Anfängen, wenn sie von den Erwachsenen wiederholt erzählt werden. Annas Mutter muss stolz gewesen sein auf ihr empfindsames Kind. Sie pflanzt diesen Stolz ins Herz ihres Kindes. Anna B. Eckstein feiert am 2. September ihre Grenzüberschreitungen. 1884 verlässt sie an diesem Tag Deutschland, und sie bekämpft vermutlich seit dem Sedan-Tag 1873 jede Verherrlichung von Krieg und Militär.

Günter Grass (1927 - 2015) erfindet später den kleinwüchsigen Oskar Matzerath. Fast sechzig Jahre nach der kleinen Anna in Coburg lässt Oskar mit der Blechtrommel den Nazi-Aufmarsch in Danzig scheitern. Ich bewerte beide Aktionen als Grenzüberschreitung. Solche Kinder haben die allerbesten Chancen. Allerdings bleibt Oskar in Danzig eine literarische Figur, während meine Anna wie gesagt in Coburg Geschichte macht. Es wird sie prägen, genau wie mich meine knabenhaften Aktionen gegen den Eisernen Vorhang geprägt haben, gegen den kalten Krieg und gegen das obrigkeitliche Gehabe derer, die ihre Grenzen nicht hinterfragen wollen.

Ihr sollt (wörtlich: ihr werdet)
vollkommen (wörtlich: auf euer Ziel gerichtet) sein,
wie (d.h. dem geschöpflich menschlich entsprechend wie)
euer himmlischer Vater
vollkommen (auf sein Ziel gerichtet) ist.
Ecksteins Konfirmationsspruch
in der Kirchlichen Dogmatik
von Karl Barth

Ein Konfirmationsspruch für Heilige

Anna B. Eckstein bleibt ihr Leben lang ein Gotteskind: Ihr Vater im Himmel, ihr Bruder Friedefürst und die Liebe zu allen und in allen Menschengeschwistern! Den christlichen Glauben prägt die Dynamik zwischen Dreieinig- und Dreifaltigkeit. Auf diese Kraftquelle lässt diese Frau sich jederzeit ein. Aus ihr schöpft sie Mut. Was auch geschieht, sie bleibt dabei. Sie will ein vollkommenes Kind Gottes unter anderen vollkommenen Kindern Gottes sein.

Auch mir macht sie es damit leichter. Sie ist meine Schwester im Glauben. Sie ist eine Heilige. Die Dynamik ihres Glaubens macht jeden Kleinglauben groß. Sie überschreitet in Gottes Namen und in Gottes Kraft bewusst und absichtlich Grenzen aller Art. Sie weiß sich dazu beauftragt. Sie nimmt sich dazu die Vollmacht, gerade weil sie die Ohnmacht kennt und oft neu erfährt. Die Grenzen ihrer geringen Möglichkeiten werden sie stets niederdrücken, aber abfinden wird sie sich damit nie. Das öffnet ihren Blick, ihr Horizont und ihr Herz werden nie eng.

Von außen betrachtet erscheint das Überschreiten von Grenzen aus Glaubensgründen als Verrücktheit. Helmut Schmidt (1918 - 2015), deutscher Nachrüstungskanzler von 1974 bis 1983, wollte Leute mit Visionen solcher Art zum Arzt schicken. Auch der Vatikan ist kritisch. Er prüft seit alters die Heiligkeit seiner Heiligen. Sofern sie kein Märtyrertod beglaubigt, werden die dem jeweiligen Kandidaten zugeschriebenen Wunder peinlichst untersucht. Nur wo eine natürliche Erklärung ausgeschlossen werden kann, bestätigt der Vatikan die Heiligkeit des Wundertäters.

Ich schaue also anders hin als Helmut Schmidt. Ebenso verzichte ich auf den bei der römischen Kirche üblichen Aufwand. Auch Anna B. Eckstein hat anders hingeschaut. Ihr Vorbild ist Immanuel Kant (1724 - 1804). „Habe Mut, dich deines eigenen Verstandes zu bedienen!" Das ist auch Ecksteins Kriterium. Ich brauche diesen Mut, um meine engen Grenzen zu überschreiten, ich brauche ihn vor allem, wo andere glauben, mir Grenzen setzen zu müssen.

Kants Altersschrift „Vom ewigen Frieden“ (1795) wird Eckstein verinnerlichen. Sofern die Menschen für ihr Zusammenleben selbst die Verantwortung übernehmen können, also in demokratischen Verhältnissen, bleibt dort der ewige Friede keine ferne Utopie. Kant war für Eckstein der wichtigste Lehrer, sobald es um Vollkommenheit geht. Kant und Jesus sprechen diese Vollkommenheit jedem Menschen zu. Der Philosoph denkt zu Ende, was 1776 Thomas Jefferson (1743 - 1826) den Amerikanern in ihre Declaration of Independence schrieb:

We hold these truths to be self-evident, that all men are created equal, that they are endowed by their Creator with certain unalienable Rights, that among these are Life, Liberty and the Pursuit of Happiness. That to secure these rights, Governments are instituted among Men, deriving their just powers from the consent of the governed.

„Es liegt an dir, was aus dieser Welt wird!“ So formulierte es Dr. Albin Schubert (1907 - 1985). Der Weltkriegs-Invalide hatte das Meederer Heimatspiel „Friede auf Erden“ verfasst. Nachdem die DDR beim Friedendank 1981 den Sachsenbrunner Pfarrer Dieter Loew, unseren Wunschreferenten, nicht ausreisen ließ, sprang Schubert kurzfristig ein. Er meditierte Kants kategorischen Imperativ.

„Es liegt an dir, was aus dieser Welt wird!“ Mit diesem Wissen im Herzen macht der „ewige Friede“ in Kants visionärer Schrift Sinn. Wo sich ein Staat auf die unveräußerlichen Rechte jedes einzelnen stützt, gilt das folgerichtig auch für das Miteinander der Staaten. Darüber sollte zwischen zivilisierten Menschen Einvernehmen herzustellen sein. Dann wird der Krieg vom ewigen Frieden vertrieben sein, hoffentlich auch aus den Köpfen aller Politiker.

Der kleine Friede hat so viel Vollkommenheit wie der große Friede. Wo Gott die Quelle des Lebens ist, fordert das kleinste Stück Leben mein Verstehen heraus. Es wird mir zum Wunder. Ich staune, ich traue der Liebe alles zu. Mein Leben und das Leben der anderen verlangen von mir heiligen Respekt. Was dieses Leben zusammenhält, bleibt dem abwägenden Verstand letztlich unerklärlich. Es wird zum „a priori" jedes Menschen.

Von Anfang an und von Grund auf lebt nichts ohne Liebe. Alles Lebendige lädt zur Liebe ein. Keiner hat Gott für sich allein, schon gar nicht den Gott, der nichts als Liebe sein will. Keiner kann ihn für sich in die Tasche stecken. Gott steht mir nicht zur Verfügung. Diese Erfahrung bleibt auch keinem Kaiser erspart, vor allem keinem, der „Gott mit uns" auf die Koppelschlösser seiner Krieger prägen lässt.

Gott lässt sich nicht als Uniformteil vereinnahmen, insbesondere nicht für ein Gebilde wie das Deutsche Reich von 1871, das sich von militärischen Erfolgen ableitet. Gott rechtfertigt keine tödlichen Befehle, nicht einmal den Hass auf vermeintliche Feinde. Gott ist immer da und dabei, und zwar auf beiden Seiten. Das zu denken verändert alles. Oft stellt sich dieser Gott meinen Interessen in den Weg. So ist die Liebe, so ist Gott zwischen dir und mir. So habe ich jede Konfirmandenstunde begonnen, und die Konfirmanden haben es mir geglaubt. Das hatte Folgen.

Meine Konfirmanden waren mir Heilige. Die spezielle Heiligkeit eines Menschen entwickelt sich, wo einer die Grenze zu Gott überschreitet. Er setzt dann Gottes grenzenlose Liebe für sein Leben in Kraft. Ich unterstelle die Absicht dazu jedem, der gesegnet werden will. Ich bekreuzige ihn „im Namen des Vaters und des Sohnes und des Heiligen Geistes". Ein so Gesegneter wird Gott nicht ausgrenzen. Gott ist wie die Sonne. Er wärmt und bewegt mich, er wärmt und bewegt auch deine Seele. Er tut es mit jedem Ein- und Ausatmen.

Umgekehrt lautete meine Botschaft an Konfirmanden: Gott ist da, aber benutze ihn nicht nur bei Bedarf! Er ist kein Talisman. Sonst wäre es tragisch, falls du sein Kreuz einmal nicht um den Hals gehängt hättest. So einen Gott solltest du am besten schnell verlieren und nie mehr wiederfinden.

Aber auf den lebendigen Gott kannst du dich verlassen. Er verliert dich nicht, und er gibt dich auch nie verloren. Ich beziehe mich auf ihn in meinen Tagen und in meinen Nächten. Ich bete. Ich tue es jeden Abend und jeden Morgen. Ich erlebe mit ihm mein Leben, mein Frei- und mein Lebendig-Sein. Ich kann mir keinen Atemzug ohne Gott vorstellen.

Auch Anna B. Eckstein ist solch eine „heilige" Konfirmandin. Sie weiß sich geliebt, und sie kann lieben. Sie fühlt sich zur Liebe berufen. Sie vertraut sich dem an, was sie als Liebe empfindet und als Führung Gottes in ihrem Leben. Sie weiß, nur die Liebe bestimmt die Freiheit eines Christenmenschen, und nur eine solche Liebe zählt, die dem anderen seine Freiheit lässt. Sie darf nichts und niemanden vereinnahmen. Daraus gewinnt Eckstein Sicherheit und Souveränität. Wo sie vermeintlich schutzlos ist, gerade dort ist Gott ihr Genosse. Aber es gilt auch umgekehrt: Eckstein kennt die Schutzlosigkeit der Liebe. Dem Gott am Kreuz hält sie die Treue.

Am 16. April 1882, dem Weißen Sonntag, bekennen sich 249 Coburger Jugendliche zu ihrer Taufe. Jeder von ihnen kann es wissen und glauben: Ich bin Gottes Kind, und so wie ich bin, bin ich ihm vollkommen und willkommen. In diesem Glauben wird „Anna Bernhardine Eckstein" konfirmiert. Auf Deutsch: Sie wird „bestätigt und bestärkt". Sooft sie später in ihre Stadt kommt, sucht sie ihre Mitkonfirmandinnen auf und meldet sich mit ihnen bei ihrem Konfirmator zum nächsten Abendmahl an.

Ihre Konfirmation, ihr Bekenntnis zu dem Vater im Himmel, zu dem Bruder Friedefürst und zu der Liebe zu allen und in allen, nimmt sie sehr ernst. Sie erwähnt dieses Ereignis 30 Jahre später in einer großen Rede. 1912 wird sie als 20seitige Broschüre gedruckt mit dem Titel „The World Petition to prevent War between Nations". Das „National Brotherhood Council" in London macht mit diesem Heft Werbung für die Weltpetition.

Nahezu 750 000 Briten gehören solchen Bruderschaften an. Christen aus der Staatskirche und aus Gemeinden der Noncomformisten finden darin konfessionsübergreifend „ökumenisch" zusammen. 1875 begann diese Bewegung mit „PSAs" (Pleasant Sunday Afternoons). Das sind regelmäßige Bildungsveranstaltungen am Sonntagnachmittag. Bald engagieren sich viele aus den „Brotherhoods" in der Arbeiterbewegung, sogar im Parlament bilden die „Brüder" eine fraktionsübergreifende Gruppe.

In ihrer Kampagne für die Weltpetition findet Eckstein in diesen Leuten die aktivsten Bündnispartner. Nirgendwo wird ihre Kampagne ähnlich erfolgreich sein wie im Vereinigten Königreich. Den britischen Männern gegenüber predigt sie, was und wem sie glaubt. Ich begreife, was ihr Konfirmationsspruch für sie und für den Frieden bedeutet, den sie auf dieser Welt sucht und einfordert. Sie schreibt:

Als ich mit vierzehn Jahren konfirmiert wurde in meiner deutschen Heimatstadt, fühlte ich die tiefe Überzeugung, dass Gottes Wille der Sinn des Lebens ist. Aber gerade das, was nun der Wille Gottes ist, konnte ich nicht mit Gewissheit sagen. Ich erlebte in der Folge mehr und mehr von der Welt und vom Leben, und ich hörte alle möglichen gelehrten Einsichten. Das Ergebnis waren viele Zweifel. Meine Seele war sehr durcheinander darüber, was nun Gottes Wille ist, gerade wenn in dessen Erfüllung der Sinn meines Lebens bestehen soll.

Aber „sucht, und ihr werdet finden" (Matthäus 7,7). Auf diese Verheißung dürfen wir uns verlassen. Je mehr ich mitbekam vom Leben, umso fester gewöhnte ich mir an, nach den Ursachen für das Erlebte zu fragen. So wurde ich davon überzeugt, dass der Sinn des Lebens der Wille Gottes ist, der uns durch Christus unseren Heiland (in der Bergpredigt) mitgeteilt wurde: „Darum sollt ihr vollkommen sein, wie euer Vater im Himmel vollkommen ist." (Matthäus 5,48)

Das bedeutet natürlich nicht, dass jeder von uns die Vollkommenheit Gottes erlangt. Es bedeutet auch nicht, dass jeder von uns vollkommen wie ein Baum oder wunderschön wie eine Blume werden muss. Aber sicher ist gemeint, dass jedes Kind, das in diese Welt kommt, ob es nun das Kind von einem König, einem Kaiser oder einem Arbeiter ist, ein vollkommenes menschliches Dasein haben kann.

Jedes Kind, wenn es geboren wird, ist ausgestattet mit verborgenen Kräften - mit körperlichen und geistigen Kräften und mit der Kraft der Liebe. In jedem Kind ist es anders. Jedes ist eine eigene Persönlichkeit. Es ist nicht zu befürchten, dass jedes Menschenleben gleich ist. Niemals können zwei Personen ganz gleich sein. Zusammen mit der individuellen Kombination seiner körperlichen, geistigen und seelischen Kräfte wird mit jedem gesunden Kind auch der Instinkt geboren, Leben zu erhalten und eine harmonische Persönlichkeit zu entwickeln.

Diese Einstellung zum Leben ist außergewöhnlich. Meistens werde ich augenzwinkernd mit einem „nobody is perfect" vertröstet. Als wäre es unvermeidbar, dass ich eigenen und fremden Ansprüchen gegenüber scheitere. Selbstverständlich macht jeder jeden Tag Fehler. Keiner ist ständig in Bestform. Der Unterschied zwischen der Redensart „nobody is perfect" und dem Fühlen und Denken, das Anna B. Eckstein von dem Jesus der Bergpredigt für sich annimmt, liegt nicht in der Häufigkeit kleiner oder großer Missgeschicke.

„Be ye therefore perfect, even as your Father in heaven is perfect." Im englischen Neuen Testament liest sich Annas Konfirmationsspruch von 1882 als direktes Gegenstück zu der Behauptung, persönliche Vollkommenheit sei ausgeschlossen. Jesus mutet mir Heiligkeit einfach zu. Er kann das, denn er sieht mich nicht als Einzelwesen. Er schaut auf meine Zusammenhänge. Keiner lebt für sich allein. Jeder lebt von Gott, jeder lebt von der Liebe. Ja, in Wahrheit ist ohne Liebe mein Leben in keinem einzigen Augenblick möglich.

Vollkommen bin ich, wo ich mich mit Gott und mit den anderen im Verbund sehe. Meine Vollkommenheit besteht in meiner Einzigartigkeit. So wie ich bin, kann kein zweiter sein. Mein Glück besteht darin, dass ich von den anderen gebraucht werde, und darin, dass ich die anderen brauche, gerade weil sie sich von mir in vielen Dingen unterscheiden.

Deshalb folgt das Gebot zur Vollkommenheit unmittelbar auf das Gebot von der Feindesliebe. Jesus sagt: „*Liebt eure Feinde und bittet für die, die euch verfolgen, damit ihr Kinder seid eures Vaters im Himmel.*" Ohne meinen vermeintlichen Feind bin ich nur ein halber Mensch. Und schließlich kann ich auch Gott für mein Leben nur beanspruchen, wo ich ihn mit allen anderen teile. Eckstein wird in ihrer Predigt an die britischen Männer philosophisch:

Der von Christus gewiesene Weg ... ist weder die Methode des schrankenlosen Individualismus, jener einseitigen Selbstpflege, welche dem Einzelmenschen die Urrechte der anderen Einzelmenschen und die Urrechte der Gemeinschaftsgebilde opfert; noch die Methode des schrankenlosen Sozialismus, jener einseitigen Gemeinschaftspflege, welche wiederum den Gemeinwesen, vor allem dem Staate, die Urrechte des Einzelmenschen, der Individualität, opfert. Beide Systeme sind ja Systeme des Machtmissbrauchs, des Schmarotzertums, der Vergewaltigung, des Despotismus. Systeme, gegen die der Vollkommenheitstrieb des gesunden Menschen sich aufbäumt, die er auf die Dauer nicht erträgt.

Darum führt jeder Despotismus, wie die Erfahrung, wie die Geschichte lehrt, letzten Endes zum Untergang des Despoten, sei er Einzelmensch oder Gemeinwesen, Staat oder Staatengemeinschaft. Vielmehr wird der Weg, den Christus weist, vorgeschrieben von dem Urgesetz der Solidarität, dem Urgesetz des wechselseitigen Aufeinander-Angewiesenseins, der wechselseitigen Haftbarkeit aller Einzelmenschen untereinander und der ihrer Vollkommenwerdung zu dienenden Gemeinschaftsgebilde bis hinauf zum Staat und dem zu vereinbarenden Völkerbunde.

Es ist der Weg der Wechselwirkungspflege, der Weg des Solidarismus, welcher Urrechte und Urpflichten, Würde und Ehre des Einzelmenschen, des Staates und des Völkerbundes als gleichwertig achtet und fordert, schützt und fördert, weil nur, indem jeder für alle lebt und alle für jeden, jedem das Seine wird; weil die Mittel, die zur Vollkommenwerdung des einen Einzelmenschen oder des einen Staates unerlässlich sind, dem anderen letzten Endes nichts nutzen, weil jeder persönlichen oder staatlichen Individualität keine anderen, als allein die ihr qualitativ, quantitativ und relativ angemessenen Machtmittel und Entwicklungsbedingungen zur Erreichung ihrer Vollkommenheit dienen, da eben jeder Organismus eine von allen anderen unabänderlich verschiedene Individualität ist - die des Einzelmenschen bestimmt durch seine Geburt, die des Staatengebildes durch sein Klima, seine Bodenbeschaffenheit und durch seine Geschichte.

Indem der „Solidarismus" Christi die Sicherung der Urrechte aller durch Erfüllung der Urpflichten seitens aller fordert und übt als ethische und rechtliche Grundlage alles menschlichen Seins und Handelns, bietet er gleichzeitig den Wertmesser aller Werte dar und gibt die Richtlinien für den Aufbau der noch zu schaffenden, dem Ideale der Vollkommenheit dienenden Rechtsordnung und Erziehung.

Gut ist alles, was dazu angetan ist, die Erfüllung der Urpflichten seitens aller herbeizuführen, und dadurch allen den Genuss der Urrechte zu sichern, jedem Einzelmenschen zu ermöglichen, der wirtschaftliche, sittliche, politische und religiöse Vollwert, die vollendete harmonische Persönlichkeit zu werden, zu der seine bei der Geburt mitgebrachte körperliche, verstandesmäßige und gefühlsmäßige Ausstattung ihn befähigt. Mit anderen Worten: Gut ist alles, was Würde und Ehre aller achtet, was, wie Goethe lehrt, Ehrfurcht zollt allem, was über, was neben und was unter uns ist. Ist es gut, so muss es auch unter allen Umständen geschaffen und geübt, rechtlich geschützt und gefördert werden.

Böse ist alles, was die Erfüllung der Urpflichten und dadurch den Genuss der Urrechte seitens aller verhindert, was zur Verkrüppelung und Entartung der Persönlichkeit führt, was Würde und Ehre verletzt. Und weil böse, muss es rechtlich abgeschafft, verboten, gegebenenfalls rückhaltlos bekämpft und bestraft werden.

Der „Solidarismus" Christi ist das einzige System, unter welchem der Wille zur Vollkommenheit sich in allen entfalten kann. Die Liebe zu Gott, sich selbst und den Nächsten, die in diesem System inbegriffen ist, ist die Atmosphäre, deren der Wille zur Vollkommenheit, nachdem er aus dem Urtrieb zur Selbstvervollkommnung durch die Erkenntnis geboren ist, bedarf, um in Tatkraft und Begeisterung zu entflammen, um schaffendes Heldentum zu werden. Der „Solidarismus" Christi nimmt den Begriffen „Recht", „Gerechtigkeit", „Gleichheit" und „Freiheit" die bestehende Verworrenheit und Dehnbarkeit, und er bestimmt und umgrenzt die Verantwortung.

Ihren Konfirmationsspruch hat sich die 14jährige Anna nicht selbst gesucht. Ihr Pfarrer hat für dieses besondere Mädchen diesen besonderen Spruch gefunden oder finden müssen. Warum? Anna liebt ihre behinderte Schwester. Sie erlebt Tag für Tag die große Freude, die jede Zuwendung bei Toni auslöst.

Anna fühlt sich durch jede Begegnung mit Toni bereichert. Sie spürt, wie intensiv Toni von diesen Zuwendungen lebt. Tonis wegen weiß sie, jeder ist vollkommen, vornehmlich in seiner Bedürftigkeit, gerade weil er die anderen braucht. Allein deshalb ist jeder Mensch etwas Besonderes. Ich kann und will also versuchen, jedem gerecht zu werden und mit jedem im Frieden zu leben.

Ein wesentlicher Teil der Konfirmation ist in Coburg neben Unterricht, Prüfung und feierlichem Gottesdienst mit Konfirmanden-Bekenntnis und

Segnung die erste Beichte. Dazu führt jeder Jugendliche mit seinem Beichtvater ein persönliches Gespräch in der Sakristei, die damals noch „Beichtkammer“ heißt. Beichtvater der 14jährigen Anna ist Oberkonsistorialrath Friedrich Emil Müller (1810 - 1900).

Müller wird wenig später Generalsuperintendent, also Bischof der Coburger Landeskirche. Anna Bernhardine fühlt sich ihrem Konfirmator und Beichtvater verbunden, solange der Mann lebt. Sie genießt die „herrlichen“ Kanzelreden von dem „ehrwürdigen, großen Prediger“. Sicher war auch die Konfirmandin, die ihre behinderte Schwester durch die Stadt führt und die daran glaubt, dass für Gott jeder Mensch ein vollkommener Mensch ist, für ihren damaligen Seelsorger eine Konfirmandin, die er nie mehr vergessen hat.

Müller, selbst ein Coburger Kind, heiratete 1837 als Predigtamts-Candidat Luise Riemann. Er ist zunächst als Oberlehrer an der Bürger-Mädchen-Schule tätig. Seit 1844 wird er Hilfsgeistlicher an St. Moriz. 1848 engagiert er sich für die Demokratie und für die Abschaffung der Privilegien des Adels, was seine weitere Laufbahn nicht fördert. 1871 wird er endlich Oberpfarrer. Doch Herzog Ernst II. schätzt ihn persönlich. Schließlich überträgt er ihm die Leitung der Landeskirche.

Aus Ecksteins Coburger Jugendzeit ragt in dem, was sie später davon in ihren Tagebüchern festhält, vor allem Ottilie Frese (1840 - 1918) hervor. Sie stammt aus Berlin, sie wird Annas Lehrerin an der Lutherschule. Sie bleibt ihr eine lebenslange Freundin. Vermutlich lernt Anna bei ihr auch Englisch und Französisch. Denn das Alexandrinum, damals noch eine private Schule für höhere Töchter, kann nur besuchen, wer genügend Geld hat. Schade, sehr schade! Aber Gott sei Dank, es gibt „Fräulein Frese“.

Eines der „positiven“ Ziele von Ecksteins Auswanderung nach New York zwei Jahre nach ihrer Konfirmation ist die Chance, dort wie ihr Fräulein Frese selbst Lehrerin werden zu können. Amerika ist das Land der unbegrenzten Möglichkeiten. Es unterscheidet sich fundamental von der feudalen Gesellschaftsordnung in Deutschland. Aber selbst dort wird Eckstein mindestens zehn Jahre brauchen, bis sie an einer Schule angestellt werden wird.

Entscheidend für Ecksteins Einstellung zur Schule und zur Pädagogik ist die Vorgabe, dass jeder Mensch seine Grenzen überschreiten kann und muss. Gott ruft jeden heraus aus seiner engen Welt. Jeden kann dieser Ruf in irgendeiner Weise erreichen. Eckstein geht vom Kind aus. Weil schon jedes Kind Gottes Ruf hören kann, darf auch jedes Kind seine eigene Welt suchen und gestalten.

Eckstein hat dabei ihre Toni im Auge - ihre Schwester mit den beschränkten Möglichkeiten. Jesus, der in der Bergpredigt jedem Menschen Vollkommenheit zumutet, beginnt diese Predigt schließlich mit den Worten: „Selig sind, die da geistlich arm sind; denn ihrer ist das Himmelreich.“ Ich kann „geistlich“ getrost mit „geistig“ wiedergeben. Jesus würdigt auch die allergeringsten Möglichkeiten eines Menschen.

Vermutlich war Anna selbst keine besonders angepasste Schülerin. In dieser Beziehung kann ich mich gut in sie hineinversetzen. Also fordert sie als Erwachsene beharrlich Schulklassen mit maximal zehn Kindern. Nur dann habe ein Lehrer die Chance, nur dann könne er der besonderen Begabung eines Kindes gerecht werden. Nur dann werde er die Schüler nicht frustrieren durch andauernde Über- oder Unterforderung. Nur dann entstünde ein sinnvolles Unterrichtsgespräch.

Für Eckstein sind kleinere Schulklassen wesentlich für den Weltfrieden. Nur wo sich ein Kind als Persönlichkeit angenommen fühlt, entwickelt es Verantwortungsbewusstsein. Sobald mit den endlich zu vermindernden Militärausgaben Mittel frei würden, müssten diese als Erstes in die Anstellung von erheblich mehr Lehrern investiert werden. Falls es nicht sofort mit der Abrüstung klappt, sollten vorläufig Frauen aus den oberen Gesellschaftsschichten ihren Müßiggang überwinden. Sie könnten ehrenamtlich Schuldienst leisten, bis das Vaterland dank der eingesparten Rüstungs-Milliarden sich kleine Schulklassen leisten könne.

Eine Schule mit pädagogisch sinnvoller Ausrichtung, eine Schule nach den Bedürfnissen der Kinder, eine solche Schule bringt friedliche und selbstbewusste Menschen hervor. Jeder wird sich dort seines Wertes bewusst. Keiner muss sich auf Kosten anderer profilieren. Keiner braucht mehr Feinde, auf die er alles Böse in seinem Leben, alle Defizite und Schwächen projiziert. Feindbilder lösen sich dann von selbst auf.

Annas Schwester Toni wird nie eine Schule besuchen. In Coburg werden Christen mit geistiger Behinderung damals auch nicht konfirmiert. Das ist unsäglich für eine, die wie Anna B. Eckstein die Evangelien liest. Fast überall war das in Deutschland so gewesen bis weit nach 1945. Radikaler fragte man wenige Jahre vor Eckstein nur im mittelfränkischen Neuendettelsau nach dem Willen Gottes, nach der Vollkommenheit, die bei dem Vater im Himmel jedes seiner Menschenkinder besitzt.

Pfarrer Wilhelm Löhe (1808 - 1872) integrierte die Schützlinge seiner Diakonissen in die Gottesdienste. Selbstverständlich hat der Mann sie auch konfirmiert. Sie mussten sich dazu keine komplizierten Katechismus-Texte einprägen und vor der versammelten Gemeinde aufsagen. So viel Verständnis von Gottes allumfassender Gnade und Güte hätte sich Eckstein von ihrer Kirche in Coburg auch für ihre „Toni" gewünscht.

Immerhin gibt es Tante Amalie (1847 - 1920). Sie lehrt Toni sticken. Und Toni ist überwältigend stolz auf ihr „Können". In den schlechten Nachkriegszeiten ist Eckstein dann selig, wenn sie irgendwo für ihre Schwester ein Paket mit Stickgarn bekommt. Ab 1922 lässt „Tonis" Gesundheit nach. Sie bekommt dicke Füße und Beine. Öfters sinkt sie zusammen oder fällt aus dem Bett. Am Ende sind auch ihre Schwester und ihre Mutter hilf- und ratlos.

Aber immerhin - seit Anfang 1923 leben und arbeiten Diakonissen aus Neuendettelsau auch im heutigen Coburger Ortsteil Lützelbuch. „Toni" liegt im Sterben, aber endlich kommt jemand zu ihr und zu der jetzt auch hilflosen Familie. Die Lützelbucher Diakonissen-Schwestern Anna und Ella helfen Anna B. Eckstein und ihrer Mutter bei der Pflege. Wenigstens in dieser Form hilft „Kirche" jetzt diesem Gotteskind.

Am Dienstag, den 15. Mai, steht in den Tagbüchern, *unser geliebtes Tonichen (schläft) sanft ein - ein verklärter Engel. Muttchen und ich falten beide ihre Hände. Unsers Tonchens Sterbetag - der Tag ihrer Erlösung - Verklärung.* Nach der Trauerfeier und der Urnenbeisetzung heißt es in den Tagebüchern am Sonntag darauf: *Gottesdienst zu St. Moritz beigewohnt. Kirchenrat Eberhardt betete für unser geliebtes Tonchen. Predigttext: Schaffe mir, Gott, ein reines Herz und gib mir einen neuen gewissen Geist.*

Zogen einst fünf wilde Schwäne,
Schwäne leuchtend weiß und schön.
„Sing, sing, was geschah?"
Keiner ward mehr gesehn.
Wuchsen einst fünf junge Birken
grün und frisch an Bachesrand
„Sing, sing, was geschah?"
Keine in Blüten stand.
Zogen einst fünf junge Burschen
stolz und kühn zum Kampf hinaus.
„Sing, sing, was geschah?"
Keiner kehrt nach Haus.
Wuchsen einst fünf junge Mädchen
schlank und schön am Memelstrand.
„Sing, sing, was geschah?"
Keins den Brautkranz wand.
Aus der Jugendbewegung 1908 ff.

Die Friedensikone

1985 beantragte die Kirchengemeinde Meeder erneut eine „ABM". Wir wollten mehr vom Leben und Wirken Anna B. Ecksteins erfahren. Für zwei Jahre arbeitete Archivar Dr. Rüdiger Spenlen (* 1951) fürs Friedensmuseum. Seine beharrlichen Briefe in die USA öffneten Türen. Schließlich verschaffte die New Yorker Friedensforscherin Sandi E. Cooper (* 1936) den entscheidenden Kontakt. In Philadelphia arbeitet das Archiv der American Peace Society, „Swarthmore Peace Collection". Die Leute dort halfen unserer jungen Einrichtung weiter.

Von „Swarthmore" erhielten wir teils im Original, teils als Kopie, was die Erben Ecksteins 1948 ihrer Freundin Lyra Trueblood Wolkins (1877 - 1969) überlassen hatten. Die Pakete aus Philadelphia brachten uns voran. Bald veröffentlichte Spenlen ein fundiertes Heft mit den wichtigsten Fakten. Im Vorratshaus der Meederer Kirchenburg über dem Jugendkeller war ein origineller Raum entstanden. Dort wurde unser Wissen über Anna B. Eckstein präsentiert.

Besonders bewegend waren ihre Fotos. Sie zeigten eine bildschöne Frau. Für uns, ihre Wieder-Entdecker im Coburger Land, bekam Anna B. Eckstein

ein Gesicht. Ihr Bild entfaltete seinen „Zauber". Es wurde zur Ikone, zum lebendigen Bild. Es verwickelte den Betrachter in seine Geschichte. Wir sahen hin, wir spürten etwas auf, und wir spürten es in uns. Wir verstanden jetzt alles besser. Diese Botschafterin des Friedens hatte Menschen fasziniert. Das war ohne weiteres nachzuvollziehen.

Ihr hübscher Kopf ist noch heute ein Blickfang. Ihr warmherziger Blick wirbt um Vertrauen. Wo wir als Friedensmuseum oder Kirchengemeinde auch auftraten, bei Demonstrationen oder Kirchentagen, wir trugen „Miss Eckstein" als Poster vor uns her. Ihre Ausstrahlung machte alles verstehbar. Der Deutsch-Amerikanerin war es vor dem ersten Weltkrieg fast gelungen, die Menschheit einen entscheidenden Schritt voranzubringen. Wann und wo die Vorkämpferin für den Weltfrieden ihre Botschaft auch verkündigte, die Herzen flogen ihr zu.

1910 schildert ein Zeitungsschreiber aus Glasgow das Auftreten der damals 42jährigen. In „The Evening Times" schwärmt der Schotte am 21. November, *die große, schlanke Brünette mit ihren funkelnden, lebhaften Augen und ihrer ruhigen verbindlichen Stimme* begeistere ihr Publikum, sie könne überzeugen und Menschen gewinnen. *Zuversicht und Entschlossenheit bestimmen jedes ihrer Worte.*

Schönheit ist nicht gleich Schönheit. Ihre Wirkung hängt von der Offenheit ihrer Bewunderer ab und von der Persönlichkeit, in der sich Schönheit „verkörpert". Anna B. Eckstein ist sich ihrer Wirkung bewusst. Sie registriert die Aufmerksamkeit und Zuwendung, die ihr entgegengebracht wird. Sie setzt ihren Charme, ihr Charisma bewusst ein. Es ist die ihr gegebene Gottesgabe. Bereits 1983 hatten wir ein Gedicht erhalten, das Eckstein in späteren Jahren an Freunde in Coburg verteilt haben musste. Es liest sich wie ein Rezept für kommunikatives Verhalten. Es trägt den Titel „Ein wenig und doch so viel".

Es war nur ein sonniges Lächeln,
Es war nur ein freundliches Wort,
Doch scheuchte es lastende Sorgen
Und schwere Gedanken fort.

Es war nur ein warmes Grüßen,
Der tröstende Druck einer Hand,
Doch scheint's wie die leuchtende Brücke,
Die Himmel und Erde verband.

Ein Lächeln kann Schmerzen lindern,
Ein Wort kann von Sorgen befrein,
Ein Händedruck Sünde verhindern,
Und Liebe und Hoffnung erneun.

Es kostet dich wenig zu geben
Blick, Lächeln und helfende Hand,
Doch arm und kalt ist dein Leben,
Wenn keiner dein Lieben empfand.

Monika Adele Elisabeth Hunnius (1858 - 1934) aus Riga hat diese Zeilen geschrieben. Sie mutet mir einen priesterlichen Dienst zu und ein priesterliches Dienen. Priester sind Brückenbauer, irgendwo zwischen „Himmel und Erde“ sind sie bei der Arbeit. Anna B. Eckstein versteht das auf Anhieb. Sie hat eine wunderbare Botschaft, und sie möchte selbst Teil dieser Botschaft sein. So und nicht anders wird sie es schaffen. Das ist ihr Glaube. Sie vertraut nicht auf sich selbst. Es ist die Botschaft vom Frieden auf Erden.

Diese Botschaft ist schön und überzeugend zugleich. Sie macht etwas aus der Frau und aus dem, was sie tut. Eckstein will die gesamte Menschheit für den Frieden „einnehmen“ und gewinnen. Und dieses Vorhaben wird auch die Herzen der anderen erfüllen und verändern. Jeder kann und soll wie sie zum Botschafter werden. Für dieses Ziel setzt sie alles ein, und sie setzt alles aufs Spiel.

Mit einer unglaublichen Hingabe und Selbstdisziplin inszeniert sie sich als Friedensengel. Sie geht völlig in dieser Aufgabe auf. Bei ihren Auftritten trägt sie ein langes weißes Kleid. Christus selbst ist ihr Vorbild. Davon hat sie ein Gemälde überzeugt. Ein Foto davon bekommt sie 1909 in Kopenhagen geschenkt, als sie im europäischen Ausland das erste Mal ihre Weltpetition bekannt macht.

Später setzt sie eine Kopie dieses Bildes als Postkarte tausendfach für die Weltpetition als Werbemittel ein. Der Franzose Édouard Debat-Ponsan (1847 - 1913) hatte 1899 „Le Christ sur la montagne“ für den Pariser Salon gemalt. Mit seinem Bild kommentiert er die gleichzeitig stattfindende „Erste Haager Friedenskonferenz“.

Der Bergprediger steht den Machtpolitikern der Weltgeschichte gegenüber. Vor Jesus liegen ihre Opfer, der Papst ist auf die Knie gegangen. Davor steht Sonnenkönig Ludwig XIV. (1638 - 1715). Debat-Ponsans‘ Christus-Bild verbreitet sich als Postkarte in Frankreich, und von dort in ganz Europa. Christus sieht aus wie ein Engel. Er trägt ein langes weißes Gewand.

E. DEBAT-PONSAN

LE CHRIST
SUR LA MONTAGNE

« Et moi je vous ai dit de vous aimer les uns les autres, et de vous entr'aimer comme je vous ai aimés. »

(Saint Jean, chap. XIII).

17 Dt Collections ND Phot

SALON de 1899. E. Debat-Ponsan.

Matth. V, 48;
Matth. XXII, 37—39.

Die Weltpetition
zur
Verhütung des Krieges
zwischen den Staaten

gibt allen Volljährigen ohne Unterschied des Standes, der politischen und religiösen Anschauung, Gelegenheit, sich unterschriftlich für die Abschliessung internationaler Abmachungen, welche der Friedenssicherung dienen, auszusprechen.

Männer und Frauen werden dringend gebeten, die Weltpetition zu unterzeichnen und im Bekanntenkreise, in Vereinen usw. für Unterschriften zu werben.

Die Weltpetition ist in allen Ländern in Umlauf.

Weltpetitionsbogen in deutscher Sprache versendet kostenlos und postfrei die

Hauptstelle
für Deutschland
Fritz Decker, Düsseldorf
Münsterstrasse 83.

A. B. E.

Ein Christus in Schwarz macht kaum Sinn. Ich musste das erst lernen. 1996 bekam ich eine „Albe", ein weißes Gottesdienstkleid. Eine kleine Johanna war der Anlass. Die damals Dreijährige besuchte meine Krabbelgottesdienste in Meeder. Sobald ich mir während der „Eingangs-Liturgie" vor den Krabbelkindern mein schwarzes „Pfarrerkleid" überzog, fing Johanna an zu schreien. Sie war nicht zu beruhigen. Ein Mann in Schwarz wirkt nicht lebensbejahend. Er ist nicht nur für Kinder furchterregend.

Seitdem trage ich Schwarz nur noch zu Trauergottesdiensten. Beim Wechsel meiner seelsorgerlichen Dienstkleidung von Schwarz zu Weiß geht es um mehr als um Farbenpsychologie. Mit dem weißen Gewand übernehme ich eine andere Funktion. Der schwarze Talar war im 19. Jahrhundert für Staatsbedienstete eingeführt worden, sobald diese öffentlich zu reden und zu richten hatten. Der Pfarrer dokumentierte mit dieser Kleidung seine Position.

Ich bin nicht Pfarrer geworden, um anderen Achtung einzuflößen. Weder ich noch meine Kirche brauchen künstlichen Respekt. Als Priester und Brückenbauer arbeite ich mit den Mitteln, die das Gedicht von Monika Hunnius beschreibt. Ich „repräsentiere" die Freude und den Frieden, den Christus gibt. Ich verschaffe dieser Freude und diesem Frieden im Sinn von Martin Luther „Realpräsenz". Ich verkündige die Auferstehung von den Toten. Der Friedefürst, der Prince of Peace lebt. Er relativiert die Ansprüche anderer Herrscher und ihrer Funktionäre.

Die Mehrzahl meiner evangelischen Kollegen versteht ihren Priesterdienst nicht in dieser Konkretheit. Sie kommt ihnen „katholisch" vor. Aber gerade dem Evangelium, der frohen Botschaft, ist solche Zurückhaltung nicht angemessen. Antikatholische Reflexe machen blind für die Macht der Bilder, von denen die Evangelien leben.

Die römische Kirche wurde mit dem Zweiten Vatikanischen Konzils (1962 - 1965) ziemlich „evangelisch". Die Liturgie wird seitdem in der Landessprache gefeiert, in den Kirchen rückten „Tischaltäre" ins Zentrum. Der Priester bringt nicht mehr mit dem Rücken zur Gemeinde stellvertretend ein Messopfer dar. Er hat jetzt seine Gemeinde im Blick. Er kann nicht anders. Er muss ihr ein „sonniges Lächeln" schenken.

Protestantische Amtsträger lehnen es oft ab, über den Tisch des Herrn hinweg ihrer Gemeinde ins Gesicht zu schauen. Sie maßen sich nicht an, die Gemeindeseite des Altars zu verlassen und mit dem Altar in der Mitte die Christusfunktion zu übernehmen. Dagegen steht die Auffassung

Luthers vom Priestertum aller Gläubigen.

Auch Anna B. Eckstein nimmt ihren Priesterdienst an. Sie sieht sich in der Christusfunktion. Ich predige den Gekreuzigten, der als Friedefürst auferstanden ist. Ich teile seine Gegenwart mit jedem, der mit mir das Brot teilt. Ich verweigere mich nicht der dazu gehörigen Vollmacht.

Der 1. Petrusbrief, eine Taufansprache, spricht die Vollmacht des Friedefürsten jedem zu: *Ihr aber seid das auserwählte Geschlecht, die königliche Priesterschaft, das heilige Volk, das Volk des Eigentums, dass ihr verkündigen sollt die Wohltaten dessen, der euch berufen hat von der Finsternis zu seinem wunderbaren Licht.* Das und nichts anderes ist meine Berufung als getaufter Christ. So verstehe ich auch Anna B. Eckstein. Jeder möge sich wie sie zur Ausrufung des Friedens berufen fühlen!

Sie schreibt an ihren väterlichen Friedensfreund Benjamin J. Trueblood (1843 - 1917) in Boston über ihr Christusbild: *I got a picture of Christ. It represents to me as nothing else does, the perfect harmony between the human and the Father's will.*

In New York besucht Anna B. Eckstein im Februar 1893 einmal einen Gottesdienst der Christian Church, Scientist. Obwohl sie sonst mit den Lehren und Gebräuchen der „Sekte" nichts anzufangen weiß, lockt sie doch die Neugier, wie es aussieht, wenn eine Frau als Priesterin amtiert. Das muss sie gesehen haben! Sicher wäre Eckstein auch eine sehr gute Predigerin geworden, mit Theologen scheut sie ohnehin keine Diskussion.

Vermutlich wäre es besser, dieses Buch würde von einer Frau geschrieben. Eine Biographin könnte sich besser in Anna B. Eckstein hineinversetzen. Ich kann nur den umgekehrten Weg beschreiten. Ich stelle mir vor, was diese Frau für mich als Mann attraktiv macht, bzw. was ihre männlichen Zeitgenossen an ihr faszinierend finden. In ihren Tagebüchern spielen Männer für ihr Gemütsleben eine bedeutsame Rolle.

„Das" große Geheimnis der Tagebücher kann ich bis heute nicht klären. Wer ist „A.S.v.H."? Mündlich überliefert ist, dass Anna B. Eckstein seinetwegen Coburg verlassen muss oder will. Nach den herrschenden „Standesregeln" darf ein Adeliger kein bürgerliches Mädchen heiraten, will er nicht bei seiner Familie in „Ungnade" fallen und sich damit entsprechenden Sanktionen aussetzen.

Prominentes Opfer entsprechender Zwänge wird Prinz Alfred von Sachsen-Coburg und Gotha. Der 1874 geborene Sohn von Herzog Alfred und dessen Frau Marie, einer russischen Großfürstin, bekommt noch vier jüngere Schwestern. Der Thronfolger gilt als begabt, aber sensibel. Sein Hauslehrer ist allerdings ein Sadist, unterstützt von Alfreds Mutter. Die Herzogin verlangt Strenge. Alfreds Jugend in Coburg verläuft infolgedessen sehr unglücklich. Auch der Militärdienst in Potsdam behagt ihm nicht. Er flieht in Liebesaffären mit nichtadeligen Frauen. 1897 heiratet der 22jährige die Irin Mabel Fitzgerald.

Seine Mutter lässt die nicht standesgemäße Verbindung sofort annullieren. Alfred versucht daraufhin, sich mit einem Gewehr zu erschießen. Während seine Eltern Ende Januar 1899 Silberhochzeit feiern, liegt der Prinz schwer verletzt in einem abgedunkelten Raum des Schlosses. Man verbreitet, er sei an Tuberkulose erkrankt. Seine Mutter möchte alles vertuschen. Gegen den Rat der Ärzte schickt sie ihn zur Genesung nach Meran. Nach nur einer Woche ist er tot. Herzog Alfred gibt seiner Frau die Schuld. Er trennt sich von ihr, ertränkt seinen Kummer im Alkohol und stirbt im Jahr darauf.

Anna B. Eckstein kommt als Geliebte für Prinz Alfred nicht in Frage, obwohl sie ihm während ihrer Coburger Ferien 1891 persönlich kennenlernt. Sie trifft ihn in Gesellschaft des Grafen Eberhard von Ortenburg (1873 - 1944), einem Abkömmling der in Tambach ansässigen Grafenfamilie. Von Ortenburg ist mit Annas fünf Jahre jüngerem Bruder Ernst befreundet. Mit diesem Eberhard, der nicht heiraten wird, hat Eckstein auch in späteren Jahren Kontakt. Er weiß auch über „A.S.v.H." Bescheid.

Coburg ist damals überschaubar, jeder kennt jeden. Eine strahlende Persönlichkeit wie Anna B. Eckstein findet Bewunderer in jedem Alter. Der herzogliche Hofstaat bindet viele an sich, die Karriere machen wollen. Aufstrebende junge Männer, Praktikanten und ähnliches sollen loyales Verhalten zur Adelsherrschaft lernen, besonders zum Coburger Herzogshaus.

Einer davon ist Ecksteins Mitkonfirmand Richard Leutheußer (1867 - 1945). Sein Vater ist Musiklehrer und Organist. Auch diesem Richard begegnet Anna noch öfters. Er will Jurist im Staatsdienst werden. Schon seiner Karriere wegen hält er Kontakt zum Hofstaat. Nach 1918 tritt Leutheußer als Ecksteins politischer Gegner auf, Mitte der Zwanzigerjahre wird er thüringischer Ministerpräsident. Bis zu seinem Tod 1945 steht er in Weimar dem Nietzsche-Archiv vor. Eine ihnen genehme Nietzsche-Interpretation ist für Nazis existentiell.

Seit 1871 wohnt Familie Eckstein im Coburger Bahnhofsgebäude. Johann Nikolaus ist jetzt stellvertretender Bahnhofsleiter. Schon bedingt durch diesen Wohnsitz begegnet Anna B. Eckstein vielen Menschen, selbstverständlich auch jüngeren Männern. Die Bahn ist damals konkurrenzlos. Der Bahnhof ist das Eingangstor zur Stadt. Ein attraktives Mädchen, das hier wohnt, fällt auf. Aber es ist nicht nur ihre Schönheit. Sie betreut ihre Schwester Toni, sie geht mit ihr spazieren, sie besucht mit ihr die Verwandten. Sie geht mit dieser Aufgabe souverän um. Das vor allem weckt Sympathie.

So stelle ich es mir vor: „A.S.v.H." ist von dem Mädchen aus dem Bahnhof beeindruckt. Es unterscheidet sich von anderen, die er kennen gelernt hat. Gleichgültig ob adelig oder bürgerlich - viel zu oft bleibt Schönheit nur an der Oberfläche und in der Oberflächlichkeit. Problemen gehen solche „Fräuleins" eher aus dem Weg. Die Last der andern macht sie eher hilflos, aber diese Anna vom Bahnhof ist anders „schön". Sie versteht einen, der sich sonst unverstanden fühlt.

A.S.v.H. erweist sich offenbar der Zuneigung dieser einmaligen Anna als würdig. Auch sie wird auf ihn aufmerksam. Ihn prägt nicht jene verhängnisvolle Mischung aus Unbeholfenheit und Vorurteilen. Vielleicht ist er dieser Anna in irgendeiner Situation beigestanden, vielleicht hat er sie und ihre Schwester verteidigt, als sie von der Dummheit anderer beleidigt oder belästigt wurden. Menschen mit Zivilcourage sind selten.

Vielleicht war A.S.v.H. ähnlich wie jener Prinz Alfred sensibel und begabt. 1884 wird er noch zu jung gewesen sein, um sich gegen die Bevormundung durch eine standesbewusste Familie zu wehren. Vielleicht hat man ihn, als sein Interesse an dem Mädchen vom Bahnhof bekannt wird, sogleich nach Gotha oder sonst wohin im Herzogtum geschickt, vielleicht auch zum Militär oder einfach nach Hause. Jedenfalls wird die Beziehung zwischen ihm und dem so hoch verehrten Mädchen jäh und schmerzhaft unterbrochen.

1887 hatte Anna B. Eckstein drei erste Jahre in Brooklyn und New York überstanden. Es war nie einfach. Aber jetzt lebt sie bei der Familie von Godfrey Mannheimer (1840 - 1899). Der Millionär hat sie als Gouvernante für seine einzige Tochter Mamie engagiert. Mamie ist fünf Jahre jünger als die jetzt 19jährige Anna.

Mit dieser Stellung hat sich „Miss Eckstein" in der „Neuen Welt" einigermaßen etabliert. Stetig wird sie von Max Goldsmith (1846 - 1924) umworben. Der Verwandte der Familie Mannheimer hat ihr den Kontakt zu den Mannheimers vermittelt.

Dieser Max aus Bayern ist 22 Jahre älter als Anna. Beharrlich überschüttet er die Verehrte mit Zuwendungen. Obwohl er selbst Jude ist, begleitet er sie am Sonntagmorgen in ihre Gottesdienste. Oft kann Anna nicht anders, als seine Freundlichkeiten anzunehmen. Trotzdem möchte sie sich weder von

Max noch von sonst einem anderen Mann abhängig machen. Ihr Herz, so glaubt sie 1888, habe sie unwiederbringlich an A.S.v.H. verloren. „Lieben“ könne sie nur diesen einen und einzigen.

Die Beziehung zu A.S.v.H. muss sie jetzt schon wegen der Beharrlichkeit von Max Goldsmith klären. Sie schreibt nach Coburg an ihre Eltern. Die verstehen, dass eine Frau wie ihre Tochter für die Liebe jedes Opfer bringt und bringen muss. Sie machen für ihre Anna die aktuelle Anschrift von A.S.v.H. ausfindig. Über vier Jahre nach der abrupten Trennung antwortet der Geliebte postwendend auf das Lebenszeichen „seiner“ Anna. Es dauert aber fast drei Wochen, bis auf eine ihrer Fragen seine Antwort aus Deutschland New York erreicht.

Im Sommer 1889 ergibt sich endlich eine Möglichkeit zu einer Begegnung. Godfrey Mannheimer reist mit Frau, Kind und Gouvernante nach Europa. Nach fast fünf Jahren kehrt Anna B. Eckstein erstmals nach Europa zurück. Für Coburg genehmigt man ihr zwei Urlaubswochen. Einen Nachmittag lang trifft sie sich mit A.S.v.H. an der Bahnstation Grimmenthal, einem Bahnknotenpunkt in der Nähe von Meiningen. Das Wetter ist kühl und regnerisch, aber sie ist selig.

In der Folge gehen Liebesbriefe hin und her, bis an einem trüben Novembertag der große Schock kommt. Der Geliebte teilt ihr unvermittelt mit, dass er im kommenden Frühjahr am Ostersonntag 1890 eine andere heiraten wird.

Der Oster-Eintrag im Tagebuch lautet dann: *„O herrlicher Tag! O fröhliche Zeit!“ So strahlend sieht heute die liebe Sonne auf die Schöpfung nieder, als wolle sie in die ganze Welt und in jede Seele hineinreichen - „o freue dich, der Herr ist erstanden, Euch Allen zum ewigen Heil!“ Vormittags ging ich zur Kirche und zum heiligen Abendmahl. Als ich nach Hause kam, erhielt ich eine goldene Perlenkette von … (Max Goldsmith). Den ganzen Nachmittag habe ich mit Estelle, Grace und Mortimer gespielt. Und nun endlich bin ich wieder allein, frei meine Gedanken wandern zu lassen - dahin wo heute mein Geschick besiegelt wird - möge, o möge er glücklich sein und bleiben - o Gott, lieber Heiland, segne ihn, segne ihren Bund. - vorbei - vorbei! -*

Mit „A.S.v.H.“ ist jetzt Schluss, aber der treue Max Goldsmith, der sich noch Jahre intensiv um Anna kümmert, wird für sie nie mehr als ein vertrauter Freund. *Ich kann nur A.S.v.H. lieben*, schreibt sie noch lange nach dessen Heirat, die sie unendlich schmerzt. Andern Männern gegenüber war sie stets zurückhaltend.

Es hatte anfangs vier Wochen gedauert, bis sie einer Einladung des unermüdlichen Max Goldsmith nachgab und mit ihm abends allein ins Theater ging. Dabei kannte sie den Mann bereits über ein halbes Jahr. Diese Zurückhaltung prägt das „viktorianische Zeitalter". Zwischen den Geschlechtern gibt es eine harte Grenze. Der Kulturhistoriker Egon Fridell schreibt:

(Es) setzte eine Prüderie ein, wie sie vielleicht von keiner bisherigen Zeit erreicht worden ist: Weder von der Brust noch von den Armen durfte das geringste Stück zu sehen sein, die Waden, ja auch nur die Knöchel zu zeigen, war der „anständigen Frau" aufs strengste untersagt; auch im Seebad stieg sie von Kopf bis Fuß bekleidet ins Wasser; mit einem Herrn allein im Zimmer zu bleiben oder ohne Gardedame die Straße zu betreten, war ihr unter keinen Umständen gestattet; Worte wie „Geschlecht" oder „Hose" durften sich in ihrem Vokabular nicht vorfinden.

Ich füge hinzu: Umso intensiver wird versucht, die verborgene und verschwiegene Sexualität durch formgebende Elemente unter der Kleidung hervorzuheben. Anna B. Eckstein wird sich erst nach und nach von diesem Korsett und seinen „Fesseln" befreien.

Interessant ist Ecksteins spätere Begründung für den Kampf gegen den Krieg. Während der Zweiten Haager Konferenz kommt sie auch nach Coburg. Dort hält sie am 7. September 1907 ihre erste Rede auf Deutsch. Sie ist im Wortlaut überliefert. Unüberhörbar formuliert sie dabei auch den Schmerz ihrer unerfüllten Liebe. Sie lässt die Rede komplett im Coburger Tageblatt abdrucken, vielleicht bekommt sie sogar „A.S.v.H." irgendwann zu lesen.

Die jetzt 39jährige beklagt darin zunächst die jungen Männer, die im Krieg ihr Leben zerstören und zerstören lassen. Dann fährt sie fort:

Von noch unvergleichlich größerem, tiefergreifendem Schaden ist weiter das Missverhältnis zwischen männlicher und weiblicher Bevölkerung, das durch den Krieg hervorgerufen wird. Die Schwester des bekannten und allgemein verehrten Bostoner Pastors und Dichters, Edvard Everett Hale, wurde einmal gefragt, warum sie denn eigentlich nicht geheiratet habe? Da antwortete sie: „Wahrscheinlich, weil der Mann, der mein Gatte hätte werden sollen, im Bürgerkrieg gefallen ist." Das klingt scherzhaft - gibt aber zu denken: Unser geliebtes deutsches Vaterland hat jetzt 37 Jahre keinen Krieg geführt, (wenn wir von den Zügen nach Asien und Afrika absehen). Der 27. Jahrgang des Statistischen Jahrbuches enthält nun folgendes:

Bei der Volkszählung von 1885 kamen auf jedes Tausend männlicher Personen 1 040 weibliche Personen - also bei jedem Tausend männlicher ein Überschuss von 40 weiblichen Personen; 10 Jahre später war dieser Überschuss von 40 auf 37, und wiederum ein Jahrzehnt später, also vor 2 Jahren auf 29 herabgesunken. Bei einer Dreiteilung nach den Altersstufen ergibt eine Berechnung für das Jahr 1900, dass von dem damals vorgefundenen Überschuss von 892 548 weiblichen Personen rund 700 000 im Alter von mehr als

50 Jahren waren, also den Generationen angehörten, die zur Zeit der Kriege 66 und 70 heiratsfähig waren; dass in der Altersklasse vom 20. - 30. Jahre der weibliche Überschuss nur mehr 10 auf jedes Tausend junger Männer betrug; von den jüngsten Altersklassen aber bis zum 20. Jahr bestand ein Überschuss von rund 60 000 männlichen Personen. Bleibt also Deutschland noch 20 Jahre vom Krieg verschont, so werden unsere kleinen Mädchen, die, welche jetzt die Elementarschulen und Kindergärten besuchen, und unsere Allerjüngsten und die morgen und künftig geboren werden; sich sämtlich werden verheiraten können.

Wie viel Kleinliches und Peinliches und Unwürdiges wird da aus der Welt verschwinden, wenn jede Mutter von der Sorge befreit ist, es könnte gerade ihre Tochter eine von denen sein, die der mangelnden Männerzahl wegen unverheiratet bleiben müssen; es könnte gerade ihre Tochter mit zu jenem unnatürlichen anormalen Leben gezwungen sein, das von vornherein das höchste Lebensglück ausschließt: das Glück, welches das innige Zusammenleben zweier geistes- und seelenverwandter Menschen bringt durch stets zunehmende Vertiefung, Bereicherung, Verschönerung des Lebensinhaltes. Es wird keine alten Jungfern mehr geben, wenigstens keine gesunden und heiratsfähigen. Jeder Tochter der jungen Mütter von heute wird, wenn sie das Leben behält, das Glück beschert sein, im Brautschleier vor dem Altar zu stehen.

... Es werden bei diesem heranwachsenden Geschlecht - hauptsächlich da, wo der Halt durch die Mutter noch mangelhaft ist, wohl auch noch Fehltritte bei der Wahl vorkommen, aber die Statistik wird bei dieser Generation über Ehebruch und Ehescheidung einen ganz bedeutenden Rückgang zu verzeichnen haben. Und desgleichen über das furchtbarste allen sozialen Elends, über die Unzucht, die Prostitution überhaupt - die männliche wie die weibliche.

Dann - und das ist eine ernste, tiefe Frage - hat nicht die Prostitution, und haben nicht auch die meisten anderen Krankheiten, ihren letzten Ursprung in der ungleichen Zahl der Geschlechter? in dem Widernatürlichen? in der Gewalttätigkeit gegen den Fortpflanzungstrieb nach Wahlverwandtschaft?

Jeder Satz in diesem Rede-Teil erzählt auch von der Bitterkeit ihres eigenen Lebens. Eckstein fühlt sich zwar kaum als sitzengebliebene „alte Jungfer", aber sie bleibt ihren Idealen treu, auch wo ihr eigenes Leben der damit verbundenen Romantik nie gerecht wird. Sie möchte die Frauen gewinnen. Sie müssen endlich anfangen, sie müssen aktiv werden. Sie müssen gegen den Krieg und gegen die Kriegsvorbereitung Widerstand leisten.

Anna B. Eckstein verliebt sich, als die Erinnerung an A.S.v.H. langsam verblasst, in einen Klavierlehrer. Auch die Geschichte dieser Beziehung hat es in sich. Im Coburger Bahnhof gab es außer Anna ein weiteres schönes Eisenbahnerkind, namens Marie Ludwig. Anna und Marie werden Freundinnen.

Nach Annas letztem Zusammentreffen mit A.S.v.H. 1889 wird die Freundschaft aufgefrischt. Die beiden jungen Frauen schreiben sich Briefe, und Marie gehört zu denen, die Anna nach jenem letzten Brief von A.S.v.H. im November wirklich trösten.

Eines Tages bittet Marie die Freundin in New York um einen Freundschaftsdienst. Sie suche für ihren Klavierlehrer aus Sonneberg eine Stelle in New York. Anna gibt ihr Bestes. Sie gibt Annoncen auf, und als William Ebert im November 1891 in der Neuen Welt ankommt, ist alles bestens vorbereitet. Schnell entwickelt sich eine Freundschaft. Anna ist begeistert. Ebert kommt zu Mannheimers ins Haus. Er gibt Anna Klavierunterricht, sie revanchiert sich mit anschließenden Englisch-Stunden. Von Mal zu Mal ist sie von diesen Arrangements mehr beglückt.

Am 4. Februar 1892 bekommt sie Post von ihren Eltern. *Mittags erhielt ich zwei Briefe von meinen lieben Eltern, deren Inhalt den jungen Reiz, den dieses Leben kaum für mich wieder hatte, grausam vernichtete - mich vor eine Täuschung stellte, die mir das Herz mit herbem Schmerz erfüllt - eine neue schwere Prüfung.* Jetzt weiß sie, dass William Ebert bereits mit Marie verlobt ist.

Drei Tage später sucht sie sich in der Oper mit Wagners Lohengrin zu trösten. *Nie werde ich wohl meinen ersten Besuch dieser herrlichen Oper vergessen! Welch ein Schmerz in meinem Herzen wühlte! Wie ich mich sehnte, mit dem herrlichen Lohengrin fort zu fliehen in jenen fernen Bereich des Friedens, anderen schöneren Glücks! Kaum konnte ich dem Ausbrechen meines an die höchste Verzweiflung grenzenden Schmerzes wehren!*

A.S.v.H. ist ihr Lohengrin, er bleibt trotz oder gerade wegen der unerfüllten Liebe noch lange die Nummer eins in ihrem Herzen. Auf den Reisen mit Familie Mannheimer notiert Eckstein viele Verehrer. Nicht wenige machen ihr Anträge und wollen sie heiraten. Sie freut sich vor allem auf Begegnungen mit Alex Cameron, einem Engländer. Er reist ständig für seine Bankgeschäfte um die Erde und schaut gelegentlich in New York vorbei.

Schließlich überzeugt sie die Liebe von Henry Chester Parsons (1840 - 1894). Kennengelernt hat sie den Mann auf dem Ozeandampfer 1889. Immer wieder taucht er in New York auf. Zwischen Anna und ihm entsteht ein intensiver Austausch.

Der Mann war Colonel im Bürgerkrieg, nach seiner Verwundung 1864 baut er sich ein Touristik-Unternehmen samt Eisenbahnlinien auf. Henry könnte ihr Vater sein. Er ist verheiratet und hat drei heranwachsende Töchter. Anna beeindrucken seine Gedichte. Ende 1893 sucht sie ihn in seinen New Yorker Hotelzimmern auf. Sie teilt dort *süße Geheimnisse* mit dem erfahrenen Mann.

Findet die Frau jetzt endlich Erfüllung in der Liebe? Leider wird dieser Lehrer der Liebe ein halbes Jahr später von einem Arbeiter seiner Eisenbahn-Linie erschossen. Der Attentäter fühlte sich von Parsons ungerecht behandelt.

Die Liebe zu Männern endet für Anna B. Eckstein in Katastrophen. Inzwischen hat ihr Zögling Mamie Mannheimer geheiratet. Als Gouvernante ist Eckstein jetzt arbeitslos. Sie muss ihre Existenz in Amerika neu definieren. Sie versucht sich als Übersetzerin, aber davon kann man damals in Amerika nicht leben.

1894 zieht sie nach Boston. In der amerikanischen „Kultur-Hauptstadt" gelingt ihr endlich der Start in eine selbständige Existenz. Sie leitet eine Schule. Sie wohnt jetzt bei der Schriftstellerin Martha Griffith-Browne (1826 - 1906). Sie nennt die 43 Jahre ältere Frau „Mütterchen". Endlich hat sie gefunden, was ihr Geborgenheit gibt. Das Mütterchen ist „eine Seele". Die beiden verstehen und akzeptieren einander. Es lässt sich dort gut leben.

1898 muss im Leben des fernen A.S.v.H. eine Katastrophe passiert sein. Ernst Eckstein schreibt seiner Schwester dazu zwei Briefe. Ihr Tagebuch-Eintrag vom 22. August verrät, dass sie tief getroffen ist. *Abends brachte mir Professor G. ... einen Brief von meinem geliebten Bruder Ernst. Ich war und bin heute noch wie betäubt. - „Ja, der Mensch denkt, und Gott? lenkt." Welchen schönen Traum hatte ich geträumt, und nun - - - aufschreien möchte ich, - aber nein - sich ergeben; - welch unsägliches Weh habe ich verursacht - - - und doch - reine inbrünstige Liebe war's und - Wahrheit. Jetzt erkenne ich, was tragisch bedeutet. - Nun hat der Geliebte alle Schuld gesühnt - ist's „Schuld?" - - er hat den bittern Kelch des unerbittlichen Gesetzes von Ursache und Wirkung bis auf den letzten Tropfen leeren müssen - Mein Gott, wie ich leide, sei mir gnädig, lindere Du. - - - ...*

Abends. Soeben habe ich einen zweiten Brief von Ernst erhalten, der mich einigermaßen beruhigt, doch ich empfinde noch die Folgen dieser heftigen Gemütserschütterung. Welch glückliche Wendung durch Gottes Fügung!

1899 - im Jahr darauf berichtet Anna B. Eckstein am 3. September vom unvergesslichsten Tag ihres Lebens. Sie hat sich mit jemand getroffen. Wie sonst nur A.S.v.H. bezeichnet sie ihn mit drei Gedankenstrichen „- - -". Mit dem Gedankenstrichpartner ereignen sich weitere wunderbare Nächte in den folgenden Jahren. War es doch noch einmal A.S.v.H. gewesen? War es ein anderer Mann? War es eine Frau?

Wir werden es nie erfahren. Offensichtlich überschreitet Miss Eckstein konsequent die Grenze, die zu ihrer Zeit einer Frau gezogen war. Sie spürt vor allem eines: Von einem Mann abhängig sein, das will ich nicht.

1892 ist sie wieder in Coburg, mit ihren Eltern geht sie zum „Vogelschießen", dem Coburger Volksfest. Anschließend klingt der Abend im Traditionslokal „Loreley" aus. Sie notiert im Tagebuch: … *in der Loreley hatte ich Gelegenheit, meine Betrachtungen über die sogenannte deutsche Gemütlichkeit anzustellen, und dankte Gott von Neuem im Stillen, dass mir die Augen geöffnet wurden, dass ich noch frei und ledig bin, wenigstens dass ich hier nicht verheiratet bin.*

Erstmals war sie um 1893 in New York mit anderen emanzipierten Frauen in Kontakt gekommen, und dann vor allem in den anschließenden Jahren in Boston. Sie genießt zwar die Gesellschaft von Männern, aber wenn sie Träume in den Tagebüchern festhält, dann tanzt und schwebt darin eine Frau mit ihr durch die Wolken: „Kitten“ Parry (1870 - 1953). Aber jetzt, als sie zu Himmelfahrt 1922 diesen Traum niederschreibt, lebt Anna wieder in Coburg und Kitten in Santa Barbara, am schönsten Strand von Kalifornien.

Doch jenseits aller schönen Träume gehört ihr Herz längst dem „Prince of Peace“. Wenn es dem Frieden schlecht geht, wenn seine und ihre Botschaft nicht verstanden oder missbraucht wird, geht es ihr schlechter als bei jedem zuvor erlebten Liebesschmerz. Umgekehrt gilt, wer für den Frieden etwas bewegt, der hat in Anna B. Eckstein den besten Bundesgenossen. Sie teilt mit ihm den neuen und gewissen Geist des Bergpredigers.

Our country is the world,
our countrymen are all mankind.
We love the land of our nativity,
only as we love all other lands.
The interests, rights,
and liberties of American citizens
are no more dear to us
than are those of the whole human race.
Hence we can allow no appeal to patriotism,
to revenge any national insult or injury.

William Lloyd Garrison
Declaration of Sentiments,
Boston Peace Conference 1838

Die Weltbürgerin

Anna B. Eckstein möchte alle für den Frieden gewinnen. Jede Sprache möchte sie lernen, jeden will sie verstehen. Kein Mensch ist ihr zu fremd, kein Land zu fern. Selbst den ärgsten Gewaltmenschen gibt sie nie verloren. Spätestens mit ihrer Auswanderung nach Amerika gewinnt sie diese Perspektive. Warum?

Der Auszug aus Heimat und Freundschaft bringt mich voran. Er verändert meine Sicht auf die Anderen, die mit mir die Erde bevölkern. Fast überall bin ich auswärtig, meist sogar ein Ausländer. Mit allem, was mir fremd ist, lasse ich Neues an mich heran. Ich selbst werde erneuert, und die Welt wird mir neu. Ich lerne zwangsläufig täglich dazu.

Dieses Lernen-Müssen ist meine Chance. Ich habe nichts zu verlieren oder zu verteidigen, ich kann alles gewinnen. Kehre ich dann an die Orte meiner Kindheit zurück, erscheint mir zwar dort vieles fremd und äußerst fragwürdig, aber manches dort weiß ich auch mehr zu schätzen.

Das war die Erfahrung Abrahams gewesen: *Geh aus deinem Vaterland und von deiner Verwandtschaft und aus deines Vaters Hause in ein Land, das ich dir zeigen will. Und ich will dich zum großen Volk machen und will dich segnen und dir einen großen Namen machen, und du sollst ein Segen sein* (1.Mose 12,1.2). Wer wie Abraham glaubt, für den gewinnt der Aufbruch in ein neues Leben einen unwiderstehlichen Reiz.

Der Wechsel von der „Alten" in die „Neue Welt" prägt Anna B. Ecksteins Leben. Sie repräsentiert in der Neuen Welt die Alte und später in der Alten Welt die Neue. In Amerika ist sie das deutsche „Fräulein", für Europäer wird sie zur amerikanischen „Miss". Stets möchte sie die einen für die anderen öffnen. Wer sich gegenüber dieser Frau nicht bewusst verschließt, kann nicht anders: Er geht der anderen Welt, aus der sie gerade kommt, nicht mehr aus dem Weg. Ihr Charme ermutigt. Ihre Person bietet Anknüpfungspunkte.

Mir tritt sie als jemand gegenüber, der mit meiner Coburger Welt ebenso vertraut ist wie mit der weltweiten Perspektive meines Glaubens. Sie macht es mir leicht. Ich kann ihre Wege nachvollziehen. Ich öffne mich ihrer neuen Welt auch dort, wo sie mir bisher fremd gewesen ist.

Anna B. Eckstein hat dank Fräulein Freese frühzeitig Englisch gelernt, vermutlich auch Französisch. An der Lutherschule wurde diese großartige Lehrerin ihr zum Vorbild. Und Ottilie Frese hatte „ihre Anna" ins Herz geschlossen. Die aus Norddeutschland stammende Pädagogin vermittelte interessierten Mädchen vieles, was damals für Volksschüler nicht auf dem Lehrplan stand. Das schafft Verbundenheit und „Herzensbildung".

Noch in New York bastelt Anna Jahr für Jahr Anfang Februar ein Geschenk und schickt es ihrem „lieben Fräulein Frese" übers Meer zum Geburtstag. Die Frau hat sie nicht nur den Zugang zu fremden Sprachen gelehrt. Anna B. Eckstein möchte werden wie ihr „Fräulein". Sie will anderen den Horizont erweitern. Ihr tut es weh, wo jemand Herz und Verstand verschließt.

Meine Fähigkeit, zu verstehen, darf nicht verkümmern, nur weil mir Fremdes Angst macht. Nichts schafft mehr Segen, als gegen diese Angst zu leben. Zum anderen hin gibt es lange und kurze Wege. Ich muss es auf beiden versuchen.

Anna B. Eckstein nimmt jede Mühe in Kauf. Sie geht keiner Schwierigkeit aus dem Weg, auch ihren Ur-Ängsten nicht, gegen die sie nie ein Mittel finden wird. Sie überquert mindestens 24 Mal den Atlantik, aber sobald die See nicht mehr spiegelglatt ist, geht es ihr auch auf den größten Schiffen schlecht. Sie wird sich nie daran gewöhnen.

Doch sie weiß das eine: Ich muss es tun. Es ist meine Mission: Ich bin und bleibe sowohl hüben wie drüben verwurzelt. Es ist mein Leben, dass ich überall zu Hause sein kann. Ich bin neugierig, ich stelle Fragen, ich bringe mich als neu Dazugekommene ein. Nur eines wird mir nie geschehen. Nirgendwo bleibe ich dauerhaft auf Abstand, ich finde überall Freunde.

Nirgendwo bleibe ich jemand, der nur eine einzige Heimat hat. Wo Gott mit mir ist und ich mit Gott bin, entdecke ich überall liebenswerte Leute. So hält Anna B. Eckstein ihre Alte und ihre Neue Welt zusammen. Sie bringt Menschen einander nah. Sie macht es sich zur Lebensaufgabe, es ist ihre persönliche Vorstellung vom Frieden.

Ihr erstes Ziel in Amerika ist Brooklyn. Dort wohnen Bernhard (+ 1917) und Caroline Degenkolb (1845 - 1912). Mrs. Degenkolb ist eine Schwester von Anna B. Ecksteins Mutter. Tante Caroline heißt in Amerika „Carrie“. Bei allem, was sich ändert im Leben, ein Stück alte Heimat kann helfen.

Für Südthüringer sind es „richt'ga Klöß“. Deren Zubereitung verlangt Erfahrung, Geschick und Ausdauer. Eine geriebene und trocken gepresste Kartoffelmasse wird mit gleich viel kochendem Kartoffelbrei überbrüht und kräftig „geschlagen“. Aunt Carrie beherrscht diese Kunst. Bei ihr schmeckt es sonntags „wie bei Muttern“.

Degenkolbs haben selbst drei Kinder. George, der Älteste, ist mit Anna gleichaltrig. Er zeigt der Cousine aus Deutschland auf langen Spaziergängen die neue Umgebung. Seine Schwester Carrie ist fünf Jahre jünger. Der kleine Bruder Edie, der Sonnenschein der Familie, ist noch keine „zwei“, als Anna nach Brooklyn kommt. An seinem sechsten Geburtstag stirbt der Junge. Alle sind sehr traurig, auch Anna. Tante Carries Kinder sind für sie wie Geschwister.

Brooklyn, bis 1898 eine eigenständige Kommune, verbindet seit 1883 eine erste Brücke über den East River mit Manhattan. Der Aufschwung der Region hatte 1825 begonnen. Ein Kanal verbindet jetzt den Hudson River mit den großen amerikanischen Seen. Für die Industriegebiete um Detroit und Chicago wird New York das Zugangstor. Der Großraum entlang der günstigen Häfen boomt. Wie ein Magnet zieht er Menschen an. Sie kommen von überall her.

Manche bringen Geld mit, die meisten sind bettelarm. Sie suchen Arbeit und reißen sich um jeden Job. Die Integration der Neuankömmlinge gelingt nicht immer. Slums wuchern mit üblen Verhältnissen. Umgekehrt wandelt sich Manhattan öfters in erstaunlichem Tempo. Rings um den 1866 angelegten Central Park entsteht eine beliebte Wohnlage für Reiche. In großen Stadtresidenzen in mehrstöckigen Häusern wird der neue Reichtum gelebt und gezeigt. Und was Theater und Museen betrifft, zieht New York schnell mit Boston gleich, der alten Metropole.

Degenkolbs leben eher bescheiden. Onkel Bernhard ist Kaufmann, er fungiert auch als Annas Vormund. Von den Behörden wird das Mädchen als

Anna B. Eckstein sucht einen neuen Arbeitsplatz. Seit Jahresbeginn 1887 bemüht sie verschiedene Agenturen. Sie „rennt" buchstäblich von einer vermittelten Adresse zur nächsten. Mr. Goldsmith ist geduldig, Anna darf vorerst bei ihm bleiben, bis sie etwas Neues gefunden hat. Aber es dauert bis zum 20. Mai. Anna B. Eckstein zieht zu einer Familie nach Brooklyn, die Hilfe braucht. Mrs. Liebmann ist Musikerin, ihr Mann betreibt einen Spielzeugladen. Anna soll Jennie, Robert und Estelle betreuen.

Robert kostet Nerven, und der Liebmann'sche „Betrieb" hält keinen Vergleich mit dem gut strukturierten Haushalt von Familie Goldsmith aus. Anna scheint für alles zuständig zu sein. Entspannter geht es mit der Familie während der Sommerferien auf Shelter Island im Atlantik zu.

Trotzdem hat Annas Einsatz bei Liebmanns keine Perspektive. Sie ist nicht als Haushaltshilfe nach Amerika gekommen, sie möchte Lehrerin werden. Wenn dieser Wunsch auf Dauer nicht erfüllbar sein sollte, will sie lieber nach Coburg zurück. Wenn es schon nichts zu verdienen gibt, will sie lieber zu Hause die eigene Mutter unterstützen. Aber für eine Heimfahrt müsste sie erst irgendwo genügend Geld verdient haben.

Am 26. September zieht Anna B. Eckstein wieder von Brooklyn nach New York. Sie glaubt, jetzt werde alles gut. Sie wird von einer Miss Smyth in deren Schule als Lehrerin angestellt. Das amerikanische Bildungssystem erscheint Europäern wenig geordnet. Zehn Prozent der Kinder besuchen teure Privatschulen. Öffentliche kostenfreie Schulen sind lokal organisiert. In den öffentlichen Schulen gibt es erhebliche Defizite. Die Schulleiter sind oft Idealisten, sie werden unvorstellbar ausgenutzt. Es geht nicht ohne Hilfskräfte, und die muss der Schulleiter von seinem wenigen Geld selbst anstellen.

Die Schule von Miss Smyth ist eine Ganztagsschule, die Lehrer dort sind rund um die Uhr beschäftigt. Die Vor- und Nachbereitung des Unterrichts wird in den Nachtstunden geleistet. Das Essen für die Lehrer ist kläglich. Anna B. Eckstein muss nicht nur das Zimmer, sondern auch das Bett mit einer französischen Kollegin teilen. Das ist mehr als grenzwertig. „Junglehrerin" Anna ist verzweifelt. Schon bald sucht sie nach Alternativen für die Ausübung ihres Traumberufs.

Max Goldsmith, ihr dauernder Verehrer, versucht alles, seiner Anna zu helfen. Schließlich hat er die „rettende" Idee. Der sehr reiche Godfrey Mannheimer und dessen Frau Carrie, geborene Fuller, haben ein einziges Kind, die Tochter May oder „Mamie". Mamie ist damals 14. Die 19jährige Anna soll für dieses etwas „vereinzelte" Mädchen wie eine große Schwester sein.

Im Zeugnis am Ende ihrer Dienstzeit wird Mr. Mannheimer bestätigen, *that Miss Anne B. Eckstein has been a member of our household, as Gouverness and Companion to our Daughter for Six Years, and that she has given entire satisfaction in every respect. Miss Eckstein is an intelligent young Lady of superior character, tact and refinement and will efficiently discharge any duty she will undertake. Cause of her Leaving us: Marriage of our Daughter.*

Mitglied im Haushalt einer Millionärsfamilie, Hauslehrerin für ein Mädchen, das darüber hinaus auch eine Schule besucht, und Begleiterin in allem, was eine Jugendliche mit einem unbegrenzten finanziellen Hintergrund unternehmen soll, das ist ein Angebot. Anna hat in der Residenz der Mannheimers ihr eigenes Zimmer, sie kann jeder Zeit sogar Herrenbesuch empfangen, sie bekommt angefangen von der Garderobe alles, was in Midtown Manhattan eine Besucherin von Opern und gesellschaftlichen Veranstaltungen braucht. Mehrmals lässt sich Mamie auch fotografieren. Vielleicht ist dabei auch das Bild von Anna B. Eckstein entstanden, auf dem sie besonders jugendlich wirkt.

Solange sie ihre Vertrauensstellung nicht missbraucht, hat sie alle Freiheiten, die sie sich wünschen kann. In den Achtzigerjahren ist das ein Traumjob. Der Wirtschaftsboom, den die USA nach dem überstandenen Bürgerkrieg erlebt hatten, ist abgeflaut. Die hohe Arbeitslosigkeit ist für jeden spürbar.

Ecksteins jetzige Chefin Carrie Mannheimer (1853 - 1930) ist die Schwester von Hannah Goldsmith, ihrer ehemaligen Arbeitgeberin. Vermutlich hat ihr die Anerkennung, die sie bei den Goldsmith-Kindern gefunden hatte, die Tür bei Mannheimers geöffnet. „Godfrey" Mannheimer heißt ursprünglich „Gottfried". Er ist das zweite von neun Kindern des Arztes Moritz Mannheimer im mittelfränkischen Dinkelsbühl. Er und alle seine Geschwister sind in die USA ausgewandert. Godfreys jüngere Brüder Emil (1842 - 1899), Jacob und Robert gründen in St. Paul 1882 das Kaufhaus „Mannheimer Brothers Department Store“.

Godfrey selbst ist zunächst in Chicago tätig. Grundstücksgeschäfte machen ihn zum vielfachen Millionär. Er zieht nach New York, erwirbt für seine überschaubare Familie das Haus „New York 26 W 58. Street“. Es liegt noch zwei Straßen näher am Central Park als die Wohnung von Familie Goldsmith. Godfrey Mannheimer legt sein Geld jetzt in Kunst an, er betätigt sich als Galerist. Noch heute sind rund um den Central Park viele „Galleries“ angesiedelt. Ein Museum steht neben dem anderen.

Die Eheleute Mannheimer haben jüdische Wurzeln, aber über Religion darf in ihrem Haus nicht gesprochen werden. Die Angestellten werden ausdrücklich darauf verpflichtet. Anna B. Eckstein empfindet das als Einschränkung. Sie möchte sich ihrem Zögling auch seelisch öffnen. Für sie gehört zu einer solch engen Lebensgemeinschaft, dass man auch miteinander beten kann, vor allem an schwierigen Tagen.

Das Religionsverbot im Hause Mannheimer entspricht der amerikanischen Verfassung, Religion gilt als Privatsache. Eckstein tut sich damit schwer. Der Konflikt löst sich für sie erst, als Mamie sich mit dem Arzt Dr. Leonard Dessar (* 1864) verlobt, einem Juden, der seine Religion auch ausübt. Was Eckstein bei Mannheimers lernt, ist grundlegend für den interreligiösen Dialog. Es ist gut, wenn jeder seine Überzeugung lebt. Nur darf diese meine Überzeugung nicht wichtiger sein als ein Mensch, der meine Zuwendung und meine Offenheit braucht, und vielleicht auch meinen Glauben.

Über diesen Kontakt mit Juden hinaus hat Eckstein mit keiner weiteren nichtchristlichen Religion unmittelbare Erfahrungen. Auf Rabbiner geht sie in ihren Kampagnen für die Weltpetition immer wieder zu. Bei ihnen findet sie stets Unterstützung. Umgekehrt steht sie nach 1918 dem Rabbiner Dr. Adolf Eckstein aus Bamberg bei, der versucht den Coburger Antisemiten öffentlich zu widersprechen. Wie gut, dass es für Adolf Eckstein wenigstens diese Miss Eckstein gibt, die ihrerseits jüdischen Menschen viel zu verdanken hat.

In den USA lernt Anna B. Eckstein auch die konfessionelle Vielfalt christlicher Gemeinden kennen und schätzen. Sie meldet sich bei der lutherischen Paulskirche in Manhattan an. Dort bezahlt sie ihren Beitrag, das „Stuhlgeld“.

Sie besucht aber auch Gottesdienste der Presbyterianer, Reformierten, Episkopalisten, Methodisten und Unitarier ohne Vorbehalte. Sie erlebt in New York und später in Boston, wie befreiend Ökumene wirken kann.

Entscheidend sind für Eckstein das Leben und Verhalten einer christlichen Gemeinde. Bringt Christus Gemeinschaft in eine Gemeinde? Bestimmt er die Kommunikation mit anderen Gemeinschaften? Werden unterschiedliche Glaubenssätze zum Ansporn, das Miteinander stärker zu suchen, oder werden sie nur zur Abgrenzung benutzt?

Im Sommer jeden Jahres machen sich Mannheimers auf eine große Reise. 1888 geht es erst nach Chicago zu Verwandten. Es folgen Ferien am White Bear Lake in der Nähe von Saint Paul. Den Höhepunkt bildet eine zweiwöchige Reise in den Yellowstone Nationalpark, der 1886 eröffnet worden war. Dort erlebt Anna B. Eckstein spektakuläre Natur. Sie ist mit dem Pferd unterwegs, und sie besteigt hohe Berge. Es muss für sie überwältigend gewesen sein. Mit Mannheimers bereist sie später auch das alpine Hochgebirge im Engadin.

Wandern wird Anna B. Eckstein zur Leidenschaft. Später, als sie wieder in Coburg wohnt, steigt sie täglich hoch zur Veste, oder sie marschiert hinaus zu ihren Freunden nach Scheuerfeld. Gern lässt sie sich auf diesen Wegen von ihren Sprachschülern begleiten. Leib und Seele müssen eins sein. Wer Fremdsprachen lernt, muss sich dazu bewegen. Er muss versuchen, seine vertraute Welt mit den Augen der anderen zu betrachten und sie in der anderen Sprache zu beschreiben.

Diesen „ganzheitlichen" Wechsel von der eigenen in die Welt der anderen erklärt Eckstein zum didaktischen Prinzip. Die Schule für moderne Sprachen und Literatur, die sie Boston aufbauen wird, beschäftigt Lehrer, die Unterricht in ihrer eigenen Muttersprache erteilen. Mit der Fremdsprache vermitteln sie in ihrer Person auch einen Zugang zu einer fremden Kultur. Mit dieser Schulidee ist Eckstein schnell erfolgreich. Ähnliche Institute schießen bald überall aus dem Boden. In den langen Sommerferien bietet Eckstein in den Urlaubsorten an den Küsten Neuenglands Sommerkurse an, Erwachsenenbildung verbunden mit Freizeitangeboten.

Wenn es ihrer Seele schlecht geht, wirkt Anna B. Eckstein wie gelähmt. Sobald sie körperlich blockiert ist, sinkt auch ihr Interesse an der großen weiten Welt. Sie wird depressiv, als liege jetzt ein schwerer Schatten auf ihrer Existenz. Aber dieser enge Zusammenhang von Leib und Seele erleichtert auch die Therapie. Als Eckstein 1933 in die Schweiz emigriert war, lässt sie sich von ihrem Neffen Otto Eckstein auf einer Bergwanderung überzeugen, dass sie vielleicht gerade jetzt in Deutschland gebraucht werde. Sie kehrt zurück und versucht mit den verhassten Nazis zu leben.

Umgekehrt ist die unzertrennliche Einheit von Leib, Seele und Geist für sie der deutlichste Hinweis auf die Vollkommenheit jedes einzelnen Menschen. Leib, Seele und Geist können harmonieren. Daran glaubt sie felsenfest. Sie lässt sich Gefühlen und Impulsen beeinflussen. Dieser „ganzheitliche" Ansatz drückt sich auch in differenzierten religiösen Formen aus. Sie segnet, betet, beichtet, teilt und pilgert. Mit ihrem Pilgern setzt sie Akzente. Ein Pilger verpflichtet sich einem Ziel. Aber dieses Ziel bleibt nie in weiter Ferne, sobald einer die ersten Schritte getan hat, ist dieses Ziel in ihm präsent.

In den New Yorker Jahren plagt Anna B. Eckstein das große Heimweh. Ihre Frage heißt, wie komme ich in absehbarer Zeit einmal nach Coburg. Als sie die rettende Idee hat, macht sie Godfrey Mannheimer Europa schmackhaft. Sie erklärt ihrem Chef, ein Gemäldesammler wie er könne in Europa besonders fündig werden. Ein Kunstexperte müsse die Museen in der Alten Welt kennen.

1889 ist in Paris Weltausstellung. Dort stellen nicht nur Impressionisten wie Monet ihre Werke vor. Thomas A. Edison (1847 - 1931) präsentiert seinen Phonographen und Gottlieb Daimler (1834 - 1900) seinen Motorwagen. Als Demonstration dafür, was die Revolution hundert Jahre zuvor für Frankreich bedeutet, wird der Eiffelturm errichtet. Mehrere Wochen verbringt Eckstein mit Mannheimers im Grand Hotel am Place de l'Opera. Die Ausstellungshallen unterm Eiffelturm werden ausgiebig studiert.

Damals wird „Looking Backward 2000 - 1887" nicht nur in den USA zum Bestseller. Edward Bellamy beschreibt in diesem Science-Fiction-Roman, wie jemand am Ende des 20. Jahrhunderts die inzwischen veränderte Welt erlebt. Bellamy entwirft voller Optimismus eine kommende bessere Zeit. Ein „Julian West" erwacht im Boston des Jahres 2000 und findet sich in der Obhut eines Arztes und dessen attraktiver Tochter Edith wieder. Sie erweist sich als Nachfahrin von Julians früherer Verlobter. Inzwischen bilden die USA ein ideales soziales Gefüge. Alles hat sich bis dahin ohne Krieg und Blutvergießen entwickelt. Die Menschheit hat sich geeinigt und vereinigt. Alle Nationen arbeiten in einem globalen Bundesstaat zusammen, jedermann hat ein sorgenfreies Dasein. Die verbleibende Arbeit ist bestens organisiert, es herrscht allgemeiner Wohlstand.

Julian West, der irgendwann aus dieser Vision erwacht, gelingt es mit seinem Zukunftswissen am Ende des 19. Jahrhunderts die nötigen Verbesserungen in die Wege zu leiten. Als erstes wird die arg verschmutzte Luft in Boston wieder sauber. Die Gleichberechtigung aller ist eingeführt, das Bargeld abgeschafft. Per Kreditkarte nutzt jeder seinen Anteil an der schönen neuen Welt. Dank der neuen Phonographen entsteht ein Unterhaltungs-System, das an die Möglichkeiten des heutigen Internet heranreicht. Wer am meisten Bildung benötigt, also einer mit geringen natürlichen Gaben, bekommt die größte Förderung. Die optimale Bildung aller wird zur Voraussetzung jeden Fortschritts.

Was Eckstein in Paris erlebt, überzeugt sie von dem, was sie liest: Edward Bellamy beschreibt sehr reale Möglichkeiten. Ein schönes Leben ist für alle möglich. Es muss nur Menschen geben, die auch an die Zukunft glauben und entschlossen mit ihrer Gestaltung anfangen.

1890 und 1891 reist Eckstein erneut mit Mannheimers nach Europa. Paris bleibt die Hauptattraktion, Anna B. Eckstein lernt auch London kennen, Berlin, Brüssel, München, Dresden, St. Moritz, Ostende und Luzern. Für ihr späteres Leben und für ihre Vorstellung vom Frieden schaffen diese Eindrücke die Grundlage. Sie bekommt eine Vorstellung davon, wie die Welt anderswo aussieht und wie man sich dort jeweils verhält und zurechtfindet. Vielleicht sind ihre Vorstellungen dank der Welt der Reichen und Superreichen, die sie dabei erlebt, auch etwas zu optimistisch.

Kern der Europareisen ist alle Jahre wieder ein Kuraufenthalt der Mannheimers im böhmischen Karlsbad. Die 17 000 Einwohner sind fast alle „deutschsprachig", jährlich kommen etwa 25 000 Kurgäste dazu, die jeweils mehrere Wochen bleiben. Angehörige der Kurgäste wie Eckstein und ihr Zögling vertreiben sich die Zeit. Sie hören Kurkonzerte und lassen sich durch Aufführungen von Wiener Schauspielern unterhalten. In den Kaffees lernen sie interessante Menschen kennen. Schöne Frauen lassen sich bewundern. Eckstein unternimmt viele Wanderungen in die Umgebung.

Von Karlsbad aus darf sie jeweils für zwei Wochen ihre Familie in Coburg besuchen. „Daheim" schreibt sie dann als Ortsangabe in ihr Tagebuch, obwohl sie Coburg jetzt auch mit anderen Augen sieht und bewertet. Coburg blüht während der langen Regierungszeit von Ernst II. vor allem musikalisch auf. Anna B. Eckstein ist begeistert, als die Oper „Diane von Solange", von ihrem Herzog komponiert, sogar in New York aufgeführt wird.

Allerdings erfährt das Opus an der Metropolitan Opera 1890 und 1891 kaum Anerkennung, obwohl Franz Liszt persönlich zur Oper einen Marsch beisteuerte. Als Thema nutzte Liszt die Initialen der Herzogsfamilie: eS-Ce-Ge. So viel Eitelkeit wirkt am Broadway provinziell. Der Kritiker der New York Times mutmaßt, der Herzog habe den Manager von „The Met" für die Aufnahme seiner Oper in den Spielplan mit Orden überhäuft, genau wie er es mit jenem Herrn Franz Liszt für seinen Marsch getan habe.

Über ihr Weltbürgertum schreibt Eckstein 1913 an französische Freunde: *Ich bin in Deutschland geboren und liebe mein Heimatland. Amerika wurde meine zweite Heimat. Dort habe ich die Kinderschuhe ausgezogen. Dort ist eine selbstständige Weltanschauung in mir herangereift. Dort auf der Warte neutralen Bodens, wo alle Nationalitäten der Erde friedlich unter einer einheitlichen Verwaltung beisammen leben, wo man einen freieren - einen vorurteilsfreieren - Überblick über die nationalen Eigentümlichkeiten, Irrtümer und Tugenden der Kulturvölker hat und sich ein unbefangenes Urteil über deren relative Werte leichter zu bilden vermag als in Europa, dort ist auch mein Horizont und mein Herz so weit geworden, dass ich mit Lloyd Garrison fühle "my country is the world, and my countrymen are all mankind."*

Now thanks to heaven! That of its grace.
Hath led me to this lonely place.
Joy have I had; and going hence
I bear away my recompense.
William Wordsworth (1750 - 1850) "To a Highland Girl"
zitiert nach Ecksteins Diary vom 9. Mai 1898

Beruf (Berufung)

Sechs lange Jahre kannte Anna B. Eckstein bei Mannheimers keine materiellen Sorgen. Alles stand ihr zur Verfügung. Diese erfahrene Großzügigkeit weitete ihren Horizont. Sie sah viel, und sie nahm viel in sich auf, vor allem aber entwickelte sie sich selbst. Ihren eigenen Weg hatte sie stets gesucht, doch jetzt war sie zur Frau geworden, zu einer Frau „mit Erfahrung". Ihre übergroße Erwartung an die Liebe von drei unterschiedlichen Männern endete jäh in herber Enttäuschung. Betrogen um schönste Hoffnungen, verloren in bitteren Traurigkeiten musste sie durch dunkle Täler, aber das Licht kam stets zurück.

Jede Seele muss Enttäuschungen verarbeiten. Das kann nicht anders sein, aber keiner braucht einsam vor sich hin zu kümmern. Anna B. Eckstein hat den guten Hirten Jesus. Er begibt sich in die unerbittliche Wirklichkeit auch ihres Menschenlebens hinein. Er tröstet sie, und sie geht ihm nie mehr aus dem Weg. Täglich leidet, hofft, glaubt, liebt und jubelt sie mit diesem Gott. Sie weiß, er, dieser Mann, der nichts als Liebe ist, fängt mit mir etwas Neues an. Dabei bleibt der oder das Geliebte genau wie der oder das Erhoffte und der oder das Geglaubte unzerstörbar Bestandteil meiner Lebensgeschichte.

Wo auf Verluste Trauerarbeit folgt, bleibe ich nicht blockiert. Ich kann loslassen, ich kann mich neu öffnen. Ich kann Entscheidungen treffen. Nach ihrer Zeit in New York ist sich Anna B. Eckstein in einem sicher: Heiraten kommt für sie nicht mehr in Frage. Sie hat sich jetzt entschieden. Sie ist eine freie Frau, sie bestimmt über sich selbst.

Klarheit setzt Energien frei. Ende 1894 findet die 24jährige zu ihrem Beruf, und dieser Beruf wird ihr zur „Berufung". Eine derartige „Berufs"-Auffassung ist beste lutherische Tradition: Beruf wird zum Gottesdienst im Alltag. Als Berufung qualifiziert er die Lebensgestaltung und die Hingabe eines Menschen, er bewirkt dies dies unabhängig von äußerlichen Erfolgen. Was Eckstein auch tut, sie betreibt es mit Leidenschaft, mit allem, was ihr an Mut und Kraft geblieben ist. Sie verhält sich so in allem, ob es sie nun enttäuschen muss oder ob es ihre Hoffnung weckt. Sie wird, sie muss und sie will sich in diesem Beruf durchsetzen, und sie muss und will dabei vor allem bei ihrer Berufung bleiben.

Eckstein möchte anderen etwas vermitteln. Sie muss dorthin, wo auf Sprache Wert gelegt wird, ebenso auf Literatur aller Art und auf ihre Wirkung. Sie muss dorthin, wo man daran glaubt, dass Sprache die Welt bewegt und verändert. Zehn Jahre zuvor - 1884 - hatte sie sich von Deutschland verabschiedet. Sie hatte sich damals für ein Leben in Freiheit entschieden. Auch dieses Mal vollzieht sie mit einer neuen inneren Orientierung einen Ortswechsel. Sie verlässt New York und sucht ihr Glück in Boston. Sie tauscht die neue gegen die alte Metropole. Statt in der Hauptstadt des Geldes arbeitet sie in der Hauptstadt des Geistes.

Diese Stadt besitzt nicht nur eine große Vergangenheit. Längst ist Boston mehr als die Erinnerung an die Tea-Party, jenen Start in die Unabhängigkeit vom britischen Kolonialregime. An der Massachusetts-Bay, einem natürlichen Seehafen, herrschte und herrscht immer Aufbruchstimmung. Institutionen wie die Harvard University, das MIT (Massachusetts Institut of Technology) oder das Boston Symphony Orchestra beeindrucken die Welt bis heute in ungebrochener Dynamik. Die Region von Boston zählt 38 Universitäten und Colleges.

Wie Eckstein nach Boston gefunden hat, ist unbekannt. Ihre „Modern School of Languages and Literature" gründet sie 1897. Die Schule firmiert unter der Anschrift „30 Newbury Street". Im gleichen Haus lebt Eckstein auch, und zwar in Wohngemeinschaft bei und mit Martha Griffith Browne, einer überaus bemerkenswerten Dame.

Diese Frau trägt nur rote Kleider. Die etwas exzentrische Persönlichkeit löst in Anna B. Eckstein einiges aus. Von ihr wird sie jeden Tag ermutigt.

Auch Eckstein kann jetzt daran glauben: Mein Leben ist etwas Besonderes. Dieses Besondere will und muss ich leben und „ausleben“. Und nichts und niemand werden mich daran hindern.

Martha oder „Mattie“ Griffith ist die Tochter eines Farmers in Kentucky. Nach dem Tod ihrer Eltern erbt die junge Frau sechs Sklaven. Obwohl sie selbst Sklaverei verabscheut, wird sie zur Sklavenhalterin. Sie will diese verachtenswerte Welt verändern und sich aus ihr befreien. Sie identifiziert sich mit ihren Sklaven. Als 30jährige macht sie daraus Literatur. 1856, vier Jahre nach „Onkel Toms Hütte“, dem Welterfolg von Harriet Beecher Stowe, veröffentlicht Griffith anonym die „Autobiography of a Female Slave“.

Sie schildert darin Abgründe an Recht- und Heimatlosigkeit. Ausgerechnet im Land der Menschenrechte muss eine große Bevölkerungsgruppe Tag für Tag und Nacht für Nacht der Willkür weißer Rassisten absolut schutzlos ausgeliefert leben, und zwar schon im Mutterleib und oft bis über den Tod hinaus. Das Leben eines Sklaven ist ein Nichts. Schlimmer kann man den Gott, der sich sein Volk aus der Sklaverei geholt hat, nicht kränken und beleidigen.

Wegen der realistischen Schilderungen der Zustände gilt die „Autobiography“ als authentischer Bericht einer Afroamerikanerin. Man glaubt, eine ehemalige Sklavin habe tatsächlich dieses Buch verfasst. So wird der Roman fünf Jahre vor dem amerikanischen Bürgerkrieg (1861 - 1866) zum wirkungsvollen Protest gegen die Sklaverei. „Mattie Griffith“ schreibt in der Folgezeit unermüdlich Gedichte und Artikel für die „Abolition“. Schließlich hat sie damit genügend Geld verdient. Endlich kann sie ihren ererbten Sklaven die Freiheit finanzieren.

Das Bürgerrecht für Sklaven muss bezahlt werden. Freiheit gibt es in den USA auch nach dem Verbot der Sklaverei in der Verfassung nur für Geld. In der „Autobiography“ nennt Griffith die Summe von 1 000 Dollar. Wer seine Sklaven nur los sein will, der verkauft sie lieber für einen solchen Betrag weiter. Er ruft den Sklavenhändler, und der versucht einen hohen Preis zu erzielen. Für die Sklaven bedeutet dann ein neuer „Master“ die vollständige Trennung von ihrer Familie, was oft völlig unvorbereitet geschieht. In der Regel ist die Ausbeutung, die nun folgt, weit brutaler als die vorherige.

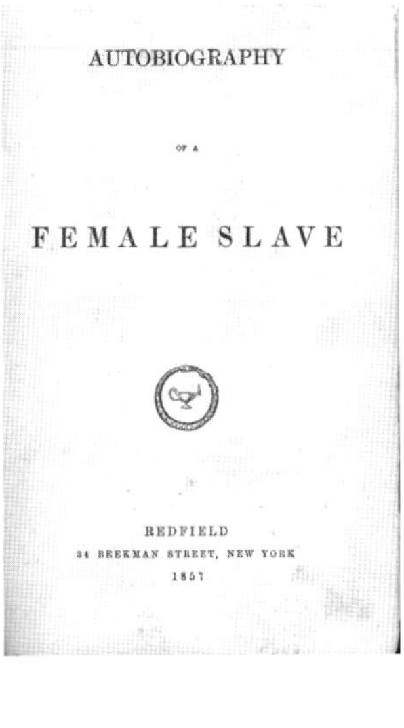
AUTOBIOGRAPHY

OF A

FEMALE SLAVE

REDFIELD
34 BEEKMAN STREET, NEW YORK
1857

„Abolition" heißt „Abschaffung". Ein „Abolitionist" weigert sich, die Sklaverei nur einen Tag länger hinzunehmen. Für ihn verletzt das schrankenlose Verfügen über einen Menschen Gottes Gebote in unerträglicher Weise. Ein derartiges Unrecht kann und darf er in seiner Welt, in seinem Land, in seiner Stadt keinen Tag hinnehmen. Abraham Lincoln gelingt die „Abolition" der Sklaverei, kurz bevor er einem Attentat zum Opfer fällt.

Als im Bürgerkrieg gegen die Südstaaten der Sieg des Nordens abzusehen ist, bekommt Lincoln im Kongress 1865 eine Zwei-Drittel-Mehrheit für den „Dreizehnten Zusatz zur Verfassung der Vereinigten Staaten von Amerika": *Weder Sklaverei noch Zwangsdienstbarkeit darf, außer als Strafe für ein Verbrechen, dessen die betreffende Person in einem ordentlichen Verfahren für schuldig befunden worden ist, in den Vereinigten Staaten oder in irgendeinem Gebiet unter ihrer Gesetzeshoheit bestehen. Der Kongress hat das Recht, diesen Zusatzartikel durch entsprechende Gesetze zur Durchführung zu bringen.*

Diese Abschaffung der Unmenschlichkeit ist durch den schlimmen Krieg teuer erkauft. Die Probleme der ehemaligen Sklaven sind trotz dieser Verfassungsänderung nicht aus der Welt. Rassistische Parolen rechtfertigen bis zum heutigen Tag unglaubliches Unrecht.

Martha Griffith heiratet nach dem Bürgerkrieg Albert Gallantin Browne (1835 - 1891). Als Vorkämpfer gegen die Sklaverei war dieser Mann schon einmal verhaftet gewesen. Man hatte ihn als Mörder angeklagt. Bei einer von ihm initiierten Demonstration waren Menschen zu Tode gekommen. Erneute Demonstrationen sorgten für seine rasche Freilassung. Gott sei Dank!

Browne war als Journalist und Regierungsberater tätig, im Bürgerkrieg wird er zum erfolgreichen Militärführer. Nach dem Friedensschluss lässt Browne sich als Banker in seiner Heimatstadt Boston nieder. Nach einem beruflichen Zwischenspiel in New York kauft er für sich und seine Martha 1887 das Haus Nummer 30 in der Newbury Street, Boston. Er stirbt 1891.

Martha engagiert sich nach der Abolition der Sklaverei für die Gleichberechtigung der Frauen. Das große Wort „Abolition" gewinnt einen allgemeineren Inhalt. Die Bürgerechte, die für Sklaven erkämpft wurden, müssen auch für Frauen gelten. Einige Jahre ist Martha Griffith Browne Vizepräsidentin der amerikanischen Suffragetten-Vereinigung. Auch Eckstein wird Mitglied der „Massachusetts Woman Suffrage Association". Griffith Browne kümmert sich persönlich um ehemalige Sklavinnen, die nach Boston gezogen sind. Sie organisiert für die Frauen und Mädchen in der neu gewonnenen Freiheit

Lernmöglichkeiten. Vermutlich richtet sie damals im Haus 30 der Newbury Street Unterrichtsräume ein.

Anna B. Eckstein mag auf diesem Weg zu ihr gefunden haben. Vielleicht war sie zunächst als Lehrerin für die farbigen Frauen engagiert worden. Vielleicht überlässt Browne, als sie „70" wird, der jungen Freundin die Schulräume für deren eigene Schulidee. 30 Jahre nach der Abschaffung der Sklaverei gibt es in Boston für den elementaren Unterricht an ehemaligen Sklavinnen weniger Bedarf.

Genaueres ist nicht zu erfahren, jedenfalls ist Eckstein dieser Martha Griffith Browne unendlich dankbar. Die Vorkämpferin der Sklavenbefreiung wird ihr Vorbild in jeder Beziehung, auch in scheinbaren Äußerlichkeiten. Wie ihr „Mütterchen" Mrs. Browne stets demonstrativ rote Kleider getragen hat, so legt Eckstein von der Zweiten Haager Konferenz 1907 an bis an ihr Lebensende ihr weißes Friedenskleid an. Wie jene macht sie sich und ihr Erscheinen selbst zur Botschaft.

Wer Martha Griffith „in Rot" begegnet war, verstand sofort das Eine: Diese Frau duldet keine Sklaverei. Auch Anna B. Eckstein identifiziert sich mit ihrer Botschaft. Wer „Weiß" trägt, zeigt Offenheit und Verletzlichkeit. Eine „weiße Fahne" signalisiert im Krieg den absoluten Gewaltverzicht. Ich lade damit meine Feinde zum Frieden ein.

Ich kann nicht anders, als „Weiß" zu zeigen. Denn eines weiß ich bestimmt: Jede Minute, die dieser Krieg fortdauert, zerstört sinnlos das Leben unschuldiger Menschen. Und das nehme ich nicht hin, weder für mich noch für irgendeinen anderen Menschen auf der Welt.

In ihren Tagebüchern nennt Eckstein die 40 Jahre ältere Menschenfreundin mein „liebes" oder mein „süßes" Mütterchen. Eckstein fühlt sich bei dieser „Mutter", die selbst keine Kinder hat, als geliebte Tochter.

Zur „Familie" in dem wundersamen „Schulhaus" gehören hilfreiche Geister, darunter der schon ergraute Diener Henry, einer von den ehemaligen Sklaven der Sklavenbefreierin. Er will von Anna B. Eckstein unbedingt Französisch lernen, die Sprache der Freiheit. Außerdem gibt es einen ebenso in Ehren alt gewordenen Hund namens „Harvard".

Zu einem wesentlichen Ort im Haus 30 Newbury Street wird für Eckstein die Bibliothek. Mehrere tausend Bände hatte das Ehepaar Browne dort gesammelt. Anna liest dem inzwischen sehbehinderten Mütterchen Martha viel vor, und sie setzt sich dabei mit dem auseinander, was da geschrieben wird. Im Unterschied zu anderen Kursangeboten für Fremdsprachen gehört zum Lehrangebot in Ecksteins „Modern School" stets begleitender Literatur-Unterricht.

Schon als Erzieherin von Mamie Mannheimer hatte sich Eckstein in New York die „Geschichte der deutschen National-Litteratur" von August Vilmar gekauft. Das Werk des erzkonservativen Vilmar von 1845 erlebt im kaiserlichen Deutschland zahllose Neuauflagen. Fortschrittliche Denker wie Friedrich Schiller (1759 - 1805) werden darin eher negativ beurteilt.

Eckstein findet in Brownes Bibliothek weniger reaktionäre Beurteilungen der Schiller'schen Dramen. Besonders bewegt sie die „Jungfrau von Orleans". 1792 war der Dichter in Anerkennung seines ersten Dramas „Die Räuber" Ehrenbürger der ersten Französischen Republik geworden. Die Nationalversammlung erließ dazu eigens ein Gesetz. Zusammen mit dem ersten US-Präsidenten George Washington und anderen Vordenkern und Vorkämpfern der Menschenrechte wird der Deutsche zum Vordenker eines neuen Frankreich erklärt.

Schiller bedankt sich für diese Ehre. Er würdigt die französische Patriotin Jeanne d'Arc (1412 - 1431) mit der Tragödie „die Jungfrau von Orleans". Schillers Freiheitsdenken ist von Immanuel Kant beeinflusst. Der sprachgewaltige Dramatiker vermittelt die Humanitäts- und Freiheitsideale des Königsberger Philosophen einer breiten Öffentlichkeit. Schiller schrieb, der „Bau einer wahren politischen Freiheit" sei das „vollkommenste aller Kunstwerke" (Über die ästhetische Erziehung des Menschen. Zweiter Brief). Auch in der Verehrung von Kants Philosophie stimmt Eckstein mit Schiller überein.

Lebt wohl ihr Berge, ihr geliebten Triften, / Ihr traulich stillen Täler lebet wohl! / Johanna wird nun nicht mehr auf euch wandeln, / Johanna sagt euch ewig Lebewohl. Das Hirtenmädchen Johanna (Jeanne d'Arc) verlässt die vertraute Umgebung. Sie fühlt sich von Gott gerufen, die Welt zu retten. Sie überschreitet darin alle Grenzen. *So ist des Geistes Ruf an mich ergangen, / Mich treibt nicht eitles, irdisches Verlangen.* Die „romantische" Tragödie nimmt ihren Lauf. Mit „romantisch" meint Schiller „französisch".

Eckstein findet in Brownes Bücherei auch den Roman „Die Waffen nieder". Die Österreicherin Bertha von Suttner beschreibt 1889 realistisch die Schlachtfelder der insgesamt vier mitteleuropäischen Kriege zwischen 1859 und 1871. Es beginnt in Solferino mit der österreichischen Niederlage gegen Frankreich und das Königreich Sardinien. Der Schweizer Henri Dunant (1828 - 1910) gründete nach dem, was er dort erlebte, das Rote Kreuz. Aber derartige Institutionen scheinen die Politiker und Militärs noch zu ermutigen.

Sie werden zum Alibi, weitere humanitäre Katastrophen billigend in Kauf zu nehmen.

Bertha von Suttner erkennt, dass viel, viel mehr geschehen muss. „Die Waffen nieder" plädiert für die Abschaffung von Kriegen überhaupt. Das Buch wird ein überragender Erfolg. Bis 1905 findet es allein 37 deutschsprachige Neuauflagen. 1892 erscheint die erste englische Ausgabe „Lay Down Your Arms", 1897 folgt eine italienische, 1899 eine französische und 1905 eine spanische. „Die Waffen nieder" ist der große Impuls für die Friedensbewegung. Zu Recht bekommt Suttner 1905 dafür nicht den Literatur-, sondern den Friedens-Nobelpreis.

1891 kommt es in Österreich, Deutschland und anderswo zur Gründung von Friedensgesellschaften. Ähnliche Organisationen verfügen damals in den USA, Großbritannien, der Schweiz und Frankreich bereits über eine fast 100jährige Tradition. Vor allem aus den Kirchen erhalten sie Zulauf. Anders sieht es in den autokratisch regierten Ländern aus. Die religiösen Institutionen dort sind fest ins staatliche Machtgefüge integriert. Das Evangelium wird in der Regel machterhaltend verkündigt.

Seit der konstantinischen Wende im vierten christlichen Jahrhundert stützten sich die Machthaber neben ihrem Militär und ihren Beamten auf die feste Einbindung kirchlicher Strukturen in ihr Herrschaftssystem. Die Botschaft vom Frieden auf Erden versteht man als Bestätigung des eigenen Machtanspruchs. Daran änderte auch die Reformation in den lutherisch geprägten Territorien nichts. Im Gegenteil! Luther (1483 - 1546) machte es der weltlichen Obrigkeit sogar zur Pflicht, für eine „ordentliche" Gestaltung der Gottesdienste zu sorgen. Die Herrscher nutzen diese Aufgabe nach Kräften zur Bestätigung ihrer eigenen Macht.

Als Anna B. Eckstein 1898 erstmals „Lay Down Your Arms" liest, erklären die USA gerade Spanien den Krieg. Eckstein ist von ihrer Lektüre zutiefst berührt und unmittelbar angesprochen. Mehr als die aktuelle militärische Konfrontation macht sie vermutlich betroffen, dass Suttner exakt jene „deutschen" Kriege schildert, als deren Opfer sich Familie Eckstein in Coburg empfindet.

In Suttners Roman begeistert sich die Protagonistin Martha Althaus für Jeanne d'Arc. Die sechzehnjährige Komtess nimmt sich die Jungfrau von Orleans zum Vorbild. Jene wurde berufen, die Verantwortung für ihr Land nicht den Männern zu überlassen. Aber die mädchenhafte Begeisterung Marthas verblasst, als ein hinreißender Offizier der schönen Martha den Hof macht. Die beiden heiraten, sie bekommen eeinen Sohn. Noch bevor der

Junge seinen ersten Geburtstag feiert, fällt der Vater in der „Schlacht" von Solferino, und die junge Mutter wird zur Witwe.

Martha erinnert sich jetzt an ihre ursprüngliche Berufung. Sie eilt von „Schlachtfeld" zu „Schlachtfeld". Sie weiß, dass sie die Menschheit aufrütteln muss. Das gegenseitige Ab-„schlachten" darf sich nicht wiederholen. Eckstein identifiziert sich unmittelbar mit jener Martha - einschließlich der von ihr verehrten Jungfrau von Orleans. Sie spürt es klar und deutlich: Wie jene Martha nach ihrer persönlichen Katastrophe von Solferino so hätte ich längst aktiv werden müssen. Ich erkläre dem Krieg den Krieg. Nur darin kann in Zukunft noch der Sinn meines Lebens liegen.

Diese Bereitschaft zum eigenen Handeln wird durch „Mütterchen" Browne enorm verstärkt. Mit ihr gehört Eckstein in Boston zur unitarischen Gemeinde. Unitarier lehnen Dogmen aller Art ab. Wichtiger als die Stimmigkeit eines theoretischen Glaubensgebäudes sei das Handeln, und dieses Handeln wird aus dem Glauben heraus gepredigt und gefeiert. Nur im tatsächlichen Handeln wächst der Glaube. Nur so erweist er seine Dynamik, nur darin zeigt sich seine Belastbarkeit. Der Glaube und die persönliche Glaubwürdigkeit der Gläubigen gehören unmittelbar zusammen. Browne war einst als Sklavenhalterin wider Willen aus der katholischen Kirche ausgetreten, bei den Unitariern fühlt sie sich unter Gleichgesinnten.

In Boston sammeln sich die Unitarier in der „Church of the Disciples". In dieser Kirche der wahren Jünger Jesu predigt seit über 30 Jahren ein Pazifist. Reverend Charles Gordon Ames (1828 - 1912) wird neben seiner seelsorgerlichen Tätigkeit auch politisch aktiv. „The Advocate of Peace", die Zeitschrift der American Peace Society, gibt komplett wieder, was Ames zum Kriegsbeginn am 24. April 1898 predigt. Ames gehört zu den Initiatoren, als wenig später am 15. Juni 1898 in Boston die „Liga gegen den US-Imperialismus" gegründet wird.

Seine Predigt vom 24. April beendete Ames, wie folgt: *Einen Krieg*

rechtfertigt nur, wer die Barbarei noch nicht überwunden hat; seine Menschlichkeit befindet sich noch auf einer sehr niedrigen Stufe. Einer entwickelten Intelligenz erscheint Krieg nur dumm und gefühllos, moralisch abscheulich, einfach nur böse. Zum Krieg kommt es nur dort, wo Vernunft bewusst ausgeschaltet wird. Heute haben sich so viele Möglichkeiten des Verstehens entwickelt, warum sollten wir nicht den Frieden wachsen lassen? Es gibt so viel Intelligenz, so viel Rechtsprechung und so viel Verständigungswillen!

Sobald freilich andere Stimmen laut werden, kann Kirche nicht anders. Sie muss im Frieden wie im Krieg gegen allen Hass und Falschheit auftreten. Getröstet vertraut sie auf Wahrheit und Liebe. Wahrheit und Liebe erweisen sich als die größten Kräfte, auch in dieser Welt. Auf diese Weise dient die Kirche dem Eins-Sein der Menschheit, so beweist sie Ehrfurcht vor dem Leben. Sie wird auch nicht schwanken, wenn das Unrecht überhandnimmt. Sie braucht sich nicht zu fürchten. Die Pforten der Hölle werden sie nicht überwältigen. Selbst wenn „der Schall der Kriegstrompete die Himmel erschüttert", stimmt sie weiter ihr unaufhörliches Lied des Friedens an. Sie singt vom guten Willen. Sie betet unaufhörlich, „dein Reich komme und dein Wille geschehe wie im Himmel so auf Erden". Amen.

Eine solche Predigt wäre in Deutschland unmöglich gewesen. In den evangelischen Staatskirchen fungiert der jeweilige Monarch auch als kirchliches Oberhaupt. Offene Kritik an seiner Politik durfte kein Prediger üben, schon gar nicht an seiner Kriegs- und Aufrüstungspolitik. Der Gedanke an die Zustände in ihrer Heimat musste Anna B. Eckstein in größte Unruhe versetzen. Das Deutsche Reich tritt jetzt als Konkurrent der USA auf. Auch Kaiser Wilhelm II. möchte das riesige spanische Kolonialreich beerben. Das deutsche Wort „Kaiser" leitet sich von Caesar ab (100 - 44 vor Christus). Auch Wilhelm sieht sich vor allem als Feldherr, als „Imperator". Er muss erfolgreich andere Länder erobern, um seinen unterdrückten und ausgebeuteten Untertanen als Herrscher „glaubwürdig" zu erscheinen. Das ist Imperialismus offen und pur. Wilhelm fühlt sich dazu von Gott auserwählt.

Der vor Ehrgeiz und Geltungstrieb sprühende Hohenzoller sieht im Niedergang Spaniens seine Chance. Er glaubt, jetzt wäre der Zeitpunkt gekommen, nun könne er für Deutschland einen Platz an der Sonne erobern, vielleicht sogar ein Reich wie jener Kaiser Karl V. (1500 - 1558), ein Reich, in dem die Sonne nicht untergeht. Die USA kommen Wilhelms Flotte allerdings zuvor, sie sind näher dran und schon länger in Kuba und anderswo aktiv. Deutschlands Aufrüstung ist außerdem noch nicht so weit fortgeschritten. Doch die Spannungen wachsen. In den USA werden erste Deutsche als Spione verhaftet. Deutschstämmige Amerikaner sind davon schockiert.

Jetzt wird der „Deutsch-Amerikanische Nationalbund" gegründet, die „National German-American Alliance (NGAA)". Dieser Bund soll die Rechte der Amerikadeutschen vertreten. Ein Aspekt dabei sind die Lehrpläne in den Schulen, Deutsch soll weiter eine wichtige Fremdsprache bleiben. Daran ist Eckstein auch beruflich interessiert. Inzwischen bearbeitet sie für den erfolgreichen Bostoner Schulbuchverleger Edwin Ginn (1838 - 1914) dessen Unterrichtsmaterialien für den Deutschunterricht. Die Beziehung zu dem vielfachen Millionär wird ab 1909 für Ecksteins Weltpetition größte Bedeutung gewinnen.

Mit dem spanisch-amerikanische Krieg wächst die Konfrontation zwischen dem Deutschen Reich und den USA. Sie steigert sich in eine gefährliche Dimension hinein. Wirtschaftlich ist Deutschland inzwischen die führende Macht in Europa. Einen erheblichen Anteil daran hat der militärisch-industrielle Komplex. In den USA entwickeln sich die Verhältnisse ähnlich. Die Regierenden beider Staaten sehen ihre Chance, den relativen Vorsprung der traditionellen Kolonialmächte Großbritannien und Frankreich wettzumachen. Schon 1914 werden die USA im Ersten Weltkrieg nicht wirklich neutral sein. Die amerikanische Kriegserklärung an das Deutsche Reich am 6. April 1917 markiert nur das Ende einer langen Entwicklung.

Für Eckstein ist der Krieg von 1898 nicht irgendein militärischer Konflikt, sie sieht sich auch als Deutsche in den USA herausgefordert. Wer den Imperialismus des deutschen Kaisers kritisiert, erkennt sofort, dass die USA ihre Interessen ähnlich wie Wilhelm II. definieren. Die führenden Politiker treibt die gleiche Gier. Sie macht blind für das damit verbundene menschliche Leid, sie macht auch blind für das eigene Unrecht. Aber es gibt klare Denker und aufrechte Kritiker. Der an der New Yorker Columbia-University lehrende Ernst Richard (1859 - 1914) wirkt wie ein Prophet. Er gründet dort eine „Deutsch-Amerikanische Friedensgesellschaft". Sein wichtigstes Buch wird er erst 1914 veröffentlichen. Es trägt den Titel „God's path to peace".

Anna B. Eckstein registriert, wie in Boston 1898 mit der Kriegserklärung an Spanien die Stimmung umschlägt. Sie empfindet das Groteske an der Begeisterung für den Krieg, vor allem aber fühlt sie sich fremd und befremdet. Sie notiert am 5. Mai: *Als ich heute Mittag von der Schule nach Hause fuhr, sah ich von der elektrischen Bahn aus, an Boylston Street, wieder einen Zug voller Soldaten in der Eisenbahn fortfahren und zum Abschied die Hüte und Tücher schwenken. Die Stadt hat geflaggt. Als ich auf die Post kam, um $ 27 einzuzahlen, hörte ich den*

Postmeister eine patriotische Rede im patriotisch geschmückten Postamt halten und mit Begeisterung Vaterlandslieder singen, wobei die Angestellten einstimmten.

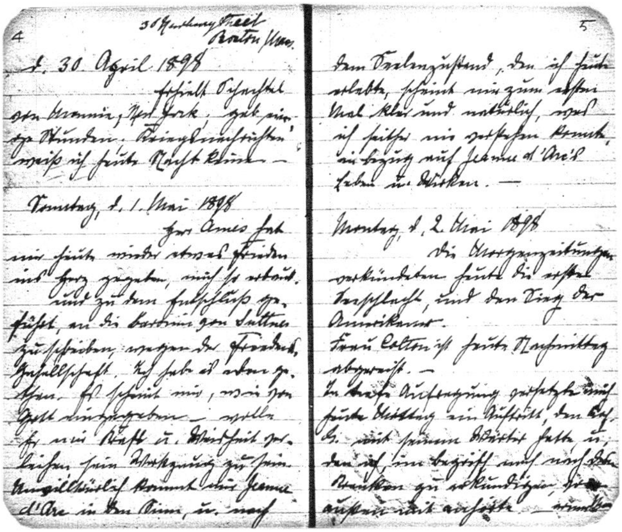

Sie hört die kritischen Predigten von Charles Gordon Ames, sie befasst sich immer wieder mit Bertha von Suttners „Lay down Your Arms“. Sie schreibt am 1. Mai: *Herr Ames hat mir heute wieder etwas Frieden ins Herz gegeben, mich so erbaut und zu dem Entschluss geführt, an die Baronin von Suttner zu schreiben. Ich habe es eben getan. Es scheint mir, wie von Gott eingegeben - wolle er mir Kraft und Weisheit verleihen, sein Werkzeug zu sein. Unwillkürlich kommt mir Jeanne d'Arc in den Sinn, und nach dem Seelenzustand, den ich heute erlebte, scheint mir zum ersten Mal klar und natürlich, was ich seither nie verstehen konnte in Bezug auf Jeanne d'Arc's Leben und Wirken.*

Jeanne d'Arc war eine machtlose unverheiratete Frau, aber das war nur der äußere Anschein. Ihre wahre Macht und Kraft ist ihr Glaube an Gottes Macht und Kraft. Die Jungfrau von Orleans weiß, dass sie ihren König zum Handeln bringen kann. Sie muss es tun, um Frankreich zu retten. Sie hat dazu persönlich keine Alternative.

Anna B. Eckstein hat gleich zwei Staatsoberhäupter. Sie muss den Präsidenten der Vereinigten Staaten von Amerika beeinflussen und den Kaiser von Deutschland. Sie will allerdings nicht, dass die Herren einen äußeren Feind bezwingen. Das unterscheidet Anna B. Eckstein von Jeanne d'Arc. Die Deutschamerikanerin will und muss ausgerechnet diese Kriegsmänner dazu bewegen, den Krieg selbst zu besiegen. Das ist unvergleichbar schwerer, als den Hundertjährigen Krieg zwischen England und Frankreich zu beenden. Das weiß Anna B. Eckstein.

Vor allem enden die militärischen Abenteuer der USA wie die des Deutschen Reiches auch mit Niederlagen. Dem Volk zu Hause werden sie als großartige Siege verkauft. Die amerikanische Kriegführung gegen Spaniens rückständige Armee ist erfolgreich. In einer einzigen Seeschlacht vor Kuba wird fast die spanische Atlantikflotte vernichtend getroffen. Die USA annektieren Puerto Rico und wenig später die Philippinen.

Der Versuch, die Philippinen in eine US-Kolonie zu verwandeln, erweist sich langfristig für die Amerikaner aber als Desaster. Die Philippinos hatten sich bereits selbst von Spanien losgesagt. Statt dort ein Kolonialregime zu vertreiben, treffen die „Marines" auf entschlossenen Widerstand der Einheimischen. Bis über den Ersten Weltkrieg hinaus wird dieser Kampf 20 Jahre lang Kräfte der USA binden.

Auch die Bewohner von 137 Inseln rund um Hawaii errichteten, um Kolonisatoren abzuwehren, bereits hundert Jahre zuvor ein eigenes Königreich.1894 erklären sie sich zur eigenständigen Republik. Im Rahmen des spanisch-amerikanischen Krieges wird diese Republik, obwohl von den USA längst anerkannt, in eine amerikanische Kolonie umgewandelt. Dieser Zustand dauert lange an. Erst dank zahlreich eingewanderter Amerikaner stimmte die Mehrheit 1959 der Umwandlung von Hawaii zum 50. Bundesstaat der USA mit allen Rechten und Pflichten zu.

In den drei Monate dauernden US-Sommer-Ferien kann oder will Anna B. Eckstein nicht jedes Jahr nach Europa reisen. Sie braucht das Geld, das sie im Juli und August mit Ferien-Sprachkursen für Erwachsene in Neuengland verdienen kann. 1898 hat sie sich im Hotel „The Champernowne" in Kittery Point einquartiert. Der Ort liegt im Bundesstaat Maine an einer malerischen Atlantikbucht. Der Piscataqua River mündet dort ins Meer. Seavey's Island ist eine vorgelagerte Insel. Das einen Quadratkilometer große Eiland wird Lager für fast 2 000 spanische Kriegsgefangene. 400 von ihnen sind an Gelbfieber erkrankt, einer gefährlichen Infektionskrankheit, 29 werden daran sterben.

Am Sonntag, 10. Juli, schreibt Eckstein in ihr Tagebuch: *Nachmittag gegen 4 Uhr. Ich sitze hier in einem der oberen Zimmer des Hotels. Vor mir am Ufer weht das Sternenbanner zu Ehren des Transport-Schiffes 'St. Louis', das heute Morgen hier einlief und nun gerade vor dem Hotel vor Anker liegt. An Bord ist der unglückliche spanische Admiral Cervera und ungefähr noch 500 spanische Gefangene, die heute vor acht Tagen im Hafen von Santiago die Beute der siegreichen Amerikaner wurden. Man hat die Armen, oder eigentlich haben sie ja von Glück zu sagen - unter den Umständen - noch nicht gelandet. Vermutlich, weil Gelb-Fieber-Fälle an Bord sind, oder vielleicht auch, weil die Bretter auf Seavey's-Island, wo die Gefangenen mit Ausnahme Cerveras untergebracht werden sollen, noch nicht fertig sind.*

Als ich heute Vormittag auf meiner Fahrt zur Kirche (Unitarian) in Portsmouth, dort vorbeifuhr, sah ich, dass man noch an den ziemlich roh gezimmerten Holzbauten arbeitet. Ich zählte 7 (sieben). Ich schrieb eben meiner teuren Frau Browne, dass es mir ist, als müssten die weißen Segel, die das traurige interessante Schiff umschwärmen und die aussehen wie Friedenstauben, gute Vorzeichen kommenden Friedens auf Erden sein. Vielleicht sehe ich jetzt vor mir Szenen, die mit den Abschluss bilden der ersten Periode in der Geschichte der Menschheit - der Periode der brutalen Gewalt. Gebe es Gott in Gnaden, dass es nun Friede auf Erden für immer und immer werde! … Morgen soll der andere Transport- Dampfer 'Harvard' einlaufen, mit ebenfalls mehreren hundert Gefangenen an Bord.

Freitag 15. Juli: *Seit gestern liegt der Transport-Kriegs-Dampfer „Harvard" vor dem Hotel vor Anker. Der St. Louis ist vorgestern früh wieder fort. Der „Harvard" soll über tausend Menschen - Mannschaft und Gefangene - an Bord haben. Heute Nachmittag hat man einen Armen, der heute Morgen starb, hinausgefahren aufs Meer, um ihn dort zu versenken. Jetzt abends sieht das große Schiff - drei Schornsteine - aus wie eine kleine Stadt, überall beleuchtet und so viel Leben an Bord: Während der Abenddämmerung sangen die Gefangenen, die sich auf dem hinteren Verdeck befinden, und Santiago hat sich heute ergeben!!*

Sonnabend 16. Juli: *Heute Morgen nach dem Frühstück fuhren wir (Frau Dale, Miss Delring und ich) mit dem kleinen Dampfer „Mystic" hinüber nach dem S. S. „Harvard", da ich gerne sehen wollte, was für Leute die spanischen Gefangenen eigentlich seien. Wir fuhren dicht vorbei und hinüber nach dem „Pocahontas", wo Fräulein Roberts mit ihrer Tante Mrs. Ralon, an Bord kam. Auch auf der Rückfahrt konnten wir nur wenig von den Gefangenen sehen. Und so fuhren wir, nachdem uns der „Mystic" gelandet in einem Kahne hinüber und sahen nun, wie die Armen vereinzelt herunterkamen. Manche sind zitronengelb und kaum fähig zu gehen. Doch im Großen Ganzen machten sie den Eindruck großer Zufriedenheit mit ihrem Schicksal. Jedenfalls untersuchte der Arzt jeden einzelnen, ehe er landen durfte ... Es war ein idealer Tag, ich rede vom Wetter, der Sonne. Bange Sorgen wegen der Philippinen beschlichen und quälten mich. Abends hörte ich noch von dem stillen Mann, der auch letztes Jahr hier war, dass „der deutsche Spion in Ketten" an Bord des „Harvard" ein Spanier und der Anführer der aufrührerischen Gefangenen sei.*

Der Sommer in Kittery Point findet für Anna B. Ecksteins Friedensberufung noch ein grandioses Finale. Nach der unmittelbaren Konfrontation mit kriegerischen Ereignissen erfährt sie vom sogenannten „Zarenmanifest". Am 30. August 1898 heißt es im Tagebuch: *Herrliche, segensvolle Tage! Gestern brachten die Zeitungen die Nachricht, dass der Czar von Russland Nikolaus II (Nicholas II) den europäischen Mächten den Vorschlag zu einem internationalen Congress gemacht hat, wo Mittel und Wege zur Erhaltung dauernden Friedens besprochen werden sollen. Gott sei gelobt! und segne des russischen Kaisers gotteingegebenes Vorhaben! Jauchzen, ja jauchzen, jauchzen und jubeln möchte ich. Gott sei gelobt! Und mein Herz jauchzt und jubelt. Gott sei gelobt!*

… mir ist, als müsste ich etwas thun.
Als dürfte kein Menschenkind bleiben,
dem nicht die Offenbarungen
von „Die Waffen nieder“
und „Schach der Qual“
zu teil werden.
Anna B. Eckstein am 28. Juli 1898
an Bertha von Suttner

Lehrzeit für Friedensbewegte

Anna B. Eckstein nimmt sich jetzt Suttners Phantasiestück „Schach der Qual“ vor. Die österreichische Baronin hatte sich in den Jahren 1895 bis 1897 einen „Prinzen Roland“ ausgedacht, einen Mann, der dazu in der Lage wäre, einen Mann, der wirklich dem Krieg den Krieg erklären könnte. Diesem „konstruierten“ Helden - nach Suttners Vorstellung wäre er schwer reich und von höchstem Adel - stehen phantastische Möglichkeiten offen. Allerdings sollte er sich vor anderen Angehörigen des Hochadels auszeichnen. Er müsste sich den einzig möglichen Sinn allen Privilegiert-Seins bewusst machen.

Prinz Roland, den „Konstruierten“, „quält“ das freudlose Leben der Proletarier ebenso wie die Vivi-Sektion von Tieren, die Verfolgung von Kriegsdienstverweigerern in Russland und der Antisemitismus des damaligen Wiener Oberbürgermeisters. Als Grundübel hinter jeder „Qual“ macht er den Krieg aus. Tapfer, wie frau/man es von einem richtigen Prinzen erwartet, fasst der so Gequälte einen Entschluss. Er will den Regierenden ins Gewissen reden. Diese Orientierungslosen müssen sich zusammensetzen. Es wird höchste Zeit. Es zerstört die Lebensgrundlagen der Menschheit, wenn sich einer nur als Konkurrent und letztlich als Todfeind des anderen versteht. Kriege zwischen den Völkern müssen unmöglich werden. Mit einem Wort, es muss heißen: „Schach der Qual“.

„Schach!“ Das königliche Spiel stammt aus Persien. Es geht um den „Schah“. Die Bezeichnung „Schach“ leitet sich von diesem iranischen Herrschertitel ab. Eine Partie ist entschieden, sobald einer der beiden „Schah“-Könige „schachmatt“ ist. Diese „Mattigkeit“ tritt ein, wenn beim nächsten Zug mein König unausweichlich aus dem Feld geräumt werden könnte.

Sobald daher einer der beiden Kontrahenten „Schach“ bietet, zwingt er den anderen, den Kopf seines „Schahs“ durch angemessenes Handeln um jeden Preis zu retten.

Es geht in jenen Jahren in Europa um die Frage, wer von den drei kaiserlichen Herren sich behaupten kann. In Österreich-Ungarn regiert seit 1848 Kaiser Franz Joseph (1830 - 1916), in Deutschland seit 1888 Kaiser Wilhelm II. und in Russland seit 1894 Zar Nikolaus II. (1868 - 1918). Frankreich ist 1871 wieder Republik geworden, in Großbritannien hat das Parlament entscheidenden Einfluss auf die Politik. Aber wer schafft es, nicht nur diese drei Kaiser, sondern alle Großmächte Europas einschließlich der Vereinigten Staaten von Amerika an einen Tisch zu bringen?

Es gibt damals tatsächlich drei Männer, die ähnlich vermögend und auch vergleichbar guten Willens sind wie Suttners erfundener Prinz, allerdings verfügt keiner über „blaues Blut“. Alle drei sind Aufsteiger. Aus armseligen Anfängen sind sie zu unermesslichem Reichtum gekommen. Alle drei wollen ihr Kapital nutzen, um auf dieser Erde etwas zum Besseren zu bewegen. Alle drei glauben und wissen, dass diese Veränderung schnell geschehen muss. Diese Einsicht führt die drei dazu, der Qual der Menschheit „Schach“ zu bieten.

Es ist nicht bekannt, ob einer der drei das Büchlein „Schach der Qual“ gelesen hat. Bertha von Suttner kennt immerhin den schwedischen Dynamitproduzenten Alfred Nobel (1833 - 1896) persönlich. Der Friedensbewegung schon länger verbunden ist der amerikanische Stahlmagnat Andrew Carnegie (1835 - 1919). Seine Stiftungen haben ähnlich wie jene Alfred Nobels heute noch Bestand. Carnegie verfasste „Das Evangelium des Reichtums“. Sein berühmtester Satz lautet: „Der Mann, der reich stirbt, stirbt in Schande.“

Der dritte Mann, der von Suttners „Schach der Qual“ beeinflusst sein könnte, ist der Pole Jan Bloch (1836 - 1902). Bloch ist heute fast vergessen. Von ihm geht die Initiative für das weltweit erste Friedensmuseum aus. Im Sommer 1902 wird es in Luzern eröffnet. Dem polnischen Bankier hatte der Bau von Eisenbahnen im Reich des Zaren ein Vermögen gebracht. Europa nennt ihn den „Eisenbahnkönig“. Seine wahre Leidenschaft aber gilt dem Frieden zwischen den Nationen. Er registriert die militärischen Interessen, die sich wie Krebsgeschwüre an das weltweit wachsende Schienennetz heften.

Dessen Ausbau hatte Blochs Leben bestimmt, es hatte ihn reich gemacht. Er hatte sich von einem die Länder und Kontinente verbindenden Schienennetz einst erhofft, es möge der Menschheit Fortschritt und Frieden bringen.

Um jeden Preis sucht Bloch jetzt Einsicht. Er muss es tun. Die Katastrophe steht unmittelbar bevor. Dank seiner Eisenbahnen lassen sich Truppen und Kriegsmaterial rasch von Schlachtfeld zu Schlachtfeld transportieren. Das Leiden dort wird kein schnelles Ende nehmen. Im Gegenteil! Die Möglichkeiten zur Zerstörung des Lebens und seiner Grundlagen sind immens gestiegen.

Bloch setzt sein gesamtes Vermögen ein. Er bezahlt Experten und Wissenschaftler. Er analysiert dank ihrer Ergebnisse die sich überall durchsetzenden militärischen Interessen, er präsentiert seine Erkenntnisse der Öffentlichkeit. Er hofft, die Rüstungsspirale blockieren zu können. Bloch verfasst ein grundlegendes Werk. „Die Zukunft des Krieges" umfasst sechs dicke Bände.

Mit Akribie und Aufwand werden noch nicht allgemein zugängliche Fakten offengelegt. Jeder kann sich jetzt schlau machen. Realistisch werden die verheerenden Wirkungen moderner Waffensysteme dargestellt und auf welche Weise mit diesen Systemen Krieg geführt werden wird. Daraus ergeben sich taktische und strategische Konsequenzen. Bloch zeigt sie auf.

Führende Militärs erklären Blochs präzise Schreckensszenarien zu lächerlichen „Hirngespinsten". Der Erste Weltkrieg bestätigt wenige Jahre später schon nach wenigen Wochen alle Prognosen Blochs. Der deutsche Generalstab nutzte bereits Blochs Erkenntnisse und Einsichten für seine Strategie. Generalfeldmarschall Graf Alfred von Schlieffen (1833 - 1913) weiß dank Bloch eines genau: Einen Abnutzungskrieg muss er um jeden Preis vermeiden. Es muss schnell gehen. Der Überfall Deutschlands auf das neutrale Belgien wird minutiös geplant. Die Truppen werden rücksichtslos vorgehen. Nur so könnten Frankreich und England überrascht werden.

Der „Schlieffen-Plan" eröffnet den Krieg. Er bedeutet einen massiven Bruch jeden Völkerrechts. Dabei erweist sich die Hoffnung auf einen schnellen Sieg im „Blitz-Krieg" schon beim Überfall auf Belgien als trügerisch. Insgesamt sind die amtierenden Kaiser von Deutschland, Österreich-Ungarn und Russland samt ihrem politischen und militärischen Führungspersonal bis zu ihrem Ende mit Blindheit geschlagen. Sie erweisen sich als unfähig, auch nur eine einzige der Katastrophen zu vermeiden, die Bloch vorhersagt.

In „Band 5" seines Kriegswerks beschreibt Bloch „Die Bestrebungen zur Beseitigung des Krieges". Der international tätige Finanzier leistet selbst ungeheuer viel zur Vernetzung der internationalen Friedensbewegung. Er richtet für sie als Zentrale in Bern das „Internationale Friedens-Bureau" ein.

Bloch liebt die Schweiz. Seine Ideale vom Frieden sieht er in der Eidgenossenschaft und ihrer erklärten Neutralität wenigstens in Ansätzen verwirklicht.

Bloch setzt deshalb auch in der Alpenrepublik seinen Museumsplan in die Tat um. Die Stadt Luzern gewinnt mit Blochs Museum eine damals einmalige Attraktion. Die Stadtverwaltung hatte Bloch ein Grundstück in bester Lage am See zur Verfügung gestellt. Die Eröffnung der Ausstellungen erlebt der Friedensfreund aber nicht mehr. Bei der Einweihung des „Internationalen Kriegs- und Friedensmuseums" ist der Mann schon über ein halbes Jahr tot. 65jährig war er am 7. Januar 1902 in seiner polnischen Heimat gestorben.

Immerhin ist Bloch zunächst weiter in seinem Museum existent. In Luzern werden Jahr für Jahr Zehntausende von Besuchern registriert. Bald wird ein neues Gebäude nötig. Der Betrieb übersteht noch den Ersten Weltkrieg. Doch 1919 hört die von Bloch gegründete Aktiengesellschaft „Internationales Kriegs- und Friedens-Museum in Luzern" auf zu existieren. Durch den Krieg und die Revolution in Russland hat Blochs Kapital jeden Wert verloren. Das Museum wird geschlossen.

Vielleicht will 1919 auch keiner mehr wahrhaben, dass es einen solchen Ort gegeben hat. Keiner will nach den großen Katastrophen etwas davon gewusst oder geahnt haben. Doch hier war für jedermann das Grauen des vierjährigen Völkermordens im Voraus einsehbar. Es ist eine der Lebenslügen jeder Nachkriegszeit, keiner habe sich die Dimensionen von Mord und Totschlag zuvor vorstellen können. Diese Verlogenheit führt direkt zur Hitlerdiktatur und damit zum nächsten Weltkrieg.

Eine weitere, aber noch größere Friedenstat von Jan Bloch, noch größer als das Luzerner Museum, ist und bleibt das Zustandekommen der Ersten Haager Friedens-Konferenz im Jahr 1899. Das anbrechende 20. Jahrhundert soll die Menschheit von allen Kriegsqualen befreien. Dafür ist Bloch bereit, auch Politiker zu „kaufen". Zu dem erzreaktionären, aber ehrgeizigen Zaren Nikolaus II. hat der Organisator des Eisenbahnnetzes im riesigen russischen Reich am leichtesten Zugang. Bloch bewegt den jungen Herrscher vermutlich auch mit außerordentlichen finanziellen Mitteln zu einer entsprechenden Initiative.

Am 24. August 1898 verkündet der russische Außenminister Graf Murawjow (1845 - 1900) das „Zarenmanifest". Es liest sich, als habe Bloch selbst den Text diktiert: ... *Im Namen des Friedens haben große Staaten mächtige Bündnisse miteinander geschlossen. Um den Frieden besser zu wahren, haben sie in bisher unbekanntem Grade ihre Militärmacht entwickelt, und sie fahren fort, sie zu verstärken, ohne vor irgendeinem Opfer zurückzuschrecken.*

Alle ihre Bemühungen haben dennoch noch nicht das segensreiche Ergebnis der ersehnten Friedensstiftung zeitigen können. Da die finanziellen Lasten in einer steigenden Richtung erfolgen und die Volkswohlfahrt an ihrer Wurzel treffen, werden die geistigen und physischen Kräfte der Völker, die Arbeit und das Kapital zum großen Teile von ihrer natürlichen Bestimmung abgelenkt und in unproduktiver Weise aufgezehrt. Hunderte von Millionen werden aufgewendet, um furchtbare Zerstörungsmaschinen zu beschaffen, die heute als das letzte Wort der Wissenschaft betrachtet werden und schon morgen dazu verurteilt sind, jeden Wert zu verlieren infolge irgendeiner neuen Entdeckung auf diesem Gebiet. ...

Die wirtschaftlichen Krisen sind zum großen Teil hervorgerufen durch das System der Rüstungen bis aufs äußerste, und die ständige Gefahr, welche in dieser Ansammlung von Kriegsmaterial steckt, machen die Heere unserer Tage zu einer erdrückenden Last, welche die Völker mehr und mehr nur mit Mühe tragen können. Es ist deshalb klar, dass, wenn diese Lage sich noch weiter hinzieht, sie in verhängnisvoller Weise zu eben der Katastrophe führen werde, welche man zu vermeiden wünscht und deren Schrecken jeden Menschen schon beim bloßen Gedanken schaudern machen. ...

Durchdrungen von diesem Gefühl, hat Se. Majestät geruht, mir zu befehlen, dass ich allen Regierungen, deren Vertreter am kaiserlichen Hofe beglaubigt sind, den Zusammen-

tritt einer Konferenz vorschlage, welche sich mit dieser ernsten Frage zu beschäftigen hätte. Diese Konferenz würde mit Gottes Hilfe ein günstiges Vorzeichen des kommenden Jahrhunderts sein. ...

Tatsächlich tagt vom 18. Mai bis 29. Juli 1899 die Erste Haager Friedenskonferenz. Aber ähnlich wie Blochs wissenschaftliche Analyse des Krieges wird auch sein politischer „Erfolg“, das Zustandekommen dieser Haager Konferenz, weltweit von Nichtpazifisten bekämpft und lächerlich gemacht. Für Militärs und Rüstungsindustrie ist eine Minderung der Rüstungsausgaben ein Schreckgespenst. Mit ungeheuren Summen inszenieren sie eine aufwändige Propaganda gegen jede Friedensinitiative.

Eine konsequente Kriegsvermeidung oder gar die Abschaffung des Krieges erscheint den regierenden Monarchen und ihren Helfershelfern als zu riskant. Sie gefährde ihre Herrschaft. Offiziell verkündigen sie zwar Gottes Gnade als Quelle ihre Macht, aber in Wahrheit ist für sie nur das Militär eine „sichere“ Stütze. Es garantiert die Adelsherrschaft. Die Offizierskaste wird entsprechend mit Privilegien ausgestattet. Es ist ein Deal auf Gegenseitigkeit. Die Militärs setzen ihre Ansprüche auf gesellschaftlichen Einfluss am besten dann und dort durch, wo ohne jedes Maß und ohne jede wirksame parlamentarische Kontrolle aufgerüstet wird.

Wie im Reflex warnen die konservativen Parteien sofort nach Verkündung des Zarenmanifests eindringlich Kaiser Wilhelm, er möge sich auf keinen Fall von seiner konsequenten Rüstungspolitik abbringen lassen. Die „Linzer Montagspost“ schreibt ihrem Monarchen aus dem Hause Habsburg, nur ein träumender Kosmopolit nähme Friedenskonferenzen ernst. Deren Einberufung sei ein ausgeklügelter Schachzug einer „echt slawischen Politik“ mit hinterhältigen Motiven. Der Zar sei ein „Bär im Lammfell“. Jetzt, wo Österreich endlich seine Waffen zu modernisieren im Begriff sei, wolle das technologisch rückständige Russland diese „segensreiche“ Entwicklung stoppen oder verlangsamen.

Auch die Sozialdemokratie reagiert ablehnend. Der Zar besitzt bei der Linken keinerlei Vertrauen. Der „Vorwärts“ warnt vor einem „Trick der russischen Diplomatie“. Das Manifest habe nur ein Ziel. Andere Mächte sollen überredet werden, ihre Rüstungsproduktion zu stoppen, bis Russland seine sibirische Eisenbahn fertig gebaut habe und damit seine Kreditfähigkeit erhöhen könnte. Dann glaube Russland, militärisch stark genug für einen Angriff zu sein.

In der Tat handelt der Zar sonst wenig friedlich. Finnland wird brutal russifiziert. Insgesamt zeigen sich die europäischen Großmächte nicht sonderlich begeistert von den Friedens-Vorschlägen des Zaren. Die Konferenzziele werden von der russischen Regierung daraufhin rasch „gemäßigt". Statt „Abrüstung" fordert das Zarenregime jetzt nur noch einen „Stillstand des Rüstungswettlaufs". Noch bevor sie begonnen hat, sind die Ziele der Ersten Haager Friedenskonferenz erheblich verwässert.

Begeistert sind die Friedensbewegten rund um den Erdball. Sie atmen auf. Endlich zeige ein Mächtiger Einsicht! Das werde auch die anderen beeinflussen! Am 30. Juli 1898, drei Wochen vor der Veröffentlichung des Zarenmanifests, war Otto von Bismarck gestorben. Nichtpreußen gilt der „eiserne Kanzler" lebenslang als Kriegstreiber. Bertha von Suttner nimmt die zeitliche Nähe von Bismarcks Tod und der Einladung zur Haager Friedenskonferenz gar als Hoffnungszeichen.

Suttner übersieht, dass die deutsche Außen- und Rüstungspolitik seit Bismarcks Entlassung 1890 wesentlich aggressivere Züge angenommen hat. Immer mehr immunisiert sich Kaiser Wilhelm gegen jede Kritik seiner Aufrüstung. Von Jahr zu Jahr wird es für die Diplomatie unter Bismarcks Nachfolgern im Kanzleramt mühevoller. Offenkundig ist Wilhelm an einem Ausgleich mit den anderen Mächten nicht interessiert.

In Amerika wird die deutsche Politik realistischer beurteilt als im Österreich Bertha von Suttners. Anna B. Eckstein bedauert deshalb in ihrem Tagebuch am 31. Juli 1898 ehrlich Bismarcks Tod: *wieder ein großer Mann nicht mehr.* Vom Zarenmanifest aber ist Eckstein genau wie Suttner tief bewegt.

Sie will zu denen gehören, die eine Brücke bauen zwischen Deutschen und Amerikanern. Sie möchte keine Zeit verlieren. Sie macht sich sofort ans Werk. Sie hatte von der Baronin bereits die Erlaubnis erwirkt, „Schach der Qual" ins Englische zu übersetzen und in Amerika verbreiten zu dürfen. Sofort nach ihren Sommer-Seminaren in Kittery Point reist sie im September 1898 nach New York. Innerlich noch erregt von ihren Erfahrungen mit den spanischen Kriegsgefangenen sucht sie in Manhattan einen Verleger.

Leider brechen Ecksteins Tagebuch-Einträge nach diesen Mitteilungen ab. Wir können nicht klären, was aus diesem Übersetzungs-Projekt geworden ist. Eine englische Ausgabe von „Schach der Qual" kann ich nirgendwo finden. Vielleicht konnten sich US-Verleger nicht vorstellen, dass sich Suttners Phantasiestück von Prinz Roland, dem „Konstruierten", auf dem amerikanischen Buchmarkt durchsetzt. Wen interessieren in einem demokratischen Land edle Gedanken und Sichtweisen eines europäischen Prinzen, wenn es diesen Mann in der Realität nicht gibt? Selbst in Europa erlebt „Schach der Qual" keine zweite Auflage.

Für mich war Suttners Büchlein gleichwohl eine gute Quelle. Ich kann mich in die Anfänge der Friedensbegeisterung Anna B. Ecksteins hineinversetzen. Eckstein lebt jetzt im Kontakt mit der Baronin, die sie hoch verehrt, und der Friedensbewegung in Deutschland und Österreich. Sie abonniert die Zeitschriften der Friedensgesellschaften, neben dem amerikanischen „Advocate of Peace“ liest sie auch die deutsche „Friedenswarte“.

Alfred Hermann Fried (1864 - 1921), der Schriftleiter der Friedenswarte, bittet Eckstein um Beiträge aus den USA. Einmal jährlich bekommt Fried zwischen 1902 und 1907 jetzt aus Boston Post. Der jeweilige „amerikanische Brief“ berichtet ausführlich von der Gemütslage der Deutsch-Amerikaner, von deren Erwartungen an die Politik des Deutschen Reiches, ebenso von der „American Peace Society“, der amerikanischen Friedensgesellschaft. Ecksteins Beiträge tun der „Friedenswarte“ gut. Sie bringen Farbe in die theorielastige Monatsschrift.

Im Sommer 1901 muss Anna B. Eckstein nach Coburg. Ihr Vater, bei der Werrabahn bereits pensioniert, war am 19. April mit erst 60 Jahren viel zu früh gestorben. Am 29. Juni kommt sie endlich an sein Grab auf dem Glockenberg-Friedhof. Sie muss regeln, wie ihre Mutter das Leben mit „Toni“ ohne den Vater organisiert. Die beiden wohnen inzwischen in der Heilig-Kreuz-Straße 17. Bruder Ernst ist ausgezogen, er hat eine eigene Familie gegründet.

Im September 1901 „praktiziert“ Anna B. Eckstein eine Woche in Coburgs Alexandrinen-Schule, der Bildungs-Einrichtung für höhere Töchter. Als Leiterin einer Sprachenschule in Boston interessiert sich Eckstein für einen entsprechenden Unterricht in ihrer Heimat. Als Schülerin durfte sie selbst niemals daran teilnehmen. Vielleicht prüft Eckstein auch eigene Möglichkeiten, in Deutschland arbeiten und Geld verdienen zu können. Sie hatte ihrer Mutter einst versprochen, sich für ihre Schwester verantwortlich zu fühlen.

Aber für Anna B. Eckstein wird es im deutschen Schulsystem nie eine Chance geben. Sie ist in Boston ohnehin fest eingebunden. Außer für die ihr gehörende Schule möchte sie auch für die geliebte Martha Griffith Browne bis zu deren Ende da sein. In bisher sieben Jahren hatte sie sich in der Stadt einen Freundeskreis aufgebaut, der lebenslang für sie Bedeutung behält. Dazu zählt auch die Pfarrei „Church of the Disciples“ mit dem hoch verehrten Reverend Charles Gordon Ames.

Wann genau Eckstein engere Kontakte zur „American Peace Society“ (APS) knüpft, wissen wir nicht. Ihr Haus „30 Newbury Street“ und das Büro der Friedensgesellschaft in Haus „31 Beacon Street" liegen kaum 300 Meter voneinander entfernt. Ihr direkt gegenüber wohnen Edwin D. Mead (1849 - 1937), der Vizepräsident der APS, und seine ebenso engagierte Frau Lucia Ames Mead (1856 - 1937) im Haus „39 Newbury Street".

Spätestens zur Vorbereitung des 13. Universal Peace Congress in Boston, dem ersten Welttreffen der Friedensbewegten in Amerika, das vom 3. bis zum 8. Oktober 1904 mit vielen Tausend Teilnehmern stattfindet, braucht die Friedensgesellschaft viele Helfer. Anna B. Eckstein ist nicht nur mit Leib und Seele bei der Sache, sie ist schon ihrer Sprachkenntnisse wegen qualifiziert und gefragt. Sie hält zusätzlich zu ihren Sprachkursen ungezählte Vorträge über deutsche Literatur und Philosophie. In jeden ihrer Vorträge baut sie geschickt eine unüberhörbare Werbung für den Weltfrieden allgemein und für die Friedensgesellschaft im Besonderen ein.

Ecksteins Leistungen werden in der Peace Society gewürdigt. Seit dem 18. Mai 1905 gehört Eckstein selbst zum Direktorium. Alle zwei Monate versammelt sich dieses Gremium. Es handelt sich um 3 Damen und 16 Herren. Schon diese Zahlen lassen vermuten, dass Frauen keine zentrale Rolle spielen. Eckstein gibt sich damit nicht zufrieden. Sie schreibt dazu im rückblickenden Teil ihres „Staatenschutzvertrages":

Im Winter vor der Zweiten Haager Friedenskonferenz (also 1906/1907) *hatten sich die Mitglieder des Direktoriums der amerikanischen Friedensgesellschaft … in verschiedene Kommissionen gruppiert. Jeder dieser Kommissionen war durch gemeinsames Übereinkommen ein bestimmtes Propagandagebiet zugeteilt. Ich war eines der drei weiblichen Mitglieder des Direktoriums und gehörte der „Gesellschafts-Kommission" an. Dieser lag es ob, in den führenden Kreisen der Bostoner Gesellschaft Interesse und Verständnis für die herannahende Zweite Haager Friedenskonferenz zu erwecken.*

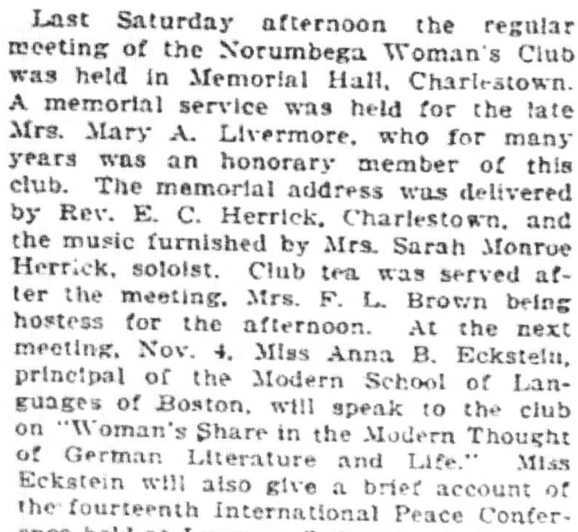
Last Saturday afternoon the regular meeting of the Norumbega Woman's Club was held in Memorial Hall, Charlestown. A memorial service was held for the late Mrs. Mary A. Livermore, who for many years was an honorary member of this club. The memorial address was delivered by Rev. E. C. Herrick, Charlestown, and the music furnished by Mrs. Sarah Monroe Herrick, soloist. Club tea was served after the meeting, Mrs. F. L. Brown being hostess for the afternoon. At the next meeting, Nov. 4, Miss Anna B. Eckstein, principal of the Modern School of Languages of Boston, will speak to the club on "Woman's Share in the Modern Thought of German Literature and Life." Miss Eckstein will also give a brief account of the fourteenth International Peace Conference held at Lucerne, Switzerland, the past summer, which meetings she attended. Miss Mabel Le Favor of Winthrop will be the soloist.

Im „Staatenschutzvertrag“ setzt Eckstein ihre Erzählung fort: *Ermutigt durch diese Zustimmung in den Vereinigten Staaten erbat ich, noch wenige Wochen vor Eröffnung der Zweiten Haager Friedenskonferenz, die Mitarbeit deutscher, britischer und französischer Gesinnungsfreunde. Die Zeit von vier Uhr morgens bis zum Beginn der Schulstunden wurde täglich der Petition gewidmet. … Aus der deutschen Sammelstelle, die der Schriftsteller Herr Fritz Decker in Köln am Rhein eingerichtet hatte, waren 58 145 Unterschriften; aus der englischen, von Herrn W. A. Appleton, dem Generalsekretär der britischen Gewerkschaften, geleiteten 151 884, und durch den schottischen Geistlichen, Herrn Dr. Walter Walsh in Dundee 5 641 dazu gekommen.*

Mit den Friedensfreunden jenseits des Atlantiks war Anna B. Eckstein vermutlich bei Weltfriedenskongressen bekannt geworden. Nach dem Treffen 1904 in Boston ist sie 1905 in Luzern dabei. Die drei Herren bleiben für Eckstein bedeutsam. Der Schotte Walter Walsh (* 1857) ist einer der Vordenker der Unitarischen Kirche. Er wird später auch die Kampagne für die Weltpetition in Schottland organisieren.

Das gleiche leistet in England Gewerkschaftsführer William Archibald Appleton (1859 - 1940). Eckstein versucht ihn in den 20er Jahren vergeblich mit Coburger Sozialdemokraten in Kontakt zu bringen. Diese lehnen damals Appletons Orientierung an Jesus Christus ab. Mit allem, was Religion ist, wollen sich die Herren im Coburger Gewerkschaftshaus nicht beschäftigen. Eckstein ist entsetzt. Mit Appleton bleibt Eckstein, solange man Briefe nach England schreiben darf, in engem Kontakt.

Die Freundschaft Ecksteins mit dem Kölner Journalisten und Schriftsteller Fritz Decker (1882 bis 1952) hat bis über den Zweiten Weltkrieg hinaus Bestand. Decker organisiert die deutsche Sammelstelle auch ab 1909 für die Eckstein'sche Weltpetition. Vermutlich haben diese drei Friedensfreunde Eckstein erst ermutigt, eine weltweite Bewegung zu organisieren. Es geht ihr um nichts weniger als um den absoluten Willen der Menschheit nach Frieden. Wird dieser „gute Wille“ völkerverbindend zum Ausdruck gebracht, wird der Krieg keine Chance mehr haben.

Manchmal scheint die Uhr des Lebens still zu stehn,
manchmal scheint man immer nur im Kreis zu gehn.
Manchmal ist man wie von Fernweh krank,
manchmal sitzt man still auf einer Bank.

Manchmal greift man nach der ganzen Welt,
manchmal meint man, dass der Glücksstern fällt.
Manchmal nimmt man, wo man lieber gibt,
manchmal hasst man das, was man doch liebt.

Über sieben Brücken musst du gehn,
sieben dunkle Jahre überstehn,
siebenmal wirst du die Asche sein,
aber einmal auch der helle Schein.

Text: Helmut Richter. Musik Ed Swilms.
Gesungen zuerst 1978 von Karat in der DDR

Der große Augenblick

Am 4. Juli 1907 merkt die Welt auf. So etwas hatte es noch nie gegeben. Eine 39jährige unverheiratete Frau ohne Macht und ohne großes Geld stellt sich auf die große Bühne. Sie ist so frei. Sie will es wissen. Sie nimmt sich das Recht. Sie beansprucht diesen Platz. Sie muss den Krieg abschaffen. Mit weniger ist sie nicht zufrieden. Sie versucht alles. Sie will die Welt umgestalten. Erst 80 Jahre später lehrt Michail Gorbatschow (* 1931), der erstaunliche Generalsekretär der Kommunistischen Partei der Sowjetunion, die Welt dafür das russische Wort „Perestroika".

Zur Zweiten Haager Friedenskonferenz versammeln sich vom 15. Juni bis zum 18. Oktober Repräsentanten von 44 Staaten. Bei den Beratungen sind die Herren Diplomaten, Generäle und Staatsrechtler unter ihresgleichen. So war das stets üblich gewesen. Doch etwas ist anders als gewohnt. Die Welt soll in Den Haag nicht aufgeteilt werden wie bei bisherigen Friedensbemühungen. Es geht nicht um die Einflusszonen der jeweils Mächtigsten. Diese Konferenz stellt grundsätzlich die internationalen Beziehungen auf eine neue Basis. Auch zwischen den Staaten sollen künftig Recht und Gerechtigkeit herrschen.

1899 blieb dieser Anspruch im Hintergrund. Er wirkte mehr als frommer Wunsch. „Man" musste ihn nicht ernst nehmen. Die Vertreter der Regierungen hörten sich die Anliegen der Friedensbewegten freundlich an. Zu mehr fühlten sie sich nicht verpflichtet. Am Ende wurden Regeln für eine „humanere" Kriegführung verabschiedet, an die sich keiner im „Ernstfall" gebunden fühlte. Immer war das Recht auf Seiten der Sieger gewesen. Ohne entsprechende militärische Macht hatte kein Land irgendwelche Ansprüche anzumelden. Wer militärisch unterlegen war, verlor damit auch die Möglichkeit, sich auf irgendein Recht zu berufen.

Daran hat sich bis heute nichts Entscheidendes geändert. Den Menschenrechten für alle und dem Völkerrecht zwischen den Staaten zur allgemeinen Anerkennung zu verhelfen, diesem Ziel wird die Welt bis zum Beginn des 21. Jahrhunderts zwar erheblich nähergekommen sein, als es den Konferenzen von 1899 und 1907 möglich war, aber von einer weltweiten Geltung von Recht und Gerechtigkeit sind wir heute noch weit entfernt. Immerhin hat die Bundesrepublik Deutschland nach zwei verlorenen Weltkriegen die absolute Autorität der Menschenrechte für sich proklamiert. Es heißt: *Die Würde des Menschen ist unantastbar*. Daran darf sich, wenigstens für den Geltungsbereich des Grundgesetzes, nie mehr etwas ändern.

Schon der Respekt vor dieser Würde fällt im Einzelfall schwer genug. Ein elementares Verpflichtet-Sein durch diese Menschenrechte wird abhängig gemacht von der dafür erzeugten oder verhinderten Stimmung. Die Aufnahme von Flüchtlingen wird zur politischen Verhandlungsmasse bei Koalitionsverhandlungen. In der Demokratie gehört Stimmungsmache zum politischen Geschäft. Die jeweils Schwächsten werden zu „Sündenböcken" für alles und jedes. Dabei führt kein Weg am Respekt jedem einzelnen Menschen gegenüber vorbei. Jedes Recht lebt von der Bereitschaft, dieses Recht durchzusetzen und dieses Recht auch zu respektieren, wo es sich vordergründig gegen eigene Interessen richtet. Der größte Gewinn für jedes Volk ist immer der Friede. Umgekehrt hat jeder Krieg der Menschenwürde erheblich geschadet, auch die vermeintlichen Sieger haben dabei viel oder alles von ihrer Menschenwürde eingebüßt.

Gott sei Dank ist auf der Zweiten Haager Konferenz auch die engagierte Öffentlichkeit gut aufgestellt. Sie beansprucht gehört und beachtet zu werden. Die offiziellen Repräsentanten der Teilnehmerstaaten können nichts nur in Geheimdiplomatie aushandeln. Die gastgebende niederländische Regierung hat das verstanden. Sie räumt der organisierten Friedensbewegung diesen Platz ein. Viele Friedensfreunde begleiten diese Konferenz mit großen Erwartungen. Ihre Sprecher finden Beachtung. Auch das hat sich längst bewährt. Heute gelten „NGOs“ (Nicht-Regierungs-Organisationen) samt ihren „Promis“ und ihrer Öffentlichkeitsarbeit als unverzichtbar bei internationalen Zusammenkünften aller Art.

Die Friedensbewegten treten jetzt sehr gut organisiert auf. Sie haben dazugelernt. Nur wo sie massiv öffentlichen Druck erzeugen, bewegen sich die Herrscher dieser Welt. Anders ist kein positives Resultat dieser Konferenz zu erwarten. Schon im Vorfeld war es der American Peace Society gelungen, ihre eigene Regierung zu konkreten Abrüstungsvorschlägen zu bewegen. Die englischen und schottischen Friedensfreunde waren ähnlich erfolgreich gewesen.

COURRIER DE LA CONFERENCE DE LA PAIX.

M. de Neufville. Miss Eckstein. Lord Weardale.

Der britische Journalist William T. Stead (1849 - 1912) ist besonders rege. Der Mann begnügt sich nicht mit der Rolle des Chronisten. Der Erfinder des Zeitungsinterviews gilt als Pionier des „investigativen“ Journalismus. Schon vor der Konferenz besucht er alle europäischen Hauptstädte. Er lotet die Stimmung aus und macht gleichzeitig Stimmung. Für die vier Haager Konferenzmonate gibt er eine eigene Tageszeitung in französischer Sprache heraus mit dem Titel „Courier de la Conférence de la Paix“. Dieser Kurier wird zur Quelle für die Teilnehmer. Weltweit informiert er per Kabel, was die Friedensbewegung für wesentlich hält.

Das alles kostet auch eine Menge Geld. 47 Staaten waren eingeladen worden, aber für die Regierungen von Korea, Äthiopien und Costa Rica ist die Teilnahme zu teuer. Die Vertreter von Honduras werden erst zur Schlusssitzung anreisen. Auch den Teilnehmern aus der Friedensbewegung wird die Finanzierung eines längeren Aufenthalts in Den Haag nicht leicht. Es wäre für die meisten unbezahlbar. Es bleibt oft bei einer Stippvisite.

Für Eckstein ist ein einziger Tag wichtig. Sie wählt den „Fourth of July" aus, den „Independence Day". An diesem Tag 1776 ratifizierte der nordamerikanische Kontinentalkongress seine Unabhängigkeitserklärung. Der Tag der „Declaration of Indepence" besitzt für Amerikaner eine hohe Symbolkraft. Er ist ihnen mehr als nur ein weiterer Feiertag. Noch heute werden am 4. Juli die Neueinbürgerungen gefeiert.

Eckstein ist auch wegen der Verfassung der USA eine begeisterte Deutsch-Amerikanerin geworden. Zu ihrem Nachlass gehört „The Freedom Pledge". Sie liebt diesen Text. In Coburg lernt ihn jeder ihrer Englisch-Schüler auswendig:

I am an American - a Free American
Free to speak - without fear
Free to worship God in my own way
Free to stand for what I think right
Free to oppose what I believe wrong
Free to choose those who govern my country.
These heritage of Freedom I pledge to uphold
For myself und all mankind.

Am 4. Juli 1907 nimmt Eckstein erst einmal die Regierenden in die Pflicht. Auch jeder Kaiser oder König, jeder Präsident oder jeder Minister soll sich persönlich für den Frieden verantwortlich fühlen und für das dafür zu schaffende Völkerrecht. Eckstein hat sich für diese Forderung eine bis dahin einzigartige Legitimation geschaffen. Sie hatte angefangen, jeden Menschen zu befragen. Jeder Mann und jede Frau, alle, die für sie erreichbar waren, sollten ohne Zwang persönlich dem Hauptanliegen der Haager Konferenz zustimmen können.

Diese erste Petition Ecksteins bezieht sich nur auf die Forderung nach einem „General Arbitration Treaty", einem allgemeinen Schiedsgerichtsvertrag für alle internationalen Streitigkeiten, die von den beteiligten Staaten nicht auf dem Weg der Diplomatie gelöst werden können. Motiviert zu ihrer Aktion hatten Eckstein Erfahrungen, wie Politik mit der sogenannten „öffentlichen

Meinung“ umgeht. Die Frau will beweisen, dass die große Mehrheit der Menschheit vernünftig genug ist, den Frieden über alles zu schätzen.

Wer sich durchsetzen will, beruft sich stets nur auf Positionen, die seinen eigenen Standpunkt unterstützen. Die andere Seite wird nicht oder nur verzerrt zur Kenntnis genommen. Das ist der einfachste Weg, er zeugt von mäßiger Intelligenz der Handelnden. Nötigenfalls wird die Darstellung der Problemlage in den Zeitungen entsprechend manipuliert. In autokratisch regierten Ländern herrscht ohnehin die Zensurbehörde. Und in den Demokratien brauchen Zeitungen wirtschaftlich potente Anzeigenkunden, die entsprechend ihren Interessen Einfluss nehmen, obwohl wenigstens in Friedenszeiten Zensur nicht stattfindet.

Um Bereitschaft für eine Rüstungspolitik ohne jedes Maß zu erzeugen, werden Feindbilder geschaffen und bedient. In der Bibel gelten Feindbilder als die schwerste Verfehlung, die es gegen Gott gibt. Wer sich an Feindbilder hängt, verliert die Fähigkeit, den „einen Gott“ wahrzunehmen, den Freund und Feind in Wahrheit nur gemeinsam haben können. Es beginnt mit Kain und Abel. Der Ackerbauer Kain fühlt seine Art der Gottesverehrung derjenigen des Hirten Abel unterlegen. Ein solches Gefühl verschließt das Herz, es macht ihn wehrlos gegenüber dem aufkommenden Hass auf andere. Die Frage ist, wie kann ich meine Religion leben, ohne sie mit Gewalt durchsetzen zu wollen. Der Gott in der Kain-und-Abel-Geschichte will für alle ein „guter Hirte“ sein. Er fragt durch alle religiösen Bemühungen hindurch nur eines: „Wo ist dein Bruder Abel?“

Die europäische oder gar die Coburger Perspektive machen Feindbilder besonders fragwürdig. Außer in Frankreich und der Schweiz regieren bis 1918 Monarchen. Fast alle sind miteinander eng verwandt. Sie besuchen sich zu Geburtstagen, Hochzeiten, Kindstaufen und Beerdigungen. Der deutsche Kaiser trifft sich regelmäßig im Urlaub auf seiner Hochsee-Yacht mit seinen russischen und englischen Vettern. Dabei werden sicher nicht nur Komplimente über die kleinen Prinzen und Prinzessinnen ausgetauscht. Die einzelnen Länder werden noch nicht von unterschiedlichen Ideologien in Welten gespalten, die sich voneinander strikt abgrenzen. Welch eine Chance! Und wie jämmerlich wird sie vertan!

Aus den USA bringt Eckstein über eine Million „signatures“ mit, verstärkt durch die bereits erwähnten 215 630 kurzfristig in Deutschland und Großbritannien gesammelten Unterschriften. Aneinandergereiht ergibt das mindestens einen Meter Papier. Begleitet von Robert Treat Paine, dem 72jährigen

Vorsitzenden der American Peace Society, begibt sich Anna B. Eckstein damit zur Audienz. Der Vorsitzende der Zweiten Haager Friedenskonferenz erwartet sie, der russische Fürst Alexander Nélidow (1835 - 1910).

Der ebenfalls 72jährige Diplomat war als Botschafter in Dresden tätig gewesen, später in Italien. Seit 1903 vertritt er die Interessen des Zaren in Frankreich. Der studierte Jurist und Orientalist hatte von 1877 bis 1878 als Soldat am Russisch-Türkischen Krieg teilgenommen. Nach dem russischen Sieg handelte er 1878 den Friedensvertrag von San Stefano aus, sowie den ergänzenden Berliner Vertrag. Dadurch war Bulgarien nach 500 Jahren osmanischer Herrschaft unabhängig geworden. Ferner akzeptierte die Türkei die Souveränität von Serbien, Rumänien und Montenegro, und trat Armenien und Georgien an Russland ab.

Als Anna B. Eckstein am Donnerstag, 4. Juli 1907, von der Audienz bei Nélidow zurückkehrt, fertigt sie über das Gespräch sofort ein Protokoll:

Komme eben von einer Audienz von zehn bis halb elf - bis eben -
bei seiner Exzellenz M. Nélidow, Präsidenten der II. Haager Konferenz.

Freude über die Petition;
will dieselbe dem Kommitee für Petitionen übergeben,
damit sie der II. Haager Konferenz
zur Kenntnisnahme gegeben wird.
Die richtige Richtung.
Die Krankheit ist da. Nicht deren Wirkungen bekämpfen,
sondern von Grund auf.

Rüstungsfrage:

Folge der Krankheit. Nicht aus den Augen verloren das Ziel,
zu dessen Zweck die I.
Haager Konferenz einberufen.
Die große Ehre des russischen Kaisers,
dass er zuerst die Friedensbewegung in die Kreise der Regierungen gehoben.

Wird das Internationale Rechts- und Schiedsgerichtswesen
in der nahen Zukunft ausgebaut werden?
Eine sehr schwere Aufgabe!

M. Nelidow:
Ja, aber nichts wird durch Zwang geschehen.
Am meisten wird das gefördert
dadurch, dass die 44 Regierungen sich näher bekannt werden -
in nähere Beziehungen
treten, so wie auf dieser II. Haager Konferenz,
damit dadurch das Misstrauen schwindet,
der Geist des gegenseitigen Wohlwollens gestärkt wird
und dieser Geist des Wohlwollens,
der gegenseitigen Christusliebe das internationale Gesetzbuch (diktiert)
und die Maßnahmen zum Ausbau des internationalen Gerichtshofes.

Ständige periodisch festgesetzte Haager Konferenzen?

Noch nicht wahrscheinlich periodisch festgesetzt,
doch zweifelsohne wird eine nächste Haager Konferenz beschlossen werden.

Jesus zu Don Camillo:
„Die Welt ist noch nicht zu Ende.
Die Welt ist kaum über den Anfang hinaus.
Man braucht nicht den Glauben zu verlieren, Don Camillo.
Es ist noch genug Zeit. Es ist noch genug Zeit.“
Aus „Don Camillio und Peppone“
von Giovannino Guareschi

Voll guter Hoffnung

„Zwei Millionen“ Unterschriften werden registriert. Das Gespräch Anna B. Ecksteins mit dem Präsidenten der zweiten Haager Konferenz ist ein Signal. Zum Wunsch von vermutlich unzähligen Menschen nach friedlichen Konfliktlösungen gibt es keine Alternative. Krieg muss abgeschafft werden.

Die Botschaft, die Bertha von Suttner mit ihrem „Die Waffen nieder“ vermittelte, hatte sich weltweit verbreitet. In vielen Herzen nistet sich der von Suttner geschilderte Jammer ein und verbindet sich bei den Lesern mit eigenen katastrophalen Erfahrungen von Krieg und Kriegsvorbereitung. Suttners Roman von 1889 tut seine Wirkung in 15 Sprachen. Allein die deutsche Ausgabe erlebt 37 Auflagen.

Mit ihren 1907 spontan gesammelten Unterschriften dokumentiert Anna B. Eckstein ein geändertes Denken. Sie weist nach, dieses Denken ist durchaus mehrheitsfähig. Für eine zivilisierte Weltbevölkerung ist ungehemmter Mord- und Totschlag eine Schande. Wo vernünftige Politik komplett versagt, wird ein Krieg zum moralischen Rückfall in die Steinzeit.

Doch die Kapazitäten zur Zerstörung von Leben, Gesundheit und Glück der vermeintlichen Feinde wachsen. Sie sind wie ein Krebsgeschwür. Sie vermehren sich mit jedem Tag schneller. Allzu viele glauben von diesem „Boom“ profitieren zu müssen. Es droht ein unermesslicher Zusammenbruch der Menschlichkeit. Wer bei klarem Verstand ist, muss das einsehen.

Anna B. Eckstein verkörpert mit ihrem Auftritt das gewandelte Weltgewissen. Sie tut es mit ihrer ganzen Person. Ich bin sicher, sie ist schon in Den Haag in ihrem weißen Friedenskleid aufgetreten. „The Gazette“ in Montreal berichtet bereits am Abend des 4. Juli über den „großen Augenblick“ im Leben Anna B. Ecksteins, am Morgen des 5. Juli folgt die „New York Times“. Vermutlich war der am 5. Juli erschienene ausführliche Bericht von

William T. Steads Konferenz-Journal „Courrier de la Conférence de la Paix“ bereits per Kabel weltweit kommuniziert worden.

Was ist geschehen? Mit einem Mal geht mit der Frau im weißen Kleid ein Licht auf. Die Initiative, für Frieden und Gerechtigkeit zu sorgen, geht von den Herrschenden auf die Menschheit selbst über. Es sind nicht mehr die sogenannten „Weltmächte“. Deren Anspruch, die Weltpolitik zu bestimmen, wird von Tag zu Tag unglaubwürdiger. Er beruht ausschließlich auf militärischem Drohpotenzial.

Anna B. Eckstein gewann in ihrem Gespräch mit dem russischen Fürsten Nélidow den Eindruck, die „Mächte“ hätten dieses Dilemma verstanden. Sie setzten nun alles daran, ein positives Völkerrecht zu schaffen. Eckstein hat dank des sympathischen Fürsten Nélidow die Mächte dieser Welt maßlos überschätzt.

Aber es geht nicht um Besserwisserei. Entscheidend wird stets eines sein. Diese Frau bleibt ihrem Glauben treu. Sie traut den Frieden jedem zu. Jeder soll dieses ihr Zutrauen als persönliche Zumutung spüren. Dafür bewegt sie sich, dafür setzt sie alles in Bewegung. Sie lebt jetzt wie eine Schwangere voll guter Hoffnung für „ihr“ Projekt. Sie glaubt felsenfest daran. Es wird werden. Der Krieg wird abgeschafft.

Anna B. Eckstein reist vermutlich noch am 4. Juli nach Coburg weiter. Ihre Mutter feiert am 6. Juli 60. Geburtstag. Das bedeutsamste Geschenk für diese Frau, die den Krieg hasst und die diesen Hass ihrer Tochter eingepflanzt hat, ist die Friedensaktion ihrer Anna. Und diese Tochter weiß das eine: So wie ich ihren Hass auf den Krieg und die Kriegstreiber teile, so teilt meine Mutter jetzt meinen Glauben an den Frieden. Nichts stärkt meine Seele mehr als dieses Wissen: Meine Mutter glaubt an mich, und sie lässt sich diesen Glauben an den Frieden von niemandem zerstören.

Ansonsten wird das Ankommen in der deutschen Provinz für Anna B. Eckstein ernüchternd gewesen sein. In Coburg wurde vom liberalen „Tageblatt“ bisher in wohlwollender Zurückhaltung über die „Friedenskonferenz“ in Den Haag berichtet, in der national-konservativen „Coburger Zeitung“ erscheinen Meldungen von der „Konferenz“ in den Niederlanden in äußerster Kürze, meist versehen mit einem verächtlichen Unterton. Für beide Blätter gibt es ein unumstößliches Dogma: Der Weg Deutschlands zu militärischer Stärke darf auf keinen Fall in Frage gestellt werden.

In seinem ersten Bericht über die Eröffnung der Haager Konferenz versichert das Tageblatt seinen überwiegend fortschrittsgläubigen Lesern, die sich jetzt häufenden Berichte über die Friedenskonferenz sollten doch bitte keinerlei Zweifel aufkommen lassen. Das Tageblatt bleibe loyal zur Monarchie und zum Militär.

Wer mit den Beinen fest auf dem Boden der realen Wirklichkeit steht, der weiß, dass nur die Stärke, die sich mit der Gerechtigkeit vermählt, eine Garantie für die Aufrechterhaltung des Friedens bietet. Das sind die Kräfte, auf die Deutschland vertraut und in deren Besitz es die Haager Konferenz beschickt, um dort das Gute entgegenzunehmen, das erreichbar ist, auf Phantastereien jeglicher Art aber zu verzichten. Die Dominanz des Militärs gestattet auch im einst liberalen Sachsen-Coburg-Gotha keinerlei Diskussion über Abrüstung.

Der Anwalt Dr. jur. Karl Liebknecht (1871 - 1919) veröffentlicht im April 1907 im Rahmen der sozialistischen Jugendarbeit seine Schrift „Militarismus und Antimilitarismus". Wenige Tage nach ihrem Erscheinen beantragt der Reichskriegsminister ein Strafverfahren gegen Liebknecht wegen Hochverrat. Das Deutsche Reich lässt seine Aufrüstungspolitik nicht in Frage stellen. Am 12. Oktober 1907 wird Liebknecht zu anderthalb Jahren Festungshaft verurteilt.

Auf diesem Hintergrund ist eines nicht verwunderlich: Die Übergabe von zwei Millionen Unterschriften für die Einführung eines verbindlichen Völkerrechts durch eine Coburgerin wird in ihrer Heimatstadt vorsichtshalber mit keiner Zeile erwähnt. Dabei hatte Ecksteins Petition doch in Deutschland selbst in kürzester Zeit 58 145 Unterzeichner gefunden, dazu zählten auch allerhand Coburger: Das kann nicht völlig im Verborgenen geschehen sein.

Seit dem Regierungsantritt von Herzog Carl Eduard (1884 - 1954) im Jahr 1905 hatte sich in Coburg das politische Klima verschlechtert. Als für Generalsuperintendent Dr. Wilhelm Bahnsen (1851 - 1919), das geistliche Oberhaupt des Herzogtums, ein Nachfolger gesucht wird, favorisiert der junge Herzog seinen Hofprediger Adolf Kessler (1865 - 1926). Offensichtlich behagt dem am preußischen Hof geschulten Jungfürsten der fortschrittliche Geist in den Coburger Kirchen nicht. Für das Bischofsamt sucht er sich einen Geistlichen nach seinem Geschmack. Konservativ soll er sein, das heißt, er muss auf jeden Fall eine erkennbar militärfreundliche Gesinnung zeigen.

Überraschend für Carl Eduard formiert sich gegen diese Kurskorrektur Widerstand. Als ich in der „Coburger Zeitung" nach Berichten über die Haager Konferenz suchte, staunte ich nicht schlecht. Die Opposition gegen den Herzog entsteht ausgerechnet unter der Geistlichkeit. Den Anstoß zu der Kampagne gibt der Pfarrerverein, dem Pfarrer Andreas Kettels (1860 - 1911) aus Meeder vorsteht. In dieser Auseinandersetzung profiliert sich das „Tageblatt". Es macht sich zum Forum des Protestes gegen die rückwärts gewendete Politik des Herzogs. Wenigstens was die Kirchenpolitik betrifft, ist solche Opposition möglich. Die „Coburger Zeitung", das Konkurrenzblatt, stützt dagegen die Gegenseite. Es feiert die neue preußische Orthodoxie in höchsten Tönen.

Bald geht es nicht mehr nur um den Posten des Generalsuperintendenten. Der Coburger Pfarrerverein fordert eine eigene Kirchenverfassung. Man will nicht von der zufälligen Prägung eines Herzogs abhängig sein. In Glaubensdingen ist das für Protestanten nicht möglich. Das Prinzip des 16. Jahrhunderts „cuius regio eius religio" hat seit über hundert Jahren seine Gültigkeit verloren. Zur Religionsfreiheit gehört auch die Freiheit evangelischer Gemeinden und Kirchen, über ihre Angelegenheiten nach ihrem Gewissen zu entscheiden.

Es soll also eine Synode geben. Sie muss die Richtung festlegen, in die sich das Coburger Kirchenschiff bewegt. Es kommt nach vielen Leserbriefen am 8. Juli in der Aktienbierhalle zu einer öffentlichen Protestversammlung. Der Oberlehrer und Pfarrer a.D. Dr. Schultze hält das Hauptreferat. Wenige Wochen später wird am 24. Juli bei einer weiteren Versammlung die „Kirchlich-Liberale Vereinigung für das Herzogtum Coburg" gegründet. Redner ist dann Georg Kükenthal (1864 - 1954), Diaconus an Coburg-St.Moriz. Sein Thema lautet kurz und knapp: „Was wir wollen!"

In Folge des Konflikts bleibt in Coburg das Bischofsamt bis auf weiteres unbesetzt. 1911 bekommt die Coburger Kirche zwar eine eigene Verfassung, die Wahl eines Carl Eduard nicht genehmen Generalsuperintendenten wird aber erst möglich, als der Herzog 1918 endlich abgedankt hat. Für die Synodalen gibt es dann allerdings nur einen Kandidaten: Georg Kükenthal.

Der Widerstand, der sich 1907 formiert, beschränkt sich nicht nur auf die kirchlichen Entscheidungen. Er erstreckt sich auf die gesamte nationalistische und militaristische Umorientierung der Coburger Politik. Vielen gefällt die neue Richtung nicht mehr. Bei einer Nachwahl zum Deutschen Reichstag 1909 geschieht das Undenkbare. Mit dem Porzellanmaler Fritz Zietsch (1877 - 1913) gewinnt ein Sozialdemokrat das Mandat im Herzogtum. Diese Wahl wirkt wie ein Schock für das Bürgertum. 1912 verbünden sich in Coburg Liberale und Konservative. Den Reichstagssitz, den vor Zietsch Burkhardt Quarck innehatte, gewinnt dessen Sohn Hermann für die Nationalliberalen.

Aber zurück zu dem Sommer, den Anna B. Eckstein 1907 in Coburg erlebt. Sie sucht Verbündete. Sie findet diese Freunde schnell in eben jener „Kirchlich-Liberalen Vereinigung“. Die Herren interessiert, was in Den Haag geschieht. Ein prominent besetztes Komitee lädt zu einem Vortragsabend. Dazu gehören Oberbürgermeister Gustav Hirschfeld (1857 - 1938), der Stadtverordnete E. Hommert, der Direktor der städtischen Schulen Dr. August Reukauf (1867 - 1941), der berühmte Bühnenbildner Prof. Friedrich Lütkemeyer (1842 - 1912), der Oberlehrer Pfarrer a.D. Dr. Schultze, die Lehrer Benkert und Reinhold Ungelenk sowie Tageblatt-Verleger Friedrich Colbatzky und sein Chefredakteur Hans Jaeger.

Vortrag.

Im Saale des Gesellschaftshauses

wird am **Sonnabend, d. 7. September,** abends 8½ Uhr

Fräulein Anna B. Eckstein, Coburg-Boston

einen **Vortrag** halten über:

Das Problem von der Abschaffung des Krieges und Ersatz durch Schiedsgerichtsverfahren

mit besonderer Berücksichtigung der Frage:

Welchen praktischen Wert hat die II. Haager Friedenskonferenz?

Eintrittspreis für Damen und Herren 35 Pfg.

Das Komitee.

Lehrer **Benkert.** Buchdruckereibesitzer **Colbatzky.**
Oberbürgermeister **Hirschfeld.** Stadtverordneter **Hommert.**
Redakteur **Jaeger.** Prof. **Lütkemeyer.** Diretor **Dr. Reukauf.**
Oberlehrer **Dr. Schultze.** Lehrer **Ungelenk.**

Reinhold Ungelenk zählt zu den Leuten, die Anna B. Eckstein schon als Jugendliche gekannt hat. Die meisten der Herren gehören ihrer Generation an. Sie kennen den Krieg aus Erzählungen ihrer Eltern. Was den Eltern widerfahren ist, darf nie wieder geschehen. So ist es kein Zufall: Anna B. Eckstein wählt für ihren Vortrag den 7. September aus, den 67. Geburtstag ihres 1901 verstorbenen Vaters Johann Nikolaus Eckstein.

Es ist Samstagabend, ihr letzter Abend in diesem Sommer in Coburg. Der Saal im Gesellschaftshaus hat 450 Sitzplätze. Wären die meisten davon leer geblieben, hätte es die militaristische „Coburger Zeitung" sicher erwähnt. Der große Saal muss sich also gelohnt haben.

Anna B. Eckstein ist gut vorbereitet. Sie spricht über eine Stunde. Ihr Manuskript wird „seiner Bedeutung wegen" in vier aufeinander folgenden Ausgaben des Tageblattes auf der Titelseite abgedruckt. Was Anna B. Eckstein den Menschen in ihrer Heimatstadt zu sagen hat, können sie jetzt nachlesen. Die Einleitung ihrer Rede bleibt für alle Zeiten lesenswert.

Die Friedensbewegung will die Abschaffung des Krieges. Der Krieg soll nicht mehr das Mittel zur Schlichtung internationaler Streitigkeiten sein, wie er es „immer" gewesen ist, sondern es soll ein n e u e s Mittel anstelle des Krieges gesetzt werden. Und diesen Ersatz soll das S c h i e d s g e r i c h t s v e r f a h r e n bilden.

Da drängen sich gleich mehrere Fragen auf: Einmal die Doppelfrage: Liegt G o t t e s g l a u b e und ein s i t t l i c h e r W e r t, sittlicher Ernst in der Idee von der Abschaffung des Krieges und Ersatz durch ein Schiedsgericht? Und zweitens: Ist die Idee p r a k t i s c h ? Ist sie ausführbar? Gibt es natürliche Vorbedingungen und Mittel und Wege, sie in die T a t umzusetzen?

Ist die e r s t e Frage zu verneinen, so ist es auch die z w e i t e, und die Friedensbewegung wird sich über ein Kleines als s i n n l o s, als Utopie erweisen und wie alles, was nicht Wahrheit ist, untergehen.

Ist die erste Frage aber zu b e j a h e n : „ist die Abschaffung des Krieges und Ersatz durch Schiedsgerichte in Harmonie mit einer auf Gottesglauben gestellten Sittlichkeit?", so ist die Idee auch praktisch ausführbar, so ist den Menschen auch die M ö g l i c h k e i t gegeben, sie in die T a t umzusetzen, wenn nicht W a h n w i t z, sondern V e r n u n f t im Weltall waltet.

Hier spricht eine Deutsche, die in den Vereinigten Staaten von Amerika gelernt hat. Sie hat dort dank Immanuel Kant verstanden, was Aufklärung heißt, nämlich „Auszug des Menschen aus selbstverschuldeter Unmündigkeit". Der Eintrittspreis zu diesem sensationellen Vortrag im Coburger Gesellschaftshaus beträgt 35 Pfennig. Dafür hätte man damals in Coburg vier Eier bekommen.

Wie sieht nun I h r Kulturideal aus, verehrte Freunde und Freundinnen? Das möchte ich Sie jetzt gern einzeln fragen. Doch würde das die Absicht des Abends umkehren und die Diskussion v o r den Vortrag rücken. Ich habe also meine Wissbegierde zu beherrschen und Ihnen e r s t zu sagen, wie m e i n Kulturideal aussieht. Und da bitte ich, bei dieser Enthüllung genau hin merken zu wollen, denn von diesen vollendeten Kulturmenschen, von diesen meinen „Ü b e r menschen" hängt ja alles ab, was ich noch sagen will.

Hier sind sie. Sie sehen aus wie die Götter und Göttinnen der alten Griechen, und sie tun, was Jesus Christus empfiehlt: Sie lieben Gott über alles; sie lieben sich selbst; und so wie sie sich selbst lieben, lieben sie auch ihre Nächsten; nicht mehr, nicht weniger; es herrscht unbedingte Gleichheit und G e r e c h t i g k e i t in dieser Liebe; keine Habsucht und Rache e i n e r s e i t s , keine Askese und andere sinnlose Opfer andererseits, sondern E r l ö s u n g vom L e i d und von der H ä s s l i c h k e i t und E r s a t z durch k ü n s t l e r i s c h e Betätigung des Lebens in den Schranken gerechter Selbst- und Nächstenliebe; durch Fülle, durch S c h ö n h e i t und F r e u d e .

Anna B. Eckstein hält gegen Friedrich Nietzsche (1844 - 1900) daran fest, dass nicht einzelne Exemplare der Gattung Mensch sich gegen eine minderwertige Masse absetzen sollen. Ihr Coburger Vortrag fordert für jeden die Chance, ein vollkommener Mensch zu sein. Jeder soll am Fortschritt der Menschheit teilhaben. Es gibt zu diesem Ziel nur einen Weg. Der Krieg muss abgeschafft werden. Denn Krieg und Kriegsvorbereitung zerstören stets neu diese Chance, die es doch für jeden gibt. Es ist die Chance, der Vollkommenheit zu entsprechen, die Gott in jedem Menschen sieht, die Chance, glücklich zu sein.

Wie verhält sich nun der Krieg zum Werden dieses Ideals? Er verstümmelt, verseucht und tötet stets einen großen Prozentsatz vom körperlich Wohlgeratensten, vom Tapfersten und Edelsten einer ganzen männlichen Generation. Das bedeutet, dass gerade diejenigen, die von Natur dazu a u s e r l e s e n sind, Väter eines e r h ö h t e n T y p u s Mensch zu werden, von dieser Pflicht und diesem Glück a u s g e s c h l o s s e n sind; durch gewaltsame Tötung die einen, durch Gebrechen und Krankheit auch die, welche damit behaftet aus dem Feldzuge heimgekehrt, heiraten, indem die Kinder solcher Väter im allgemeinen eine schwächliche Gesundheit und wenig Frohsinn mit in die Welt bringen werden. Gesundheit aber ist die erste Bedingung zur Schönheit; Frohsinn ist die erste Bedingung zur Möglichkeit gerechter Selbst- und Nächstenliebe.

„Liebe" heißt das Ziel, und „Liebe" ist der Weg. Als allererstes äußert sich Eckstein zu dem, was sie persönlich am meisten betroffen hat. Ihre Coburger Freunde wissen sofort, worum es geht. Als 16jährige hat sie ihre Heimatstadt verlassen, einer verbotenen Liebe wegen. Heute steht vor den Coburgern eine 39jährige, eine selbstbewusste Frau, eine strahlende Schönheit. Jeder weiß, was ihr zum Glück fehlt und gefehlt hat. Jeder bekommt es noch einmal zu hören. Anna B. Eckstein führt ihren Hörern den vorhandenen Frauenüberschuss vor. Erst in 20 Jahren wird sich das Verhältnis wieder ausgewogen darstellen, sofern bis dahin nicht ein neuer Krieg noch größeres Unheil anrichtet.

Ecksteins Betrachtungen zur Partnerwahl erscheinen naiv. Aber nur auf dieser Ebene werden damals sexuelle Probleme öffentlich erörtert. Was darüber hinausgeht, wird nie angesprochen. Insofern stellt sich die Rednerin damit auf ihr Publikum ein. Sie möchte unbedingt aus weiblicher Perspektive das Problem von Krieg und Frieden schildern. Sie muss und möchte die Frauen aufrütteln. Die Frauen müssen ihre Interessen zum Ausdruck bringen. Davon erhofft sich Eckstein eine bessere Welt.

Die Männer scheint ihr männliches Gefühlsleben kaum zu interessieren. Doch in Wahrheit treibt die Nation in diesen Monaten ihr größtes Tabu um, die Homosexualität. Es steht nirgends offen in der Zeitung. Es wird nur hinter vorgehaltener Hand beredet, aber fast jeder weiß es. Es geht um den Kaiser persönlich.

Das ganze Jahr 1907 über ist die Harden-Moltke-Eulenburg-Affäre Thema Nummer eins. Wilhelm II. fühlt sich am wohlsten in der „Liebenburger Tafelrunde". Er verbringt seine Ferien meist auf Schloss Liebenburg als Gast des Grafen Philipp zu Eulenburg-Hertefels (1847 - 1921). Obwohl diese Runde sich unpolitisch gibt, üben die Herren auf den jungen Kaiser großen Einfluss aus. Schon als Prinz findet der spätere Kaiser dort Zerstreuung, männerbündlerisches Amüsement und seelische Wärme.

Die ersten 20 Regierungsjahre Wilhelms werden als „persönliches Regiment" bezeichnet. Der Begriff stammt von Wilhelms späterem Kanzler Bernhard von Bülow. Der Mann empfahl sich 1896 in einem Brief an jenen Grafen zu Eulenburg, der bis 1907 wohl den größten Einfluss auf den Kaiser hat: *Ich wäre ein anderer Reichskanzler wie die bisherigen. Bismarck war eine Macht für sich, (ein) Pipin, (ein) Richelieu. Caprivi und Hohenlohe fühlten und fühlen sich doch als Vertreter des „Gouvernements" und bis zu einem gewissen Grade des Parlaments Sr. Majestät gegenüber. Ich würde mich als ausführendes Werkzeug Seiner Majestät betrachten, gewissermaßen als sein politischer Chef des Stabes. Mit mir würde im guten Sinne, aber tatsächlich ein persönliches Regiment beginnen.*

Der Journalist Maximilian Harden (1861 - 1927) argumentiert ganz im Sinn des Militärs. Er macht den Liebenberger Kreis dafür verantwortlich, dass der Kaiser 1905 während der Marokko-Krise keinen Krieg mit Frankreich riskieren wollte. Harden wirft öffentlich den Kaiserfreunden Eulenburg und Kuno

Graf von Moltke (1847 - 1923) ihre Homosexualität vor. Mit diesem Vorwurf trifft er den gesamten Liebenberger Kreis, vor allem aber den Kaiser.

Unabhängig von strafbaren Taten nach dem Paragraphen 175 StGB a.F. handelte es sich um eine „Schande". Sie ruiniert den „guten Ruf" aller, die mit den Betreffenden in Zusammenhang standen. In Folge dieser Affäre muss auch Kanzler von Bülow (1849 - 1929) zurücktreten. Seine Nähe zum Liebenberger Kreis wird seiner Kanzlerschaft zum Verhängnis.

Kaiser Wilhelm II. schottet sich ab. Er zieht sich aus der Tagespolitik zurück. Das allein wäre kein Grund zur Sorge. Der neue Kanzler Theobald von Bethmann Hollweg (1856 - 1921) macht ab 1909 die Innen- und Außenpolitik des Reiches berechenbarer, aber die politischen Grundlinien werden jetzt an Bethmann Hollweg vorbei von den Militärs bestimmt.

Eine Politik, die militärische Konfliktlösungen nicht mehr bewusst vermeidet, war verstecktes Ziel von Maximilian Hardens Kampagne gewesen. Damit war er erfolgreich. Der Kaiser hat jetzt keine Freunde mehr. Niemand ist ihm mehr wichtiger als seine Generäle. Für den Weltfrieden und die Ergebnisse der Haager Konferenz ist das tragisch. Auch Eckstein hat das registriert. Als politischer Mensch muss sie den Kaiser im Blick haben. Der Kaiser wird in eine Richtung gepresst, die er nicht wollen kann.

Ecksteins weitere Argumentation in ihrer Coburger Rede klingen heutigen Ohren eher vertraut. An erster Stelle steht für die Schulleiterin aus Boston die Pädagogik. Schulklassen mit mehr als zehn Schülern haben schwerwiegende Folgen für die Entwicklung der Kinder. Auf keinen Fall fördern sie die Erziehung zu verantwortungsvollen Persönlichkeiten.

Dann erörtert Eckstein ausführlich, dass Krieg und Kriegsvorbereitungen jedes Land unendliche Kräfte kosten. Jahr für Jahr steigen sowohl in Deutschland wie in Frankreich die Rüstungsausgaben. Die Rüstungs-Spirale dreht sich immer schneller und weiter in die Höhe. Dabei könnte für den Preis nur eines Schlachtschiffes eine ganze Universität errichtet werden.

Schließlich schildert Anna B. Eckstein die Geschichte der Friedensbewegung. Besonders hebt sie die Gründung der Interparlamentarischen Union hervor. 1899 war die Erste Haager Konferenz ein erster Schritt in die richtige Richtung. Seither hätten sich Schiedsgerichtsverfahren in über 100 Fällen zwischenstaatlicher Konflikte bewährt.

Am Ende ihrer Rede steht ein großer Appell: *Nicht die Regierungen, sondern das Volk, die öffentliche Meinung, wir sind in erster Linie verantwortlich dafür, wie lange es noch dauert, bis das internationale Schiedsgerichtsverfahren den Krieg ablösen wird. Es ist nur eine Frage der Zeit! Möglich ist es! Fort mit dem lähmenden Zweifel! „Dein Glaube hat dir geholfen!"*

Der Geist, der das Automobil ermöglicht und all den anderen Dampf- und Elektrizitäts-Verkehrs-Luxus unter, auf und über Land und See, den Fernsprecher, die drahtlose Telegraphie, den Phonographen und - die moderne Kriegsführung, der wird auch Wege finden, die zum siegreichen Vollbringen dieser Heldentat führen, dieses Einen, das nottut, wenn alle anderen Reformversuche wirksam werden sollen. Konzentriert die Kräfte auf dieses Eine!

Noch nie hat ein schmetternder Ruf zum Turnier, noch nie ein Aufruf an ein Volk den Tatendurstigen und Tapferen, den Vaterlandsliebenden und Opferfreudigen eine so schwer erfüllbare Aufgabe gestellt, noch nie stand so viel auf dem Spiele; noch nie winkte aber auch den Helden ein so hoher, so göttlicher Preis.

Auf denn, ihr Helden aller Länder! Auf, die ihr euer Vaterland liebt, ihr Denker in allen Schichten und Berufen! Auf und denkt!

Auf! Ihr Opferfreudigen, die ihr Arbeitskraft und Zeit oder Einfluss oder Geld zur Verfügung stellen könnt, auf! und unterstützt! auf! und helft die schwere Aufgabe zu lösen! Vereinte Kräfte führen zum Ziel!

Der Abend im Coburger Gesellschaftshaus endet mit der Gründung eines Ortsvereins Coburg der „Deutschen Friedensgesellschaft". Wer sich weiter um diesen Verein gekümmert hat, ist unbekannt. Anna B. Eckstein muss unmittelbar nach dem Vortrag nach München. Sie nimmt als Delegierte der American Peace Society am 16. Internationalen Friedenskongress teil.

We thank thee that thy Church unsleeping,
While earth rolls onward into light,
Through all the world her watch is keeping,
And rests not now by day or night.
As o'er each continent and island
The dawn leads on another day,
The voice of prayer is never silent,
Nor dies the strain of praise away.
The sun that bids us rest is waking
Our brethren ,neath the western sky,
And hour by hour fresh lips are making
Thy wondrous doings heard on high.
John Ellerton 1870

Der ökumenische Impuls

Im Sommer 1907 bricht auf, was bislang unveränderlich schien. Anna B. Eckstein erlebt zum ersten Mal ihre Heimatkirche anders. Über Nacht verwandeln sich die „geistlichen" Beamten des herzoglichen Staatsministeriums. Anfangs agiert der „Haufen" bewusst liberaler Christen in Coburg noch strukturlos. Doch schnell hat die neu gegründete „Kirchlich-Liberale Vereinigung" Erfolg, sie setzt sich durch. Offensichtlich ist Kirche selbst in der deutschen Provinz weit mehr als nur ein Anhängsel staatlicher Kulturpolitik. Sie taugt - Gott sei Dank - zu neuen Wegen. Sie ist nicht dazu verdammt, sich auf ewig als ideologische Stütze der Monarchie beweisen zu müssen.

Anna B. Eckstein erkennt mitten in der evangelischen Staatskirche den Heiligen Geist am Werk. Die Solidarität der Erneuerer wächst spürbar, und diese Solidarität erweist sich als verlässlich. Ein nicht akzeptabler Kollege im Bischofsamt wird verhindert. Bis 1911 entsteht eine Coburger Kirchen-Verfassung. Soziales Engagement kommt mit einem Mal aus der Mitte der Kirche, die „Innere Mission" entsteht im Herzogtum. Kirche übernimmt Verantwortung für die Gesellschaft. Sie will ihren Glauben durch die Tat bezeugen.

Eckstein, seit über zehn Jahren in Boston engagiertes Mitglied der liberalen „Church of the Disciples", inspiriert durch den antiimperialistischen Prediger Charles Gordon Ames, ist begeistert von diesem Coburger Sommer. Eckstein ist jetzt überzeugt. In Deutschland wird sie für die Friedensbewegung gerade in den Kirchen Bundesgenossen finden. Zusammen mit den Kirchen und ihrem Engagement will sie die Herzen der Deutschen erreichen.

Diese Erkenntnis baut sie moralisch auf. Die Frau braucht dringend Ermutigung. Die Friedensbewegung hat es in Deutschland besonders schwer. Die Sozialdemokratie hat sich ideologisch eingemauert. Sie verweigert jede Zusammenarbeit, dabei gehörte die Forderung nach Abrüstung und Abschaffung des Krieges zum programmatischen Kern des Sozialismus.

Allerdings hatte es im Januar 1907 einen Rechtsruck gegeben. Die SPD verliert im Berliner Reichstag die Hälfte ihrer Mandate. Die Reichsregierung hatte an die „vaterländischen Instinkte" appelliert, sie war damit gegen die „rot-schwarze" Mehrheit von SPD und Zentrum erfolgreich gewesen. Auf bedenkliche Weise hatte sie den Rassisten und Kriegstreibern des Alldeutschen Verbandes nachgegeben. Die Sozialdemokraten vollziehen diesen Rechtsruck nach. Gustav Noske (1868 - 1946) stellt seine Partei als staatstragende Säule der Monarchie dar. Selbstverständlich stimmt die SPD jetzt der nächsten Rüstungsvorlage zu.

Karl Liebknecht kämpft auf dem Essener Parteitag der SPD 1907 verzweifelt und vergeblich für eine Neubesinnung seiner Partei. Sie solle Antimilitarismus und Pazifismus nicht als bürgerlichen Wahn abtun. *Das immerwährende Betonen der Notwendigkeit, dass Deutschland wehrhaft bleibe, sollten wir doch den Krieger-Verein-lern überlassen.* Liebknecht wird für seinen mutig geäußerten Zorn auch über seine Partei bitter bezahlen. Als man ihn für seine Schrift „Militarismus und Anti-Militarismus" des Hochverrats anklagt und er zu 18 Monaten Festungshaft verurteilt wird, hält sich die Solidarität seiner SPD in Grenzen.

Die Friedensbewegung wird in Deutschland auch dieser Verweigerung sozialdemokratischer Solidarität mit den Pazifisten wegen scheitern. Anders als in Großbritannien gelingt keinerlei Kommunikation mit der Arbeiterschaft. Schon aus ideologischen Gründen verweigert sich die SPD der eher christlich inspirierten Friedensbewegung. Für Karl Marx (1818 - 1883), selbst getaufter lutherischer Christ, war Religion noch „Opium des Volkes" gewesen, wenige Jahrzehnte später gilt sie der Linken als „Opium für das Volk". Man unterstellt, die Herrschenden verabreichten Religion als vernebelndes Betäubungsmittel an die Massen. Kirchliches und gewerkschaftliches Engagement gelten als unvereinbar.

1906 initiiert die SPD die „Kirchenaustrittsbewegung". Es dauert sehr lange, bis der aufgetane Graben überwunden werden kann. Erst 1959 akzeptiert die Partei im Godesberger Programm eine positive gesellschaftliche Rolle der Kirchen. Ihren harten antikirchlichen Kurs überträgt die Partei auch auf die Pazifisten.

Vom 9. September 1907 an tagt in München für eine Woche der „XVI.. Internationale Friedenskongress".

Er wird im Hotel „Vier Jahreszeiten" in der Maximilianstraße abgehalten, und zwar in einem wunderbar im Jugendstil gestalteten und überdachten Innenhof. Der Münchener Hauptbahnhof wird mit den Fahnen aller teilnehmenden Nationen geschmückt. Eine Woche vor dem Oktoberfest präsentiert sich die Isar-Metropole als weltoffenes Zentrum Süddeutschlands.

Dass die Friedensbewegung neun Jahre nach Hamburg 1898 die bayerische Landeshauptstadt als Tagungsort wählt, ist Ludwig Quidde (1858 - 1941) zu verdanken. Der aus Bremen stammende Historiker hatte 1894 mit seiner satirischen Schrift „Caligula - eine Studie über den römischen Cäsaren-Wahnsinn" Aufsehen erregt. Das Büchlein war mit 30 deutschen Auflagen ein sensationeller Erfolg. Mit dem Cäsaren-Wahnsinn war der gegenwärtige deutsche Kaiser gemeint. Für jeden Leser war das erkennbar, nur für den Kaiser selbst nicht.

Erst als die „Neue preußische Zeitung", das führende konservative Blatt im Reich, wegen eines Eiserenen Kreuzes im Titel „Kreuz-Zeitung" genannt, die „Caligula"-Schrift offen als „Majestätsbeleidigung" brandmarkte, wurden die Gerichte tätig. Der Historiker musste als Strafe für sein „Verbrechen" drei Monate ins Gefängnis München-Stadelheim. Vor allem verlor Quidde daraufhin seine feste Anstellung als Historiker und alle Ehrentitel, die ihm bis dahin verliehen worden waren. Für alle „Freisinnigen" im wilhelminischen Kaiserreich aber war Quidde damit allerdings zur Lichtgestalt aufgestiegen.

Für Quidde, inzwischen bayerischer Landtagsabgeordneter, wird der Münchener Friedens-Kongress zum persönlichen Triumph. Bayern gilt im preußisch dominierten Deutschland trotz jener Verurteilung Quiddes als Hort der Liberalität. Magisch zieht München freie Geister an.

Der bei Ludwig II. (1845 - 1886) amtlich festgestellte seelische Zwang, ein Traumschloss nach dem andern in die Landschaft zu setzen, ist seinem Wesen nach kreativ. Der wilhelminische Wahn, Deutschland um jeden Preis zur stärksten Militärmacht hochrüsten zu müssen, wird sich dagegen als zerstörerisch erweisen. Das wird sich bereits in den nächsten Wochen auf der bis dahin recht erfolgversprechenden Friedenskonferenz in Den Haag zeigen.

Auf den Spuren Ludwigs II. organisiert Quidde für den Münchener Kongress eine Exkursion. Auf Kosten des Königreichs Bayern pilgern die Kongress-Teilnehmer per Bahn und Dampfschiff am Donnerstag ihrer Friedenswoche nach Herrenchiemsee. Dort steht das monumentalste Schloss des Märchenkönigs.

Ludwigs größter Traum, dem Sonnenkönig von Versailles nachzueifern, führte zu seiner Entmachtung. Die Vorstellung immerhin, das Recht eines Staates beruhe nicht auf militärischer Macht, sondern auf der Förderung von Kunst und menschlicher Genialität, überzeugt die Friedenspilger im Jahr 1907. Über 40 Jahre später tagt auf dieser Insel dann der Konvent, der das Grundgesetz der Bundesrepublik Deutschland erarbeiten wird.

Vorsitzender des Münchener Organisations-Komitees ist Dr. Heinrich Harburger (1851 - 1916). Der Rat am Oberlandesgericht München war einer der wenigen Juden, die damals als Juristen im Staatsdienst Karriere machen konnten. 1914 wird er, der auch als Privatdozent für Völkerrecht an der Uni München lehrt, sogar zum Senatspräsidenten berufen.

Ansonsten gehören dem Komitee über 300 Leute an, darunter alles was im liberalen München Rang und Namen hat: Der Schriftsteller Ludwig Thoma (1867 - 1921), der Baurat Oskar von Miller (1855 - 1934), die Frauenrechtlerinnen Dr. Anita Augspurg (1857 - 1943) und Lida Gustava Heymann (1868 - 1943). Persönlichkeiten aus Wissenschaft und Wirtschaft unterstützen Ludwig Quidde, ebenso hohe Beamte, Journalisten und Geistliche.

Unter Führung von Generalvikar Johann Neudecker (1840 - 1926) repräsentieren mehrere Mitglieder des Domkapitels die katholische Kirche. Sogar der erzkonservative Papst Pius X. (1835 - 1914) wünscht dem Friedenswerk Gottes Segen. Von evangelischer Seite sind die Pfarrer Ernst Sommermeyer von St. Lukas, Karl Baum und Martin Joch von St. Matthäus dabei. Vom Oberkonsistorium, der Kirchenleitung der bayerischen Lutheraner, kommt dagegen nicht einmal ein Gruß bei dem Protestanten Quidde an.

Ausgerechnet auf diesem Münchner Friedenskongress erhält die junge ökumenische Bewegung einen wichtigen Anstoß. Im „Advocate of Peace“, dem Organ der American Peace Society, heißt es im Bericht über den Münchner Kongress: *After the Congress was over, Miss Anna B. Eckstein of Boston, who has already distinguished herself for her interest in arbitration, took a paper and secured the names of several workers, who expressed themselves as willing to serve on a committee to interest the churches. These names were given to Baron de Neufville, the secretary. In all probability an effort of some kind will be made among the churches during the coming year, which will show results in the next Congress.*

Zuvor berichtet dieser Artikel von Schwierigkeiten der Friedensbewegung. Es fänden sich in Deutschland kaum Leute, die sich zutrauen, in und mit den Kirchen etwas zu erreichen. Vermutlich haben nicht wenige der Friedensbewegten in München bisher nur eine evangelische Amtskirche erlebt, in der sich wenig für eine zivilere Ausrichtung der Gesellschaft bewegt. Anna B. Eckstein hofft auf andere Erfahrungen. Sie vertraut auf Baron de Neufville, der in München für Ludwig Quidde das Tagungs-Sekretariat leitet. Er bekommt von ihr einen „Zettel" mit wichtigen Namen.

Wer ist dieser Mann? Eduard de Neufville stammt aus einer hugenottischen Familie. Viele Protestanten waren aus dem Frankreich Ludwigs XIV. ausgezogen. Bald wurden die de Neufvilles zu führenden Kaufleuten in Frankfurt. Auch Eduard ist als Bankier sehr erfolgreich. Inzwischen kann er von seinem Vermögen leben. Ehrenamtlich engagiert er sich als Präses-Diakon in der Französisch-reformierten Gemeinde seiner Heimatstadt.

De Neufville möchte nicht mehr mit „Herr Baron" angeredet werden, er verzichtet auf diesen Titel. Im Sinne Calvins nutzt de Neufville seine Zeit und sein Geld. Er begeistert sich für die internationale Friedensarbeit. 1903 wird er stellvertretender Vorsitzender des Frankfurter Friedensvereins. Er versäumt keinen nationalen oder internationalen Kongress der Friedenbewegung und wird bald Mitglied des Berner Bureaus, das außerhalb der jährlichen Kongresse die weltweite Friedensbewegung zusammenhält.

Anna B. Ecksteins Impuls fällt bei ihm auf fruchtbaren Boden. Die Friedensbewegung muss sich für die Kirchen öffnen und die Kirchen für die Friedensbewegung. Für de Neufville sind der Geist des Friedens und der Heilige Geist, von dem die Kirche leben soll, ein und dasselbe.

Er nimmt Kontakt mit dem britischen Unterhausabgeordneten Joseph Allen Baker (1852 - 1918) auf. Baker stammt aus Canada, in London arbeitet der Ingenieur ab 1872 für das Unternehmen seines Vaters „Baker & Sons". Es produziert bald weltweit Maschinen und Öfen für Bäckereien, später kamen Straßenbahn- und Automobil-Manufakturen dazu. Als engagierter

Quäker kümmert Baker sich in jeder Beziehung um das Wohl seiner Arbeiter und Angestellten. In seinen Firmen gibt es kaum Streiks. Seit 1905 gewinnt er kontinuierlich seinen Londoner Wahlkreis für die liberale Partei.

De Neufville findet in Joseph Allen Baker einen kongenialen Partner. Gemeinsam organisieren die beiden 1909 deutsch-englische Friedensfahrten mit 131 bzw. 109 hochrangigen Vertretern von Landeskirchen, Freikirchen, der anglikanischen Staatskirche, sowie der römisch-katholischen Kirche und der theologischen Wissenschaft. Die damit verbundenen Begegnungen werden zu Meilensteinen der ökumenischen Bewegung. Es entwickelt sich der „Weltbund für Freundschaftsarbeit der Kirchen", ein wesentlicher Vorläufer des „Ökumenischen Rats der Kirchen".

Eckstein kehrt nach den Tagen in München nach Boston zurück. Sie hat viel erlebt in diesem Sommer. Vor allem wurde sie darin bestätigt, dass sie Menschen zusammenbringen kann. Sie kann „Networking", sie kann Beziehungen knüpfen und vermitteln, sie kann die geknüpften Netze auch belasten. Überall warten Menschen bis zum heutigen Tag darauf, dass ihr Engagement gebraucht wird. Anna B. Eckstein ist ihnen nicht nur ein Vorbild. Jedem vermittelt sie das Gefühl, dass er persönlich wichtig ist. Von diesem Gefühl lebt jede Gemeinschaft, vor allem aber die Kirche mit ihren lokalen und weltweiten Möglichkeiten.

Die „Prominenz" der Friedensbewegung 1907 in München:
(sitzend von links) Eduard de Neufville, Bertha von Suttner, Ludwig Quidde, Frédéric Passy;
(zwei weitere nicht bekannt) Edwin D. Mead, Lucia Ames Mead, Benjamin J. Trueblood,
Anna B. Eckstein, Robert Treat Paine;
(dahinter stehend zu erkennen) Mathilde Bajer, Frederik Bajer, Margarethe Quidde,
Henri La Fontaine, Therese Vollandt, A. H. Fried.

Denk ich an Deutschland in der Nacht,
Dann bin ich um den Schlaf gebracht,
Ich kann nicht mehr die Augen schließen,
Und meine heißen Tränen fließen.
Die Jahre kommen und vergehn!
Seit ich die Mutter nicht gesehn,
Zwölf Jahre sind schon hingegangen;
Es wächst mein Sehnen und Verlangen.
Die alte Frau hat mich so lieb,
Und in den Briefen, die sie schrieb,
Seh ich, wie ihre Hand gezittert,
Wie tief das Mutterherz erschüttert.
Nachtgedanken von Heinrich Heine 1844

Denk ich an Deutschland in der Nacht …

Nach großen Tagen ist die Rückkehr in den Alltag nie einfach. Die Erlebnisse in Den Haag, in Jena, in Coburg und in München sprengten die Dimensionen im Leben Anna B. Ecksteins. Ihr Auftritt am 4. Juli mit der Übergabe der vielen Unterschriften machte sie weltweit zur Berühmtheit. Sie ist jetzt das junge strahlende Gesicht der Friedensbewegung. Beim Münchner Weltkongress im September war das unübersehbar gewesen. Auf dem Foto sitzt Eckstein mit Leuten wie Suttner oder Passy (1822 - 1912) in der ersten Reihe.

Jetzt im Oktober danach muss sie sich wieder in ihrem Bostoner Zuhause zurück- und zurechtfinden. Wie gehabt wird sie dem Lehrbetrieb in ihrer Schule vorstehen. Alles ist ihr hier vertraut, aber in der Wohnung über den Unterrichtsräumen fehlt ein Mensch. Seit ihr „Mütterchen" Martha Griffith Browne am 25. Mai 1906 gestorben ist, wartet dort niemand mehr. Niemand tauscht mehr mit ihr täglich die kleinen Sorgen und den großen Jammer. Niemand bestärkt mehr ihre Leidenschaft für eine bessere Welt.

Diese „Leidenschaft" wirft erstmals einen Schatten auf ihr Leben. Die Friedensfreunde, vor allem diejenigen, die Anna B. Eckstein mit ihrer persönlichen Kampagne für die Haager Konferenz hinzugewonnen hat, liegen ihr auf der Seele. Nach dem 18. Oktober 1907 können sie alle nur tief enttäuscht sein. Die große Hoffnung, das Ereignis in Den Haag bringe die Menschheit voran, erwies sich als trügerisch oder zumindest als voreilig.

Dabei war das Ziel zum Greifen nah gewesen! Alles sah so verheißungsvoll aus. Die Nationen der Welt waren in den versammelten Herren präsent. Die Vertreter der unterschiedlichsten Regierungen machten einen ernsthaften und bemühten Eindruck. Sie wurden von den ständig anwesenden Friedensbewegten mit Argumenten überhäuft. Die Öffentlichkeitsarbeit des Briten William T. Stead sorgte zusätzlich für Entscheidungsdruck.

Aber dann hatte das Deutsche Reich alles blockiert. Wie ein störrisches Kind war es für keinerlei Argumente und Angebote zugänglich. Es ließ sich auf nichts ein, weder auf eine relevante internationale Schiedsgerichtsbarkeit noch auf irgendeine Beschränkung seiner Hochrüstung. Der Krieg als Mittel zur Lösung internationaler Konflikte wurde nicht abgeschafft, im Gegenteil. Internationale Konventionen „optimieren" jetzt das Krieg-Führen. Derart könnte man die bisherigen Ergebnisse der aufwändigen Haager Konferenzen interpretieren.

Die getroffenen Vereinbarungen garantieren scheinbar dem Unterlegenen wesentliche Rechte. Allen Verwundeten und Schiffbrüchigen wird ebenso wie Nicht-Kombattanten eine menschliche Behandlung zugesagt. „Nicht-Kombattanten" - so heißt die Zivilbevölkerung im militärischen Sprachgebrauch, als gehe es um ein faires Duell mit unumstößlichen ritterlichen Regeln. Doch gerade diese vermeintlich „humane Kriegsführung" erweist sich als trügerische Illusion. Wer der Haager „Landkriegs-Ordnung" oder der „Haager Seekriegs-Ordnung" vertraut, ist arm dran. Im „Ernstfall" muss er sich verraten und verkauft fühlen. Diese Enttäuschung lastet auf dem Jahr 1907 und auf den folgenden Jahrzehnten. Da mag das Friedens-Ereignis in den Niederlanden für die Beteiligten noch so beeindruckend gewesen sein!

Die Konventionen für den Land- und für den Seekrieg stellen den realen Ertrag der Konferenzen von 1899 und 1907 dar. Juristen meinen, damit wäre ein Einstieg in eine Art Völkerrecht geschafft. Als Bundeswehrsoldat musste ich mich damit 1966 auseinandersetzen. Es war das erste Mal in meinem Leben, dass ich überhaupt etwas von Friedenskonferenzen vor dem Ersten Weltkrieg gehört habe.

Das ist bezeichnend für die Stimmung im Kalten Krieg angesichts des atomaren Wettrüstens. Niemand nahm die Entwicklung des Völkerrechts ernst, obwohl sich das herkömmliche Geschichtsbild mit Schlachten, mit Siegen und Niederlagen vor allem in Deutschland als verheerend und irreführend erwiesen hatte.

Ich hatte unterschiedliche militärische Vorgesetzte, viele vermittelten das Gefühl, diese Ordnungen für eine „humanere“ Kriegführung wären das Papier nicht wert, auf das man sie nach 1955 neu gedruckt hatte. Selbst die Nürnberger Prozesse gegen die Kriegsverbrecher im Zweiten Weltkrieg wurden in Deutschland als „Siegerjustiz“ eingestuft.

Unmittelbar nach dem Ende der Haager Konferenz muss diese Betrachtungsweise noch niederschmetternder für Friedensfreunde gewesen sein. Jan Bloch hatte exakt analysiert, auf die permanente Aufrüstung folge unausweichlich auch die Anwendung dieser riesenhaften Investitionen. Tatsächlich gewinnen Militärs und Rüstungslobbyisten in der deutschen Regierung und in der Öffentlichkeit stetig an Einfluss. In der Folge ist auch der Rest Europas nicht aufzuhalten. Russland, Serbien, die Türkei, Italien, Frankreich und England, sie alle helfen dem Kaiser in Berlin und seinen Generälen nach Kräften.

Die erforderlichen Feindbilder sind schnell zur Hand. Die damit verbundenen Ängste lassen sich jeder Zeit aktivieren. Der große Krieg erscheint unabwendbar. Wie ein klärendes Gewitter sehnt man ihn herbei. Für kritische Zeitgenossen bietet der tägliche Blick in ihre Zeitung unablässig Grund zur Verzweiflung.

Doch Anna B. Eckstein gibt nicht auf. Sie setzt ihr Leben für die Abschaffung des Krieges ein, seine „Abolition“. Das ist sie ihrer Mutter in Coburg schuldig und ebenso ihrem verstorbenen Mütterchen in Boston, die sich um die Abschaffung der Sklaverei verdient gemacht hatte. Unbeirrt geht Anna B. Eckstein den Weg ihres Friedefürsten. Dieser Weg ist ihr Lebensinhalt. Sie verrät ihren Herrn Jesus Christus nicht. Sie hält sich an den Frieden, den er der Welt gibt. Sie hört den „Hahn krähen“. Sie weiß, was die Stunde geschlagen hat. Sie lässt sich nicht einschüchtern.

Die Regierungen müssen dazu gebracht werden, sich zu „vertragen“. Dieses Ziel wird allen Friedensbewegten zur Lebensaufgabe. Bertha von Suttner propagiert jetzt „Pan-Europa“. Der alte Kontinent mit seinen traditionsreichen Kulturen müsse sich selbst einbinden. Er müsse hineinwachsen in ein festes Gefüge vertraglicher Regelungen. Alfred Hermann Fried fordert 1916 vom Exil in Zürich aus eine „Cooperative Union Europas“. Auf Initiative des Österreichers Graf Richard Coudenhove-Kalergi (1894 - 1972) kommt es 1922 zur Gründung der Paneuropa-Union.

Im Oktober 1926 findet in Wien der „Erste Paneuropa-Kongress“ statt. Anna B. Eckstein wird dabei sein, selbstverständlich! Sie ist vermutlich die einzige Teilnehmerin aus dem Coburger Land gewesen. Vor allem sind seit von Suttners Vorschlag 19 Jahre vergangen. Die drei bis zur Weltwirtschaftskrise folgenden Jahre erweisen sich als viel zu kurz. Die verbliebenen Verständigungspolitiker schaffen es nicht mehr. Sie gewinnen ihre Völker nicht für ihr europäisches Einigungswerk.

Anna B. Eckstein orientiert sich nicht an der Tagespolitik. Sie fühlt sich von Gott berufen und von ihrer Mutter dazu geboren und erzogen. Sie muss den Krieg samt aller Kriegsvorbereitung abschaffen. Das bestimmt ihr Leben jeden Tag. Das setzt in ihr eine unglaubliche Energie frei. Objektiv betrachtet sind ihre Möglichkeiten, die Weltgeschichte zu beeinflussen, schon immer bescheiden. Aber für diese Frau zählt nur ihr Gewissen.

Ich selbst nahm seit 1974 als kirchlicher Beistand für Kriegsdienstverweigerer an Hunderten von „Gewissensprüfungen" teil. Häufig hielten Mitglieder der Prüfungsgremien meinen Schützlingen die Aussage Jesu vor: „Mein Reich ist nicht von dieser Welt" (Johannes 19,6). Deshalb könne einer, der keinen Wehrdienst leisten wolle, sich nicht auf Christus berufen.

Diese populistische Interpretation des Johannesevangeliums bezieht sich auf die lutherische Lehre von den zwei Reichen. In der einst politisch konservativen bayerischen Landeskirche wurde sie so verbreitet. Das „weltliche Reich" habe mit Androhung und Ausübung von Gewalt den Teufel und seinen Einfluss auf die Menschheit einzudämmen. Dieses sei dazu von Gott eingesetzt. Im Unterschied dazu gehe es im Reich Gottes ausschließlich gewaltlos zu. Dort allein werde mit dem Wort Gottes zur Buße gerufen und jedem einzelnen die Gnade verkündigt. Der „geistliche Auftrag" der weltlichen Macht beschränke sich darauf, eine dem Evangelium gemäße Verkündigung zu ermöglichen.

Anna B. Eckstein wird erst später mit dieser vom Staatskirchentum motivierten und politisch äußerst wirksamen Ideologie konfrontiert. Nach dem Beitritt Coburgs kommen immer mehr Vikare mit konservativer Prägung aus dem fränkischen Süden auf Coburgs Kanzeln. Eckstein kritisiert scharf deren „unpolitische" Predigten. Die Herren verkündigten eine billige Gnade. Ihr Evangelium habe keine Konsequenzen für das Leben der „Begnadeten".

Unter den neuen Predigern gibt es nur eine Ausnahme. Vikar Gustav Sperl (1895 - 1965) hatte 1917 an der Ostfront das rechte Bein ab Oberschenkel verloren, von 1921 - 1924 wirkt er als Stadtvikar Coburg. Für Eckstein ist dieser „Gustel" Sperl glaubwürdig. Bei ihm wirkt es nie billig, wenn er von Gottes Gnade redet. Eckstein meint, statt die Gewissen zu schärfen entziehe sich Kirche ihrer Verantwortlichkeit für die Wahrheit. Jesus bezeichne sich als

„König der Wahrheit“ gerade dem römischen Statthalter gegenüber. Und diese Wahrheit entscheide sich nur in einem „geschärften“ Gewissen.

Zehn Jahre später wendet sich Dietrich Bonhoeffer gegen die „billige Gnade“, als wäre er Vikar bei Eckstein gewesen. Auslöser seines Statements vor seinen Berliner Studenten war im Juli 1932 die Erklärung der Regierung von Papen, dass für das Deutsche Reich die Genfer Abrüstungskonferenz erledigt sei, weil Frankreich auf Dauer mehr Soldaten haben sollte als Deutschland. Für Friedrich Siegmund-Schultze erscheint Deutschland damit erneut als Saboteur des Weltfriedens.

Bonhoeffer erklärte daraufhin seinen Studenten: *Wir machen die Gnade billig. Wir vergessen mit der Rechtfertigung des Sünders durch das Kreuz den Schrei des Herrn. Er hat niemals eine Sünde gerechtfertigt. „Du sollst nicht töten“, „Liebet die Feinde!“ ist Gebot, gegeben zum einfältigen Gehorsam. Dem Christen ist jeglicher Kriegsdienst, jede Vorbereitung zum Krieg verboten. Glaube, der die Freiheit vom Gesetz in der willkürlichen Verfügung über das Gesetz sieht, ist nur menschlicher Glaube, er trotzt Gott.*

Das Gewissen eines Menschen ist das „subjektive Moment“ in der Weltgeschichte. Es speist sich aus zwei Quellen, aus meiner Liebe und aus meinem Hass. Anna B. Eckstein hasst den Krieg. Sie wird das konkrete Leid, das ein Krieg verursacht, nie als ein notwendiges Opfer betrachten. Erst recht nicht könne es jemals sinnstiftend wirken. Kein Krieg mache die Menschen klüger. Weder Sieger noch Besiegte würden daraus lernen. Aus dem „Kriegswahn“ heraus gebe es keinen anderen Weg, als diesem Kriegswahn abzuschwören.

Von der ersten Vorbereitung eines Krieges an zerstöre die flächendeckende Gewaltanwendung jeden Sinn und jeden Glauben. Die alte Römer-Weisheit Ciceros (107 - 43 vor Christus) habe nie gestimmt: „Si vis pacem para bellum“, zu deutsch: „Wenn du Frieden willst, bereite den (nächsten) Krieg vor.“ Solche vermeintlichen Weisheiten schaffen für jeden denkenden Menschen unerträgliches Unrecht. Angesichts der Massen-Vernichtungswaffen sind die römischen Sprüche ein unentschuldbares Verbrechen, auch wenn man damit noch so spannend Latein lernen kann. Anna B. Eckstein empfindet davor nur tiefe Abscheu. Später wird sie diese ihre Abscheu auch den Lateinlehrern ihrer Neffen am Coburger Casimirianum vermitteln.

Das andere, was das Gewissen eines Menschen bewegen muss, ist die Liebe. Jesus Christus lehrt Anna B. Eckstein, jeden Menschen zu lieben, auch den ärgsten Feind. Jedes Menschenkind ist ein vollkommenes Geschöpf Gottes, jedes, auch das Allerschwächste. Auch wer sonst wenig bewegt, macht doch den glücklich, der ihm Aufmerksamkeit schenkt. Weil ich ihn liebe, lasse ich auch jedem anderen seine Freiheit, vor allem die Freiheit, selbst Gutes zu tun. Ich werde ihn nicht überfordern. Ich versuche ihn zu gewinnen. Er möge selbst auf sein Gewissen achten.

Anna B. Eckstein fühlt sich durch die schwachen Ergebnisse der Zweiten Haager Konferenz erst recht motiviert. Ihr wach gerütteltes Gewissen lässt keine andere Entscheidung zu. Sie wendet sich nun an alle Menschen, nicht nur an die Gutwilligen, mit denen sie ohnehin verbunden ist. Sie formuliert ihre Weltpetition. Sie richtet sie an die Staaten, deren Regierungen versprochen haben, sich 1914 zur Dritten Haager Konferenz zu versammeln. Sie möchte dafür die Unterschrift und die Unterstützung von jeder Frau und von jedem Mann. Die Abschaffung des Krieges kann nur im Frieden und durch Frieden gelingen. Jeder soll sich bewusst von der alten Welt verabschieden, die sich in erster Linie an der Möglichkeit orientiert, sich selbst zu zerstören:

In der Überzeugung, dass die Sicherung der internationalen Interessen durch Verträge und gegebenenfalls durch Schiedsspruch das Bedürfnis zu den Rüstungen verringern und infolgedessen eine allmähliche Rüstungsverminderung und damit eine Besserung der wirtschaftlichen und politischen Lage der Völker herbeiführen wird, in der Absicht, den Hohen Regierungen für die in dieser Richtung bereits getanen Schritte unsern Dank zu bekunden und weiteres gemeinsames Vorgehen zu unterstützen, beantragen wir, die Unterzeichneten, Angehörige der verschiedenen Staaten der Erde, ehrerbietigst und dringend, es möchten auf der Dritten Haager Friedenskonferenz Konventionen abgeschlossen werden, kraft deren sich sämtliche Haager Signatarmächte verpflichten, etwaige Veränderungen am Status quo der Autonomie und des territorialen Besitzstandes der Staaten ausschließlich durch Verträge herbeizuführen, welche unter freiwilliger Zustimmung aller am gegebenen Fall beteiligten Staaten abgeschlossen werden; ferner auch alle anderen internationalen Interessen tunlichst durch Verträge zu sichern und Streitigkeiten, die nicht im Wege diplomatischer Unterhandlungen beigelegt werden, einem zur Wahrung des Status quo der Autonomie und des territorialen Besitzstandes der Staaten verpflichteten internationalen Schiedsgerichte zu unterbreiten.

So lautet die „Weltpetition". Sie nennt als erstes den dringenden Wunsch nach Rüstungsverminderung. Sie verbindet ihn mit der Möglichkeit, die wirtschaftliche und politische Lage der Völker zu bessern. Diese Optimierung wäre das wirklich dringende Anliegen. Das zu schaffende und durchzusetzende Völkerrecht kann und wird den Frieden sichern. Es wird einen dynamischen Prozess in Gang setzen, der alle Beteiligten zur Abrüstung führen wird. Sofern Staaten noch über Militär verfügen, soll es als eine Art Weltpolizei zum Einsatz kommen. Am Ende wird dem Völkerrecht bleibende Anerkennung sicher sein.

Allerdings - und das muss Anna B. Eckstein bedenken - regieren in den meisten Ländern Autokraten. Sie haben grundsätzliche andere Interessen. Die Volksvertretungen haben keine letzte Entscheidung über Krieg und Frieden, die freie Presse unterliegt einer mehr oder weniger strengen Zensur. Wie kann ein Völkerrecht Geltung beanspruchen, solange einzelne Völker kaum Rechte haben!

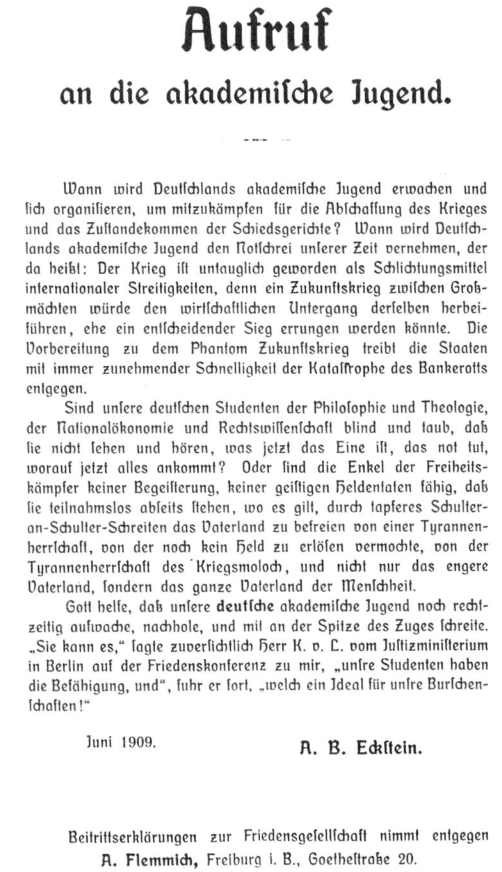

Aufruf

an die akademische Jugend.

Wann wird Deutschlands akademische Jugend erwachen und sich organisieren, um mitzukämpfen für die Abschaffung des Krieges und das Zustandekommen der Schiedsgerichte? Wann wird Deutschlands akademische Jugend den Notschrei unserer Zeit vernehmen, der da heißt: Der Krieg ist untauglich geworden als Schlichtungsmittel internationaler Streitigkeiten, denn ein Zukunftskrieg zwischen Großmächten würde den wirtschaftlichen Untergang derselben herbeiführen, ehe ein entscheidender Sieg errungen werden könnte. Die Vorbereitung zu dem Phantom Zukunftskrieg treibt die Staaten mit immer zunehmender Schnelligkeit der Katastrophe des Bankerotts entgegen.

Sind unsere deutschen Studenten der Philosophie und Theologie, der Nationalökonomie und Rechtswissenschaft blind und taub, daß sie nicht sehen und hören, was jetzt das Eine ist, das not tut, worauf jetzt alles ankommt? Oder sind die Enkel der Freiheitskämpfer keiner Begeisterung, keiner geistigen Heldentaten fähig, daß sie teilnahmslos abseits stehen, wo es gilt, durch tapferes Schulter-an-Schulter-Schreiten das Vaterland zu befreien von einer Tyrannenherrschaft, von der noch kein Held zu erlösen vermochte, von der Tyrannenherrschaft des Kriegsmoloch, und nicht nur das engere Vaterland, sondern das ganze Vaterland der Menschheit.

Gott helfe, daß unsere **deutsche** akademische Jugend noch rechtzeitig aufwache, nachhole, und mit an der Spitze des Zuges schreite. „Sie kann es," sagte zuversichtlich Herr K. v. L. vom Justizministerium in Berlin auf der Friedenskonferenz zu mir, „unsre Studenten haben die Befähigung, und", fuhr er fort, „welch ein Ideal für unsre Burschenschaften!"

Juni 1909. **A. B. Eckstein.**

Beitrittserklärungen zur Friedensgesellschaft nimmt entgegen **A. Flemmich,** Freiburg i. B., Goethestraße 20.

Die Großmächte Deutschland, Österreich-Ungarn, Russland oder Japan werden von Kaisern beherrscht. „Cäsaren"-Macht stützt sich ausschließlich auf militärische Stärke. Es funktioniert wie bei ihren römischen Vorbildern vor fast 2000 Jahren. Die Generäle, das Offizierskorps und die Soldaten fühlen sich durch ihren Eid dem jeweiligen Herrscher persönlich verpflichtet. Was soll aus einem vom Militär gestützten Staatsoberhaupt werden, wenn dieses Militär durch Abrüstung verunsichert wird? Es gibt dann weniger Stellen für die eigene Offiziers-Karriere. Mit weniger Geld im Haushalt des Kriegsministers kann keine Bewaffnung beschafft werden, die sich auf sich dem neusten Stand der Technik befindet.

Der niederbayerische Dichter und Filmemacher Herbert Achternbusch (* 1938) formulierte, „du hast keine Chance, aber nutze sie". Im Film „Die Atlantikschwimmer" von 1976 stehen Herbert und Heinz am Meeresufer. Sie wollen weg, aber es fehlt ein Schiff. Die Figur Herbert, gespielt von Achternbusch selbst, formuliert diesen sich widersprechenden, dialektischen Satz gegen alle Ängste, man könnte zu schwach sein für den weiten Weg. Ähnlich wie jene Atlantikschwimmer mag sich Anna B. Eckstein im Oktober 1907 vorgekommen sein. Alle haben es längst prophezeit: Die Friedensbewegung werde sich lediglich als Wahnidee von ein paar Pfarrern und Schriftstellerinnen herausstellen.

Und wenn es so wäre, mag Anna B. Eckstein denken, dann ist und bleibt jede Bewegung für den Frieden doch tausend Mal besser als nichts zu tun. Ihr wächst aus dieser Erkenntnis alles zu, ihre Spiritualität und Moral, ihre Religion und Können - mit einem Wort ihre Kunst. Ein Mensch könne nichts Besseres tun, als seine nicht vorhandene Chance zu nutzen. Er widerspreche jeder Unmenschlichkeit!

Theodor W. Adorno (1903 - 1969) und Max Horkheimer (1895 - 1973) formulieren 1944 ihre „Dialektik der Aufklärung". Jede Theorie habe ihre eigene Praxis zu hinterfragen. Wer diese Kritik unterlässt, verrät die Aufklärung. Dem Meister Kant verweigert er die Gefolgschaft beim „Auszug des Menschen aus selbstverschuldeter Unmündigkeit". Er endet als Faschist. Ob links oder rechts, egal ob ein Führer befiehlt oder eine Partei immer Recht hat, er verrät sein Gewissen, seine Verantwortlichkeit.

Ecksteins Weltpetition will Politik verändern, ihr Widerstand gegen den Krieg hat diesen Anspruch wie jedes wahrhaftige Kunstwerk. Ecksteins Kritik an den Herrschenden ist politisch, zugleich agiert sie aber „unpolitisch". Sie orientiert sich nicht an der Macht. Ecksteins Maßstab sind ihr Glaube und ihr Denken. Sie fragt nicht nach realpolitischen Chancen, sie fängt einfach an.

Die Politiker in Den Haag wollten die Friedensbewegten mit der für 1914 oder 1915 in Aussicht gestellten Dritten Haager Friedenkonferenz beruhigen, aber Eckstein weiß es besser. Sie hat keine Zeit zu verlieren, sie lässt sich nicht vertrösten. Ihre Idee, der Weltöffentlichkeit ein Weltreferendum zu präsentieren, und die Durchführung dieser Idee entfalten sich deshalb in größtmöglichem Rahmen. „Du hast keine Chance, aber nutze sie!" Eckstein widerspricht der Welt, wie sie ist. Was sie schaffen will, wird in ihr leben und in den Menschen lebendig sein, mit denen sie sich per Unterschrift verbunden weiß. Ihr „Kunstwerk" erfordert die gemeinsame Begeisterung der Künstlerin und ihres „Publikums".

Von 1971 bis 1995 lebte das Künstlerehepaar Christo (* 1935) und Jean-Claude (1935 - 2009) für seine Idee, das Gebäude des Deutschen Reichstags in Berlin zu verhüllen. Angesichts des vollendeten Projekts äußerte Christo. „Man wird den Reichstag nie wieder so sehen können wie vorher. Es ist wie ein Mythos, der für immer im Gedächtnis bleibt." Seit der Reichstag so sorgsam eingepackt war, sollte niemand mehr in Deutschland die Demokratie leichtfertig zerstören können. Insofern gehörte dieser Reichstag wenigstens einmal eingepackt wie ein wertvolles Weihnachtsgeschenk.

Ähnlich sehe ich die Weltpetition. Wer den Krieg nicht wirklich abschaffen will, möchte alle Bemühungen dazu vergessen machen. Fast wäre es gelungen, aber nur fast. Deshalb trägt das Kapitel dieses Buches, das meine Motivation darlegt, die bekennerhafte Überschrift „Eine Auferstehung“. 1914 wird Eckstein im Boston Journal den Preis nennen, den die Weltpetition für sie persönlich hat.

Es ist keine leichte Sache für eine Privatperson, die Unterschrift von jedem Mann und jeder Frau auf der Welt zu bekommen, aber es kann getan werden, und ich werde es weiter tun, selbst wenn ich dabei meine Gesundheit und mein Geld verlieren sollte. Ich habe mein Leben dafür gegeben. Auch das „Kunstwerk Weltpetition“ lebt von der absoluten Glaubwürdigkeit der Künstlerin. Genauso wichtig ist ein Publikum, das sich bewegen lässt. Mit Anna B. Eckstein findet es den Mut, an den Frieden auf Erden, den Peace on Earth, nicht nur an Weihnachten zu glauben.

Am 18. Mai 1899 war die Erste Haager Friedenskonferenz eröffnet worden. Neun Jahre später am 18. Mai 1908 verbindet Anna B. Eckstein mit diesem Gedenken den Start ihrer Weltpetition. Sie hat sich dafür Dana Hall ausgesucht, 30 Kilometer westlich von Boston in dem Städtchen Wellesley. Dort ist das Wellesley College untergebracht, eine Privathochschule für Frauen. Hauseigener Anspruch des Instituts ist es, „Frauen, die etwas in der Welt bedeuten werden, eine exzellente Ausbildung zu geben“.

Zu diesen Damen sagt Eckstein: „Jetzt habt ihr Frauen die Chance. Jetzt könnt ihr zeigen, dass ihr mündige Bürgerinnen dieser Erde seid!“ Sie knüpft damit an die Suffragetten-Bewegung an. Unter den Abolitionisten, die die Sklaverei abschaffen wollten, waren auch Frauen, auch ihre Rechte entsprachen nicht den Bürgerrechten anglo-amerikanischer Männer. Aber niemandem werden seine Rechte geschenkt. In Wahrheit muss ich um jedes Recht kämpfen. Wenn ich diesen Kampf unterlasse, trage ich die Verantwortung für ein System, das mir dieses mein Recht nicht zugestehen will.

Selbstverständlich nimmt Eckstein Männer genauso in die Pflicht. Sie ist ein Beziehungsgenie. Sie geht auf jeden Menschen zu. Sie lässt sich von keiner Ablehnung verwirren. Im Sommer 1908 reist sie wieder nach Europa. Zu Hause angekommen schickt sie die Weltpetition am 23. Juli an Wilhelm II.:

Mein Kaiser! Mit beikommender Petition will ich jetzt auf dem XVII. Internationalen Friedenskongress in London den Anfang machen. Einen vorbereitenden Schritt habe ich schon in Wellesley bei Boston, Mass., Vereinigte Staaten von Nordamerika, getan. Ich bete zu meinem himmlischen Vater und Herrn, er möge meinen irdischen Herrn lenken und leiten.

Warum wendet sich die schwer enttäuschte Friedensaktivistin ausgerechnet an den Kaiser, der wie kein anderer die Rüstungsspirale vorantreibt? Ich verstehe diesen Brief, wenn ich an Ecksteins Idol denke, an Jeanne d'Arc oder noch genauer an Friedrich Schillers „Jungfrau von Orleans". Das Hirtenmädchen aus Lothringen befreite Frankreich von der englischen Besatzung. Sie hörte auf innere Stimmen. Sie pilgerte hin zu dem König, der bisher eine einzige Enttäuschung gewesen war. Es gelang ihr, dem müden König Beine zu machen.

Ich übertrage diesen Mythos. Das in Amerika lebende „deutsche Fräulein" möchte ihr Vaterland vom Militarismus und die Welt vom Krieg befreien. Als sie mit ihrer Weltpetition nach Europa zurückkehrt, schreibt sie als erstes dem Kaiser, diesem schwachen und unsicheren Mann. Er könnte, wenn er wollte, zum Begründer einer neuen Epoche werden, so wie jener Karl VII., den Jeanne d'Arc auf Schwung gebracht hatte. Nach 100 Jahren Krieg mit England errang der Mann dank der Jungfrau aus Lothringen endlich Frieden und Freiheit für Frankreich.

Anna B. Eckstein sagt ihrem Kaiser persönlich die Meinung. Sie schreibt ihm Briefe. Dieser Mann hat sie mit seinem Veto gegen die Haager Beschlüsse maßlos enttäuscht. Deutschland nimmt auf keinen Fall die ständige Steigerung seiner Rüstungsausgaben zurück. Die Geschichte beweist, dass Eckstein ihren Monarchen, diesen wankelmütigen, aber geltungssüchtigen Mann, zu Recht für einen Versager hält.

Eckstein dagegen folgt, indem sie sich an diesen Kaiser wendet, ihrer inneren Berufung. Sie spricht seine bekannte Geltungssucht an. Ihr Brief findet folgende Fortsetzung:

Ein weises Wort Eurer Kaiserlichen Königlichen Majestät bezüglich dieser Petition, und das deutsche Volk zieht an der Spitze im Marsche zur neuen internationalen Ordnung, wie es an der Spitze der alten stand und steht. Es geben Eure Kaiserliche Königliche Majestät die erste Anregung zur Festsetzung eines frühen Datums für die Dritte Haager Konferenz, und den Hetzereien der Jingoisten und Chauvinisten, wie dem Misstrauen der Trüb- und Kurzsichtigen daheim und im Auslande ist der Wind aus den Segeln genommen. In Ergebenheit und Treue Anna B. Eckstein am 23. Juli 1908.

Nach ihrer Botschaft an den Kaiser nimmt Anna B. Eckstein im August 1908 am Internationalen Friedenskongress in London teil. Sie wird dort begeistert begrüßt. Sie findet die nötige Beachtung. Beim Empfang der britischen Regierung für 500 Gäste sitzt sie „on the high table" mit Bertha von Suttner bei King Edward VII. (1841 - 1910) und seinem Premier Herbert Asquith (1852 - 1928). Seit Ecksteins Auftritt in Den Haag im Jahr zuvor ist sie in keiner Friedensgesellschaft der Welt mehr eine Unbekannte. Und auf der britischen Insel findet sie besondere Freunde.

Immerhin lautet der Beschluss XXII des Londoner Kongresses: *Schiedsgericht-Petition. Auf Empfehlung seiner Kommission C, billigt und unterstützt der XVII. Internationale Friedenskongress die von Fräulein Anna B. Eckstein, Delegierte der Amerikanischen Friedensgesellschaft, in Umlauf gesetzte Petition, in welcher die auf der III. Haager Friedenskonferenz vertretenen Regierungen ersucht werden, einen Vertrag zu schließen, der es jeder Nation zur Ehrenpflicht macht, alle ihre internationalen Interessen baldmöglichst durch Verständigungs- und Ausgleichungsverträge zu regeln, und ferner auch alle Streitfälle, die etwa vor der Vervollständigung solcher Regelung entstehen, durch Ausgleich zu schlichten.*

In dieser Resolution fehlen entscheidende Worte der Weltpetition. Sie benennt nicht mehr das Ziel, den Krieg abzuschaffen und durch Verzicht auf Aufrüstung die Mittel für bessere Schulen und damit zur Erziehung wahrhaft mündiger Menschen bereit zu stellen. Man erwähnt nur die Schiedsgerichtsbarkeit, die für Eckstein nur den Weg zu ihrem Ziel beschreibt. Die Delegierten werden sich über den glänzenden Empfang der britischen Krone so sehr gefreut haben, dass sie sofort wie geschulte Diplomaten auf die Regierungen Rücksicht nehmen.

Man glaubt, man müsse Ecksteins Weltpetition, ihr großes Kunstwerk, akzeptabler machen. Das ist Politik, selbst die Friedensbewegten üben sich darin. Aber diese Politik hat mit Klarheit und Wahrheit nichts im Sinn. Ein Kunstwerk lebt von seiner Wahrhaftigkeit. Wo es verdünnt und verwässert wird, verliert es seinen Bezug zur Realität. Wo Kunst niemand mehr ärgert, kann ich sie getrost vergessen. Sie hätte dann keinen anderen Anspruch mehr als die Kunst, die auch den Nazis willkommen war. Sie wäre im Jargon der Spießbürger gesprochen keine „entartete Kunst“ mehr. Aber was sollte eine solch billige Kunst an der Welt ändern!

Herr Präsident,
ich bin jetzt zehn Jahre alt
und ich fürchte mich in diesem Atomraketenwald.
sag mir die Wahrheit, sag mir das jetzt
wofür wird mein Leben aufs Spiel gesetzt?
Und das Leben all der andern - sag mir mal warum
sie laden die Gewehre und bringen sich gegenseitig um
sie stehn sich gegenüber und könnten Freunde sein
doch bevor sie sich kennenlernen, schießen sie sich tot
Ich find das so bekloppt, warum muss das so sein?

Habt ihr alle Milliarden Menschen
überall auf der Welt
gefragt, ob sie das so wollen oder geht's da auch um Geld?
Viel Geld für die wenigen Bonzen, die Panzer und Raketen bauen
und dann Gold und Brillanten kaufen für ihre eleganten Frauen
oder geht's da nebenbei auch um so religiösen Mist
dass man sich nicht einig wird welcher Gott nun der wahre ist?
Udo Lindenberg & Pascal 1981

Friedens-Profi

Edwin Ginn, geboren 1838, erfand und entwickelte in den Friedensjahren nach dem amerikanischen Bürgerkrieg, was man heute „Schulbuch" nennt. Zuvor waren lediglich Textsammlungen auf dem Markt, sie dienten bestenfalls als Vorlage zum Auswendiglernen. Ginn, der nach seinem Studium als Buchvertreter Geld verdiente, erkannte diesen Mangel. Er machte sich Gedanken, wie jemand etwas lernen will und soll. Der kreative Mann möchte Schüler und andere Lesende zum selbständigen Denken motivieren. Wer etwas begreifen will, muss zuerst konsequent gefragt haben: „wieso, weshalb, warum?“ Sinnvolles Lehr- und Lernmaterial motiviert zu eigenen Fragen und Antworten.

Ginn fängt mit der Aufmachung an. Seine neuen Bücher haben einen grafisch gestalteten Buchdeckel. Wer sich für den Inhalt eines Buches öffnen soll, müsste es bereits von außen interessant finden. Das Innere wird aufwändig illustriert. Für die jeweilige Fachdidaktik engagiert Ginn anerkannte Fachleute. Texte werden ausführlich erklärt, und mit Arbeits- und Übungsaufgaben ergänzt.

Zum Verlags-Angebot zählt am Ende der komplette wissenschaftliche Fächerkanon. Nur der Theologie misstraut der Mann. Da er selbst ein Seminar der universalistischen Kirche besucht hat, hält er religiöse Aussagen für wissenschaftlich nicht hinterfragbar. Absolute Aussagen widersprechen Ginns Vorstellung von einer Erziehung zur Mündigkeit. Außerdem gibt es an öffentlichen Schulen in den USA grundsätzlich keinen Religionsunterricht. Staat und Kirchen sind getrennt. Religion ist Privatsache.

Mit seinem neuen Konzept für Lehrbücher nimmt Ginn eine Monopolstellung ein. Schnell wird „Ginn and Company“ zum größten Produzenten von Büchern und anderen Medien für höhere Schulen und Universitäten in den USA. Ginn macht glänzende Geschäfte, er verdient ein großes Vermögen. Nach seinem geschäftlichen Durchbruch als Unternehmer beschäftigt sich Ginn mit der Friedensbewegung. Auch in diesem Bereich wird er von seiner pädagogischen Leidenschaft angetrieben. Er erkennt den Zusammenhang zwischen selbständigem Denkvermögen und der Entscheidung, Konflikte nie mit Gewalt lösen zu wollen.

Frieden fange mit friedlicher Erziehung an! 1895 kritisiert Ginn in einer Streitschrift „Are Our Schools in Danger“ Schulbücher, die einseitig Kriege und militärische Erfolge verherrlichen. Wer in jungen Jahren durch die Glorifizierung von tödlichen Waffen und Kriegen geprägt wird, kann sich von einem solchen Denken nur schwer befreien. Kinder sollen erfahren, dass Konflikte gewaltfrei wesentlich besser und dauerhafter gelöst werden.

Ginn möchte den Einfluss der Friedensbewegung auf die Lehrerschaft verstärken. Er fördert Lehrer-Verbände und sucht geeignete Referenten aus der Lehrerschaft. Er hilft bei der Gründung der „American School Peace League“. Großzügig unterstützt er deren Generalsekretärin Fannie Fern Andrews (1867 - 1950). Er fordert vom Staat mehr Geld für die Schulen auch als Beitrag zur Friedenssicherung. 1901 formuliert er: *„Wir geben Hunderte von Millionen im Jahr für den Krieg aus, wir sollten es uns lieber leisten, eine Million für den Frieden auszugeben.“*

Die Friedensbewegung erscheint ihm zu wenig professionell. Auch in diesem Bereich setzt Ginn seine unternehmerischen Fähigkeiten ein. Er produziert Literatur der Friedensbewegung in billigen und attraktiven Ausgaben. Er nennt dieses Sortiment die "International Peace Library". Er finanziert Auflagen von jeweils 25 000 Exemplaren ausgesuchter Friedensschriften. Dazu zählen das eben frisch erschienene Standardwerk von Jan Bloch „Die Zukunft des Krieges", aber auch Klassiker wie Immanuel Kants Schrift „Vom ewigen Frieden". Die sehr unterschiedlichen Werke sollen jedermann in öffentlichen Bibliotheken, Zeitungsredaktionen und anderen Zentren der Meinungsbildung zugänglich sein. Frieden braucht geistig rege Menschen.

1903 fordert Ginn erstmals auch eine „International School of Peace". Er denkt weniger an eine feste Institution. Er wünscht sich ein weltweites Forum. Der Austausch unter den unterschiedlichen Friedensinitiativen in den verschiedenen Ländern müsse verstärkt und verbreitert werden. Der Unternehmer Ginn registriert schnell, dass der Informationsfluss in der Friedensbewegung doch eher auf einen engen Zirkel beschränkt bleibt. Damit gibt er sich nicht zufrieden. Er sucht nach Wegen, wirklich die Massen anzusprechen und zu bewegen.

Anna B. Eckstein bearbeitet für Ginns Lehrbuch-Verlag Werke wie „First German Year", verfasst von dem ehemaligen Lateinlehrer William C. Collar (1833 - 1916). Eckstein weiß, wie sie Sprachunterricht mit Leben erfüllt. Sie besucht Ginn und seine Frau öfters in deren Landresidenz Winchester und tauscht sich mit ihnen auch über die Situation der Friedensbewegung aus.

Eckstein beeinflusst von Anfang an die Entwicklung und Realisierung von Ginns „International Peace School". Offiziell wird diese School von Ginn am 12. Juli 1910 gestartet. Doch bereits am 1. Januar 1909 nimmt Ginn Eckstein unter Vertrag. Ecksteins Weltpetitions-Kampagne auf der einen Seite und das Projekt einer weltumfassenden Schulfriedens-Liga, das Fannie Fern Andrews bearbeitet, sind die wesentlichen Aktionsfelder von Ginns Friedensprojekt. Mit ihnen hofft der Mann für die Friedensbewegung auch in europäischen Ländern eine Massenbasis zu gewinnen.

Im Sommer 1909 beendet Anna B. Eckstein ihre Tätigkeit als Leiterin der „Modern School of Languages and Literature". Sie veräußert die Schule in der Bostoner Newbury Street und kauft sich mit dem Erlös auf Rentenbasis in einer US-Lebensversicherung ein, der „Teachers Insurance and Annuity Association of America". Sie verlässt Boston und kehrt nach Coburg zurück. Zunächst bleibt offen, ob ihre Rückkehr nach Deutschland vorläufig oder endgültig ist.

Über den Verlag Ginn and Company kann sie ihre umfangreichen Reisekosten abrechnen, bis die „International Peace School" ein Jahr später ihren Betrieb aufnimmt. Eckstein führt jetzt wieder täglich Tagebuch. Sie benötigt eine Grundlage für ihre jährlichen Rechenschaftsberichte. Jeder Rechenschaftsbericht ist ein Stück geteilter Verantwortlichkeit.

Als Ziel seines neuen Unternehmens „International Peace School" definiert Ginn: *Bildung für die Leute aller Völker, verbunden mit der vollen Aufklärung über die ungeheure Verschwendung und Zerstörungskraft von Krieg und Kriegsvorbereitung, die zugleich massiv die gegenwärtigen Lebensbedingungen verschlechtern samt den Zukunftsaussichten für künftige Generationen, und in gleicher Weise „Promotion" für internationales Recht und den guten Willen unter allen Menschen.*

Ginn und Eckstein arbeiten jetzt Hand in Hand. Der gut vernetzte Unternehmer vermittelt erste große Auftritte Ecksteins im schulischen Bereich, sicher auch den offiziellen Start ihrer Weltpetition in Dana Hill und einen grandiosen Auftritt bei der Schulleiter-Konferenz von New England. Die dort gehaltene Rede lässt Ginn sogleich drucken. Wer sie liest, merkt eines sofort, für die Rednerin fängt Friede mit den Kindern in der Schule an. Das ist die Erfahrung des Schulbucherfinders, und es ist die Erfahrung seiner ersten Friedensangestellten, der Bostoner Deutsch-Lehrerin Anna B. Eckstein:

Die Welt hatte stets große Persönlichkeiten, verteilt quer durch die Zeiten. Immer hatte es eine Art Aristokratie dieser großartigen Menschen gegeben. Die Aufgabe der Zeit, in der wir leben, ist der Aufbau einer Demokratie von moralischen Menschen, - von Leuten, die sich richtig verhalten. Das ist der Sinn unseres heutigen Lebens. Das ist Sinn und Zweck heutiger Erziehung. Und diese fundamentale Aufgabe obliegt den Lehrern der Schulen, in denen Jungen und Mädchen im Alter von 5 bis 15 unterrichtet werden. Und die Lehrer, von denen weltweit die Bewältigung dieser unmöglichen Aufgabe erwartet wird, unterrichten weltweit im Durchschnitt 30, 40, 50 oder 60 Kinder pro Klasse und pro Lehrer. Hier liegt das erzieherische Grundübel, nicht nur in den Schulen für die ganz Kleinen, sondern in allen Lerneinrichtungen. Denn das Übel der erstgenannten Überbelegung wird in Colleges und Universitäten genauso empfunden. Ja, noch mehr als bei den ganz Kleinen erweisen sich Großklassen dort als Brutstätten für Tyrannei, Teilnahmslosigkeit und Kriminalität.

Zuerst muss ich klären, was ich mir unter einer Demokratie von moralischen Persönlichkeiten vorstelle. Lange Zeit suchte ich eifrig unter den Sagengestalten vergangener Zeiten und unter solchen aus unserer Zeit eine Autorität, der ich uneingeschränkt vertrauen möchte. Aber ich habe niemand als so beglückend erlebt wie Jesus. Zwischen den mir

Anna B. Eckstein
1910

zugänglichen Vorbildern erschien mir keines so nah am idealen Ziel wie die in diesen Worten liegende Kraft: „Ihr sollt vollkommen sein, wie euer Vater im Himmel vollkommen ist." Genau wie das andere: „Du sollst lieben Gott, deinen Herrn, von ganzem Herzen, von ganzer Seele und von ganzem Gemüte; und du sollst deinen Nächsten lieben als dich selbst."

Was selbstredend nicht bedeuten kann, dass wir vollkommene Götter werden, ebenso wenig wie es bedeuten kann, dass wir vollkommene Bäume wären. Ebenso wenig ist gemeint, dass wir gegenüber jedem, mit dem wir Kontakt haben, auf Verteidigung verzichten. Vielmehr ist sicher beabsichtigt, dass wir die besondere Kombination unserer dreifachen Kräfte, in der körperlichen, der geistigen und der seelischen Form vollkommen zu sein, die in jedem Kind bei seiner Geburt verborgen liegen, sich harmonisch zu ihrem höchsten Vermögen entfalten lassen …

1910 wird Ginn seine Friedensschule umbenennen. Sie heißt dann „World Peace Foundation". Dem Direktoren-Kollegium steht David Starr Jordan (1851 - 1931) vor, Präsident der Leland Stanford-University, Zoologe, Ichthyologe, Botaniker, Eugeniker und Friedensaktivist in einer Person. Geschäftsführer wird Ecksteins Bostoner Nachbar und Förderer Edwin D. Mead.

Ginn fördert außerdem die 1907 gegründete internationale „Association of Cosmopolitan Clubs". Sie bringt alle seit 1902 ins Leben gerufenen Klubs ausländischer Studenten zusammen, auch in Deutschland. Eckstein kann bei ihrer Kampagne Studenten aus solchen Vereinen einbeziehen. Ähnliches gilt für den 1910 entstehenden „Verband für internationale Verständigung", der ebenfalls von Ginn gefördert wird.

Für Aufsehen sorgt die Nachricht, dass Andrew Carnegie dem Beispiel Edwin Ginns folgt. Die neue Carnegie-Stiftung verfügt über ein zehnmal so großes Kapital wie die „World Peace Foundation". Für Eckstein wird vor allem das Europäische Bureau von „Carnegie Endowment for International Peace" in Paris zu einer wichtigen Anlaufstelle. Auf Carnegie persönlich trifft Eckstein erst im Juni 1914, leider viel zu spät. Auch die Professionalität der internationalen Friedensbewegung braucht Zeit zum Wachsen. Trotz ihrer großherzigen Stifter gilt das auch für die fehlende Führungsstruktur. Umso überzeugender wirkt das Charisma, das Anna B. Eckstein verkörpert und einbringt.

When Jesus had left speaking, he said unto Simon,
Put out into the deep, and let down your nets for a draught.
And Simon answered and said,
Master, we toiled all night, and took nothing:
but at thy word I will let down the nets.
And when they had done this,
they inclosed a great multitude of fishes;
and their nets were breaking;
and they beckoned unto their partners in the other boat,
that they should come and help them.
And they came, and filled both the boats,
so that they began to sink.
And Jesus said unto Simon,
Fear not;
from henceforth thou shalt catch men.
Lukas 5,4-7.10b.
American Standard Version 1901

Eine vernetzte Menschheit

Ihr Leben lang kämpft Anna B. Eckstein. Sie setzt ihr Leben restlos ein, sie geht weit über die Grenzen ihrer Kraft und ihrer finanziellen Möglichkeiten. Sie tut alles gegen den Krieg, und doch ist sie keine Einzelkämpferin. Stets will sie alles mit allen gemeinsam ändern. Sie glaubt daran, dass das möglich sein muss. Alles andere würde neuen „Krieg“ bedeuten oder „Kriegsvorbereitung“.

Schon die Motivation für dieses „Alles mit allen gemeinsam“ nimmt sie nicht aus sich selbst. Es hat mit ihrer Mutter angefangen. Sie fühlt sich in der Pflicht gegenüber ihrem jüngeren Bruder Ernst und dessen drei Buben Hermann, Hans und Otto. Vor allen anderen aber ist es „Toni“. Anna Bernhardine, der zweitgeborenen, ist das Leben ihrer älteren Schwester Sidonie anvertraut, dieser behinderten Frau, die ganz in der Zuwendung ihrer Familie lebt. Anna wird nicht zulassen, dass irgendwer auf dieser Welt den Sinn von Tonis Dasein in Zweifel zieht.

Gegen alles, was der Tod vor und nach dem Sterben zerstört, glaubt Eckstein an die Vollkommenheit jedes Menschen. Jedes Menschenleben hat einen unzerstörbaren Sinn. Für jedes dieser Leben hat sich der Gott, der Mensch wurde, hingegeben. In diesem Glauben war Eckstein auch von ihrem Mütterchen in Boston konfirmiert worden, von der Sklavenbefreierin Martha Griffith Browne. „Jemand hat mich konfirmiert" - das heißt, jemand hat mich „unendlich stark gemacht" - mit seiner Zuwendung, mit seinem guten Beispiel, mit dem, was er mir zugemutet hat.

Charles Gordon Ames, Ecksteins Pfarrer in Boston, holte Eckstein schließlich in die Friedensbewegung. Von ihm fühlt sie sich „ordiniert", eingesetzt als priesterlicher Mensch, als Botschafterin für den Weltfrieden. Sie weiß genug von Jesus, sie kennt dessen Weg der persönlichen Hingabe. So wie er will sie alle für den Frieden gewinnen. Aber dieses „Gewinnen" geht nur persönlich, dergleichen geschieht nur von Mensch zu Mensch.

Nach Jahren als Zuarbeiterin für die Männer, die in der American Peace Society das Sagen haben, entwickelt Anna B. Eckstein aus ihrem Glauben an Jesus heraus ihre eigene Strategie. Sie macht sich „selbständig". Mit ihren Petitionen sammelt sie die persönliche Zustimmung anderer zu ihrem Anliegen, dem Weltfrieden. Dieses Anliegen ist deshalb höchstpersönlich und universal zugleich.

Sobald dieser Frieden durch ein klares Völkerrecht mit wirksamen Institutionen errungen und gesichert worden ist, wird die Menschheit frei sein. Keiner muss mehr zwanghaft seine besten Kräfte zur Zerstörung anderer Menschen einsetzen. In dieser Hoffnung möchte die Frau allen auf der Erde per Unterschrift verbunden sein.

Auch zuvor hatte Anna B. Eckstein Netzwerke gebildet. Schon als Konfirmandin fiel sie damit auf. Offenheit und Verbindlichkeit anderen gegenüber zeichnet sie stets aus. Nicht anders verhält es sich in ihren New Yorker Jahren, schließlich findet sie auf diese Weise in Boston ihren Beruf und ihre Berufung. Von jedem, den sie unterrichtet, fühlt sie sich persönlich gefordert. Wer immer ihr begegnet, gleichgültig ob als Freund oder als Feind, keinem geht sie aus dem Weg. Sie nimmt ihn als ihren Nächsten und Mitmenschen an.

Diese grundlegende Einstellung verfestigt sich bei ihr zur verlässlichen Erfahrung. Sie akzeptiert für sich keine andere Strategie zur Abschaffung des Krieges. Abgeschafft wird der Krieg nicht dank wissenschaftlicher Erkenntnisse oder gar wegen technischer Entwicklungen, die eine absolute Abschreckung ermöglichen. Es gibt Frieden nur, wenn du mit mir an den Frieden glaubst. Die Kraft dazu findest du genau wie ich in deiner Seele, in dem, was von Gott in dir ist.

Mit ihrer ersten Petition erzielt Eckstein von zwei Millionen Unterschriften. Die Welt staunt, auch Eckstein selbst staunt darüber. Sie weiß, ich kann Freunde finden in allen Ländern, in allen gesellschaftlichen Kreisen, in allen Kirchen und in allen Religionen und in jedem Alter. Und Begeisterung für den Frieden steckt an. Sie setzt gewaltige Energien frei.

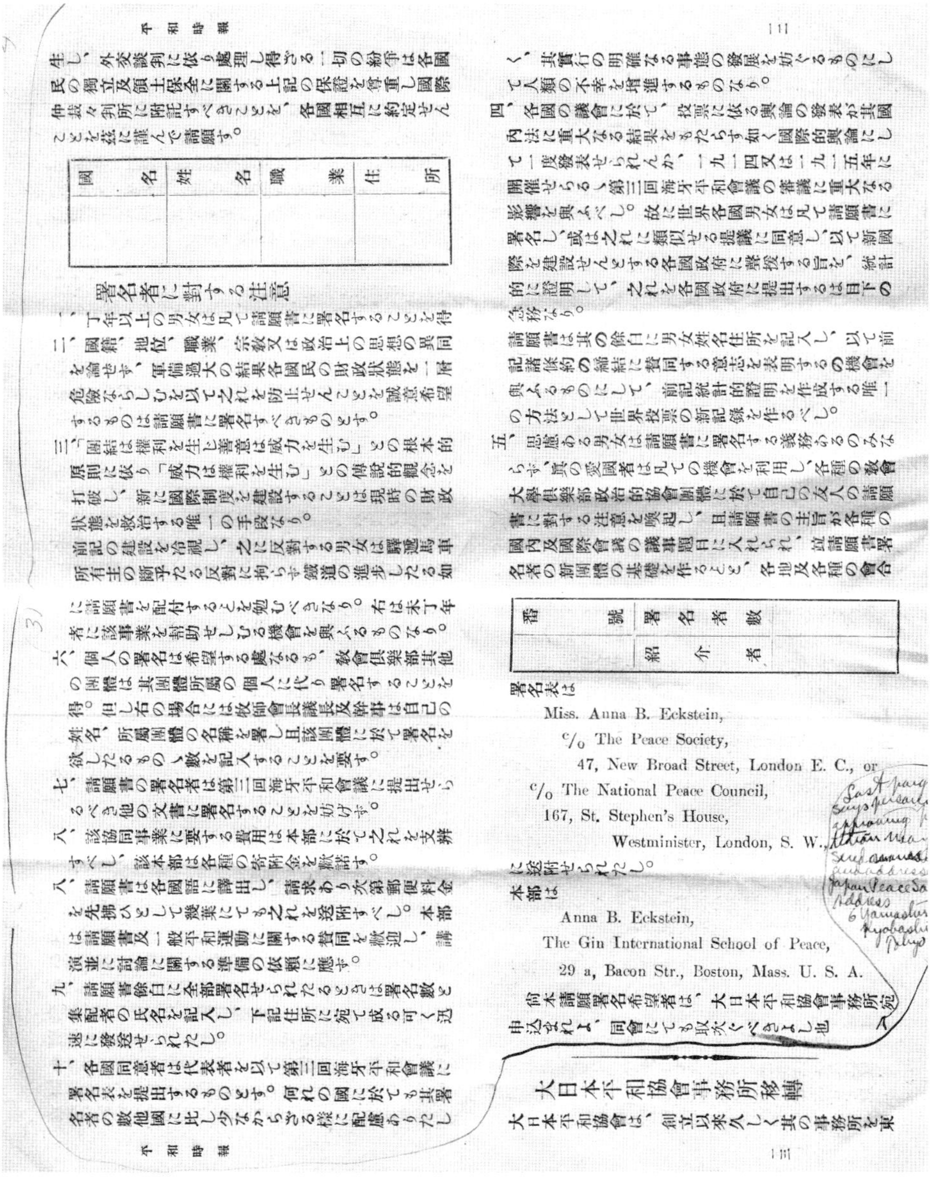

平和時報

生し、外交談判に依り處理し得ざる一切の紛爭は各國民の獨立及領土保全に關する上記の保證を尊重し國際仲裁々判所に附託すべきことを、各國相互に約定せんことを茲に謹んで請願す。

國名	姓名	職業	住所

署名者に對する注意

一、丁年以上の男女は凡て請願書に署名することを得
二、國籍、地位、職業、宗教又は政治上の思想の異同を論せず、軍備過大の結果各國民の財政狀態を一層危險ならしむを以てこれを防止せんことを誠意希望するものは請願書に署名すべきものとす。
三、「團結は權利を生じ善意は威力を生ず」との根本的原則に依り「威力は權利を生ず」との傳說的觀念を打破し、新に國際制度を建設することは現時の財政狀態を救治する唯一の手段なり。前記の建設を冷視し、之に反對する男女は驛遞馬車所有主の斷乎たる反對に拘らず鐵道の進歩したる如く、其實行の明確なる事態の發展を妨ぐるものにして人類の不幸を増進するものなり。

一二

四、各國の議會に於て、投票に依る輿論の發表が其國內法に重大なる結果をもたらす如く國際的輿論にして一度發表せられんか、一九一四又は一九一五年に開催せらるゝ第三回海牙平和會議の審議に重大なる影響を與ふべし。故に世界各國男女は凡て請願書に署名し、或はこれに類似せる提議に同意し、以て新國際を建設せんとする各國政府に勸援する旨を、統計的に證明して、之れを各國政府に提出するは目下の急務なり。

請願書は其の餘白に男女姓名住所を記入し、以て前記諸條約の締結に贊同する意志を表明するの機會を與ふるものにして、前記統計的證明を作成する唯一の方法として世界投票の新記錄を作るべし。

五、思慮ある男女は請願書に署名する義務あるのみならず、眞の愛國者は凡ての機會を利用し、各種の教會大學俱樂部政治的協會團體に於て自己の友人の請願書に對する注意を喚起し、且請願書の主旨が各種の國內及國際會議の議事題目に入れられ、並請願書署名者の新團體の基礎を作ると、各地及各種の會合に請願書を配付することを勉むべきなり。右は未丁年者に該事業を幇助せしむる機會を與ふるものなり。

六、個人の署名は希望する處なるも、教會俱樂部其他の團體は其團體所屬の個人に代り署名することを得。但し右の場合には牧師會長議長及幹事は自己の姓名、所屬團體の名稱を署し且該團體に於て署名を欲したるものゝ數を記入することを要す。
七、請願書の署名者は第三回海牙平和會議に提出せらるべき他の文書に署名することを妨げず。
八、該協同事業に要する費用は本部に於てこれを支辨すべし、該本部は各種の寄附金を歡諾す。
八、請願書は各國語に譯出し、請求あり次第郵便料金を先拂ひとして幾葉にてもこれを送附すべし。本部は請願書及一般平和運動に關する贊同を歡迎し、講演並に討論に關する準備の依賴に應ず。
九、請願書餘白に全部署名せられたるときは署名數と集配者の氏名を記入し、下記住所に宛て成る可く迅速に發送せられたし。
十、各國同意者は代表者を以て第三回海牙平和會議に署名表を提出するものとす。何れの國に於ても其署名者の數他國に比し少なからざる樣に配慮ありたし

平和時報

番號	署名者數	
	紹介者	

署名表は

Miss. Anna B. Eckstein,
c/o The Peace Society,
47, New Broad Street, London E. C., or
c/o The National Peace Council,
167, St. Stephen's House,
Westminister, London, S. W.,

に送附せられたし。

本部は

Anna B. Eckstein,
The Gin International School of Peace,
29 a, Bacon Str., Boston, Mass. U. S. A.

尙本請願署名希望者は、大日本平和協會事務所宛申込まれよ、同會にても取次ぐべきよし也

大日本平和協會事務所移轉

大日本平和協會は、創立以來久しく其の事務所を東

一三

Friedensbewegte verlieren ihre Angst, sobald sie sich ihrer grenzüberwindenden Kraft bewusst sind. Das weiß jedes Kind. Es hatte sich schon beim allerersten Weihnachten rund um Bethlehem gezeigt. Wer als Bote des lebendigen Gottes auftritt, wer dem andern die Macht der Liebe erklärt, ist wie jener Engel damals. Als erstes sagt er immer: „Fürchte dich nicht!"

Christen nennen diese Kraft und Macht den „Heiligen Geist". Es ist Gott selbst. Er offenbart sich in jedem ungeschützten Zugehen auf meine Feinde, in jeder friedlichen Grenzüberschreitung. Zu diesem Gott des Friedens, höher als alle Vernunft, ermutigt Eckstein. Sie vertraut sich völlig ihrem Gott an. Das Vertrauen in die unendliche Kraft seiner Liebe bestimmt ihren „Kampf".

Es ist die einfache, aber überzeugende Taktik und Strategie, mit der sie Krieg gegen den Krieg führt. Sie arbeitet mit Kirchen, Parteien, Zeitungen, Schulen, Universitäten, Vereinen aller Art zusammen. Sie vertraut ihre Petitionsbögen jedem an. Jeder bekommt so viele, wie er möchte. Sie selbst wird vor allem unterwegs sein, sie selbst wird immer wieder Grenzen überschreiten.

Sie legt in Diensten der World Peace Foundation fast 100 000 Kilometer zurück, die allermeisten davon mit der Eisenbahn. Sie verwickelt schon während dieser Fahrten Mitreisende in Gespräche. In diesen knapp vier Jahren ist die Menge der Begegnungen und Einzelgespräche nicht zu zählen. Im Tagebuch notiert Eckstein über 200 öffentliche Vorträge.

Als Rednerin wirkt sie dabei absolut authentisch und glaubwürdig, und verhält sich doch stets geschickt und „professionell". Sie begeistert. In einem dieser Vorträge werden über 1 800 Zuhörer registriert. Die Menschen verstehen sie und ihre Botschaft unmittelbar, obwohl es noch keine Lautsprecheranlagen gibt. Stets wird sie anschließend stürmisch gefeiert.

Eckstein spricht über alle Aspekte des Friedensthemas. Sie stellt sich auf ihre Hörerschaft und deren jeweilige Fragen und Interessen ein. Das zeigt die Liste ihrer Themen:

An Appeal to Educators
How to co-operate with the governments in perfecting arbitration to the extend, which will effect the reduction of armaments
Aufruf an die akademische Jugend
Der Weg zur Rüstungsverminderung und seine Abwege
Die Idee der Friedensbewahrung in Unterricht und Erziehung
Politisch-Pazifistisches aus Amerika
Weltstaat - Weltfrieden - Weltpetition

Amerikanische Friedenarbeit in der Schule
Women and Peace Movement
Problem der Rüstungsverminderung
Problem of Armaments
and III. World Peace Conference
Worldpetition - President Nélidow
Worldpetition - Persönliches
The Schools and the Peace Movement
Public Schools and Peace Movement
Christ and the Peace Movement
The Problem of a Reduction of Armaments
and the next Haag Peace Conference
Armaments
The Peace Movement in the USA
and the worldpetition
Die Rechte unterdrückter Nationalitäten
Declaration of London
(bezieht sich auf die 1909 in London von
den Haager Signatarmächten nachträglich
beschlossene Seekriegsordnung)
Good Will among the Nations
What should we expect from The Third Hague Peace Conference?
How war and the preparation for war affects civilization
A Proposition to prevent war between nations
and to reduce their armaments by degrees
Pour l'Arbitrage internationale
Die falsche Rechnung und wohin ihre Erkenntnis führt
The next Hague Peace Conference - The Nations great Opportunity
Eine Kernfrage zur Erhaltung des Friedens

Anna B. Eckstein spricht Deutsch, Englisch oder Französisch. Einmal spricht sie Schwedisch, aber das bleibt ein einmaliger Versuch. Stets redet sie frei, in der Regel braucht sie für ihre Botschaft eine Stunde. Wenn man den Zeitungsberichten folgt, wird es dabei nie langweilig. Vor allem weckt ihr Auftreten Sympathie. Sie wirbt um jeden Hörer. Sie ist dankbar für jede geleistete Unterschrift. Sie freut sich über jeden, der Listen zum Weitersammeln von Unterschriften in seinem eigenen Bereich mit nach Hause nimmt.

Sie bekommt äußerst positive Rückmeldungen. Der Leiter einer Volkshochschule in einer Brüsseler Vorstadt schreibt ihr: *Es macht mich fast verlegen, Ihnen zu sagen, mit welcher Begeisterung und wieviel Anerkennung unsere Konferenzteilnehmer an Sie denken, Ihr Besuch war für alle eine große Ehre. Wir kennen das Publikum in Laekenois gut, wir können die große Bewunderung für Sie nicht hoch genug bewerten. Wir versichern Ihnen aufrichtig, dass uns alle im Augenblick Ihre ausgezeichneten Ausführungen umtreiben. Unsere herzliche Sympathie begleitet Sie all auf ihren Wegen.*

Ich kann nicht aufklären, wie viele Unterstützer die Weltpetition insgesamt gefunden hat. Als Eckstein beim Start der Kampagne in den USA die gesammelten Bögen noch selbst verwaltet, spricht sie bereits von fünf Millionen. Sie ist begeistert. Sie kann die Zahlen der ersten Petition deutlich übertreffen. Mehr will sie nicht.

Außerhalb der USA richtet sie nationale und regionale Sammelstellen ein. Es beginnt im Juni 1909 in Canada. Alle Sammelstellen arbeiten selbständig. In Deutschland gibt es neben Fritz Decker in Köln Hauptsammelstellen in Stuttgart, Königsberg i. Pr. und in Berlin. Eckstein stellt sich am Ende eine große Demonstration vor. Aus allen Sammelstellen sollen die dort Engagierten zur Dritten Haager Konferenz kommen. Sie werden dort eindrucksvoll den weltweit dokumentierten Friedens- und Abrüstungswunsch von wenigstens 100 Millionen Frauen und Männern zum Ausdruck bringen. Sie machen dann das Netz sichtbar, das Anna B. Eckstein für den Frieden knüpft.

Im Frühjahr 1914 schätzt Eckstein, dass inzwischen 50 Millionen Menschen die Weltpetition unterzeichnet haben müssten. Aber sie weiß es nicht. Zahlen interessieren sie nicht wirklich. Zahlen sind letztlich Einteilungen in solche und solche, in gezählte und nicht zählbare. Aber sie glaubt an jeden in jedem Land. Wichtig ist ihr, dass in möglichst allen Ländern gesammelt wird. In den Tagebüchern finden sich entsprechende Kontakte nach Russland, China, Japan, Australien, Neu-Seeland oder Brasilien. Es handelt sich dabei um zufällige Notizen. Ich vermute noch weit mehr nationale Sammelstellen.

Die Friedensbewegung selbst ist laut Alfred Hermann Frieds „Handbuch der Friedensbewegung“ 1913 erst in 22 Staaten organisiert. Es fehlt zum Beispiel China, aber selbst in solchen Ländern setzt Eckstein über persönliche Kontakte die Weltpetition in Gang. Viele uns heute geläufige Staaten werden ohnehin erst nach dem Ersten Weltkrieg selbständig, wie Irland, Polen, Tschechien, Kroatien oder Indien. Und Eckstein hofft gerade auf die „unterdrückten Völker“.

Eckstein erfährt große Unterstützung vom Berner Bureau, dem Leitungsgremium der Internationalen Friedensbewegung. Es schließt sich im Oktober 1909 bei seiner Jahrestagung in Brüssel nicht nur vollinhaltlich der Weltpetition an. Es ersucht darüber hinaus die nationalen Mitglieds-Verbände, sie mögen ihre jeweiligen Regierungen von der Weltpetition und der aktuellen Zustimmung in ihrem Land regelmäßig unterrichten. So werde von vornherein auch eine entsprechende offizielle Beachtung von Ecksteins Anliegen sichergestellt.

Bei dem österreich-ungarischen Schriftsteller Leopold Katscher (1853 - 1939) löst die Meldung von der Zustimmung des Berner Bureaus zur Weltpetition eine unglaubliche Euphorie aus. Der Mann schreibt in der von ihm redigierten Feministen-Zeitung: *Eine weibliche Großtat! Am 10. Oktober nachmittags empfing ich aus Brüssel das lakonische Telegramm: „Antrag Eckstein angenommen“. Diese Annahme bedeutete, dass einer der kühnsten und großzügigsten Kulturtaten aller Zeiten die offizielle Sanktion erteilt wurde … Auf dem 17. Weltkongress zu London (1908), verkündigte sie (Eckstein) ihren Entschluss, der dritten Haager Tagung (1914) eine Petition mit 200 Millionen Unterschriften zu unterbreiten! Welcher Mut, ja Wagemut, welcher soziale Feuereifer, welch herrliche Willenskraft gehört dazu, ein so gewaltiges Werk zu unternehmen! Wie energisch Fräulein Eckstein zu Werke geht, erhellt sich daraus, dass schon jetzt rund vier Millionen Unterschriften beisammen sind! Und selbst wenn schließlich „nur“ 20 Millionen zustande kämen, würde das noch immer die unvergleichlichste großartigste Petitionsmasse aller Zeiten und Länder sein und eine weibliche Leistung, die sich an edler Kühnheit der Konzeption mit den Friedensleistungen einer Suttner, einer Nightingale und eines Dunant messen könnte.*

In Zeiten des Internet machen ein paar Millionen Unterschriften wenig Eindruck. Aber vor Ecksteins Petitionen hat es kaum Vergleichbares gegeben. Sie will die ganze Menschheit in die politische Meinungsbildung einbeziehen. Sie tut es als Frau, die damals noch niemand um ihre Meinung fragt. Gerade erst haben die Finnen im Jahr 1907 als erste Nation den Frauen das Wahlrecht eingeräumt. Aber Finnland ist damals noch Teil des Zarenreiches. Die allein regierenden Männer müssen auch diesen Erfolg in Sachen Gleichberechtigung nicht allzu ernst nehmen.

ANNA B. ECKSTEIN

THE WORLD PEACE FOUNDATION
DEP.: WORLD PETITION TO PREVENT WAR BETWEEN NATIONS

29a BEACON STREET
BOSTON, MASS. U. S. A.

EUROPEAN ADDRESS:
LANGEGASSE 7,
COBURG, DEUTSCHLAND

den 6. 2. 1913

In Coburg richtet sich Eckstein ein Arbeitszimmer ein. Ihre Mutter und ihre Schwester haben inzwischen im Haus „Lange Gasse 7“ eine Wohnung bezogen. Es ist ein schöner Ort mit viel Grün, nicht weit von der „Veste“ und den Parks, die Coburgs Wahrzeichen mit der Stadt verbinden. Und doch wirkt der Platz sehr bescheiden, kaum vorstellbar, dass jemand von dort aus die Welt bewegt. 1909 gibt es noch kein elektrisches Licht, und erst recht kein Telefon. Eckstein ist in allem auf sich allein gestellt. Nur gelegentlich hilft Bruder Ernst beim Adressen-Schreiben.

Erst am 22. August 1910 kauft sich Eckstein in Berlin eine Schreibmaschine. Sie wird auch das Schreiben auf der Maschine lernen. Endlich kann sie per Durchschlag Kopien von Briefen und Texten herstellen. Auch beim Kauf dieses Arbeitsgeräts ist sie nicht allein. Zwei Freundinnen begleiten sie, eine Russin, von der sie den Namen bald wieder vergessen hat, sowie Anna Meyer-Liepmann (1849 - 1941), Witwe des ersten Richters in Deutschland, der jüdischer Herkunft war. Bei ihr wohnt Anna B. Eckstein während ihrer vielen Aufenthalte in der Reichshauptstadt.

Auch zu Hause in der Langen Gasse 7 ist sie gut vernetzt. Gänge zur Post erledigt für sie ihr im Haus wohnender Vermieter Robert Müller (1848 - 1915). Der studierte Jurist verwaltet das Archiv des Landtags im Herzogtum. Er muss ein Herz für Ecksteins verwitwete Mutter haben und für ihre unterschiedlich hilfsbedürftigen Töchter. Wenn das Fräulein Anna nach Mitternacht am Bahnhof ankommt, macht er sich auf den Weg. Der Herr „Aktuarius“ hilft ihr mit seinem Leiterwagen, ihr Gepäck den vielleicht zwei Kilometer langen Weg nach Hause zu schaffen. Wer wochenlang unterwegs ist, dessen Koffer haben bestimmt kein geringes Gewicht.

Drei Häuser weiter lebt in der Langen Gasse 1 das Ehepaar Anna und Louis Baudler (1848 - 1924). Mit ihnen entwickelt sich eine enge persönliche Freundschaft. Louis ist Geheimer Staatsrat. Auch er ist wie Aktuar Müller gerade 60 Jahre alt geworden. Als herzoglicher Beamter kümmerte sich Baudler um den Wohnungsbau. Am Hahnweg entsteht dank seiner Initiative eine soziale Mustersiedlung, der sogenannte „Eisenbahnzug". Man kann dort ein Häuschen ohne eigenes Kapital erwerben.

Ehrenamtlich wirkt Baudler seit 1879 als Sekretär des Frauenvereins, der sich um eine Schule zur hauswirtschaftlichen Ausbildung von Mädchen kümmert. Dazu gehörte zeitweise auch eine Kochschule mit Mittagstisch, in der bis zu 7 000 Portionen zu sehr sozialen Preisen verkauft wurden. Vermutlich besucht einst auch Anna B. Eckstein nach ihrer Konfirmation Kurse in Baudlers Schule, jedenfalls schickt sie dem Mann schon in den ersten New Yorker Jahren zu Weihnachten eine Karte. Baudler beendet 1910 seine jahrzehntelange Tätigkeit für die Allgemeinheit. Er bearbeitet jetzt mit Hingabe seinen Garten und verwöhnt die Nachbarinnen mit selbst angebauten Aufmerksamkeiten.

Anna Baudler zählt zu den sozial, politisch und kirchlich aktivsten Frauen in Coburg. Gemeinsam mit ihr wird Anna B. Eckstein nach dem Krieg viele Initiativen ergreifen, um die Kirchengemeinde, die Volksbildung und die politische Kultur zu beleben. Baudlers selbst haben keine Kinder. Sie freuen sich, dass jemand ihr Engagement versteht und teilt, und sie verstehen ihrerseits, was Anna B. Eckstein bewegt. Gern nehmen sie an allem Anteil.

Freunde wie Louis und Anna Baudler oder der Herr Aktuarius tragen erheblich dazu bei, dass Eckstein sich in Coburg schnell wieder zu Hause fühlt und auch dass sie für ihre Heimatstadt eine spezielle Vision entwickelt. Im Sommer 1912 schickt Eckstein an die herzogliche Regierung ein Memorandum. Die Herzogin möge zusammen mit der Kaiserin und anderen Fürstinnen einen Aufruf erlassen. Gut ausgebildete Frauen aus der besseren Gesellschaft mögen in den Schulen ehrenamtlich Unterricht erteilen. So könnte endlich der Notstand der viel zu großen Schulklassen angegangen werden.

Eckstein verbindet mit der Weltpetitions-Kampagne stets gesellschaftliche Initiativen. Friedensarbeit bedeutet immer beides: Widerstand gegen Krieg und Kriegsvorbereitung und reale Verbesserungen für die Menschen. Tatsächlich teilt das Herzogsamt Anna B. Eckstein mit, dass ihr Memorandum an die Kaiserin weitergeleitet worden sei. Leider ist nicht bekannt, dass die

Herzogin in Coburg wenigstens zu einem ersten Versuch aufgerufen hätte. Der begeisternde und triumphale Start der Weltpetition setzt sich eher anderswo fort. Propheten in ihrem eigenen Vaterland haben es schwer, Prophetinnen erst recht.

Offenen Widerspruch weckt die Weltpetition nur im April 1912 in Frankreich, und zwar ausgerechnet bei Friedensbewegten. Bereits seit Januar ist Eckstein dort unterwegs. Ihr persönliches Auftreten erzielt die gleiche Wirkung wie in anderen Ländern. Doch dann polemisiert Lucien Le Foyer (1872 - 1952) im Organ der Radikalen Sozialisten „Une Petition contre la Justice internationale". Er unterstellt, der Weltpetitionsantrag verlange eine starre Festlegung des territorialen Status quo für alle Zukunft und fordere den Verzicht auf „revendication" und „réparation".

Franzosen müssten jede Hoffnung auf eine Revision des Frankfurter Vertrags von 1871 aufgeben, der Elsass-Lothringen einschließlich der Stadt Metz Frankreich entrissen habe. Für ihn wäre Ecksteins Petition deshalb eine einzige Zumutung. Er nennt sie „le formidable mouvement". Le Foyer stellt die absurde Behauptung auf, Ecksteins Initiative diene den Interessen des Deutschen Reiches. Vielleicht wäre Eckstein in Wahrheit eine versteckte Agentin des deutschen Geheimdienstes.

Eckstein ist verzweifelt. Sie argumentiert dagegen. Wer glaubt, - zwischen welchen Ländern auch immer - vor einem Gewaltverzicht erst alle Streitfragen lösen zu müssen, wird diesen Gewaltverzicht nie erreichen. Es gelingt Eckstein, die Mehrheit der französischen Friedensfreunde zu überzeugen. Ebenso stärkt ihr das Internationale Friedensbureau in Bern den Rücken. Le Foyers Position sei für jede Friedensbewegung ein gewaltiger Rückschritt.

Im November 1913 diskutiert dann Eckstein die Affäre noch einmal in einem Brief an ihren französischen Freund Théodore Ruyssen (1868 - 1967), Philosophie-Professor in Bordeaux. Sie betont dabei die absolute Priorität der von der Weltpetition als allerersten Schritt geforderten Friedensordnung:

Würde - immer bei umgekehrten geschichtlichen Rollen - die französische Volksseele die Rückeroberung Elsass-Lothringens im Jahre 1870/1871 durch Frankreich als eine „Ungerechtigkeit" empfinden, und zwar als eine größere Ungerechtigkeit als die Annexion Elsass-Lothringens durch Deutschland vor und zur Zeit Ludwig des Vierzehnten?

Gebietet nicht gerade der Gerechtigkeitssinn, dass man bei der Beurteilung beider Annexionsfälle der so wichtigen Tatsache eingedenk bleibt, dass die internationale Weltordnung, die zur Zeit Ludwig des Vierzehnten bestand, trotz der Gedanken eines Heinrich des

Vierten oder eines Sully, eines Hugo Grotius und anderer, und trotz Jesus Christus, auch 1870/1871 bestand und heute noch besteht, dass daran alle Friedensfreunde und alle bis jetzt ins Leben gerufenen Friedens-Einrichtungen noch nichts geändert haben.

Wie einst so besteht auch heute noch diese internationale Gewaltordnung mit ihrem Grundsatze „Macht ist Recht". Denn es existiert keine Abmachung der Staaten untereinander, kein Gesetz, welches ausspricht: Derjenige Staat, der in seiner Auslands-Politik nach dem Grundsatze „Macht ist Recht" verfährt, macht sich einer Ungerechtigkeit schuldig, handelt gesetzwidrig, und wird von den anderen Staaten dafür zur Rechenschaft gezogen. Nicht nur existiert kein derartiges Abkommen, die Staaten haben auch nach 1870 wie vor 1871 - der eine in mehr, der andere in weniger geschickter und krasser Form - nichts anderes betrieben als Gewaltpolitik. In der Masse, wie es die Macht gestattet, wird das eigene Interesse gefördert, beileibe nicht wie es die Gerechtigkeit gebietet. Die Schuld aber trifft letzten Endes das bestehende internationale System. Dieses System muss klar und unzweideutig abgeschafft und in aller Form durch ein zeitgemäßes ersetzt werden, wenn künftige „Ungerechtigkeiten" verhütet und vergangene gutgemacht werden sollen.

Anna B. Eckstein reist mehrmals ins Elsass. Schon 1909, in ihrem ersten Coburger „Arbeitsjahr", besucht sie Straßburg. Sie findet dort Freunde und Verständnis. Im „Bismarck-Jahrbuch für deutsche Frauen für 1911" erschien von der Straßburgerin Franziska Kromayer eine kleine Novelle, die auch für die Weltpetition wirbt. Anna B. Eckstein tritt darin als Vermittlerin auf. Der beschriebene Konflikt zwischen einer französischen und deutschen Familie erinnert an Romeo und Julia. Es gelingt der Friedensfrau, die verfeindeten Familien zu versöhnen.

Der Konflikt um Elsass-Lothringen kostet Eckstein nicht nur Zeit, sie verbraucht dabei auch ihre innere Kraft. Sie wird jetzt 45 Jahre alt, das spürt sie. Sie merkt, wie begrenzt ihre Mittel und Möglichkeiten sind und wie knapp die ihr zur Verfügung stehende Zeit ist. Wo die Fronten verhärtet sind, kann sie kaum auf Zustimmung zur Weltpetition hoffen. Es sind viele Zweifel auf einmal. Mit ihnen muss sie fertig werden.

Inzwischen wird auch in Deutschland offen von Kriegsvorbereitung gesprochen. Am 8. Dezember 1912 hatte Wilhelm II. mit den führenden Militärs einen Kriegsrat gehalten. Man einigt sich. Ein deutscher Angriffskrieg gegen Russland und Frankreich solle je eher desto besser geführt werden. Nur die Marine verlangte noch anderthalb Jahre Zeit. Erst müsse die Wirksamkeit der U-Boot-Waffe gesteigert werden. Der Reichstag beschließt am 30. Juni 1913 die größte Heeresverstärkung der deutschen Geschichte, einen Zuwachs von 117 000 Mann, 15 000 Unteroffizieren und 5 000 Offizieren, was 884 Millionen Mark als einmalige Zahlung und jährliche Mehrkosten von 183 Millionen Mark bedeutet. Nur die Sozialdemokraten sind noch dagegen.

Die unvorstellbaren Dimensionen der deutschen Aufrüstung werden propagandistisch abgesichert. Die Zeitungen berichten ständig über Kriegsvorbereitungen der gegnerischen Mächte. Außerdem lässt sich Wilhelm II. als Friedenskaiser feiern. Er regiere jetzt seit 25 Jahren, ohne einen Krieg geführt zu haben. Verschwiegen wird, dass er gleichzeitig alles tut, um einen sehr großen Krieg möglich zu machen. Diese Heuchelei ist nicht zu ertragen.

Als Eckstein 1913 vor Ostern eine weitere Frankreich-Reise antreten will, wird sie schwer krank. Dr. Peter Marzen diagnostiziert am Gründonnerstag nervöse Erschöpfung und Gelenkrheumatismus. Karfreitag besucht sie Mitstreiter Pfarrer Paul Helbich. Eckstein schreibt ins Tagebuch: „Ich fühlte den Tod. Dann geschah das Wunder." Helbich spendet ihr das Abendmahl.

Karsamstag heißt es: „War gesund und konnte aufstehen. Zugluft Rückschlag." Das Wunder hat leider keinen Bestand. Vielleicht muss auch der Glaube an die Auferstehung immer wieder neu auferstehen, Rückschläge sind nicht auszuschließen.

Dr. Marzen wird sehr energisch. Über drei Monate muss die Kranke im Bett bleiben. Sie gehorcht und hält sich eisern an die ärztlichen Anweisungen. Zwischen dem 18. März und dem 2. Oktober nimmt sie keine Termine wahr. Im August versäumt sie das wichtige Treffen der Friedensbewegung in Den Haag samt der Einweihung des Friedenspalastes, den Andrew Carnegie für den internationalen Gerichtshof gestiftet hat.

Erstmals verlässt Eckstein am 3. Oktober wieder Coburg. Sie reist nach Nürnberg, wo die internationalen Studentenvereine tagen. Dort trifft sie ihre Freunde. Die machen ihr neu Mut. Langsam traut sie sich wieder etwas zu, sie überwindet ihre Depression.

Eine großartige Motivation für sie wird ihre Nominierung für den Friedensnobelpreis gewesen sein. Der schwedische Arzt Dr. Nils August Nilsson (1860 - 1940) hält sie für preiswürdig. Nilsson hatte 1910 für das Berner Friedensbureau selbst den Preis in Empfang genommen, deshalb zählt er zu den Vorschlagsberechtigten. Mit dem Preisgeld könnte einiges für die Weltpetition bewegt werden.

Aber das Komitee in Oslo wählt den verdienten Belgier Henri La Fontaine (1854 - 1943) aus, den Vorsitzenden des Berner Friedensbüros. Die Frankfurter Zeitung kritisiert, diese Vergabe geschehe nicht im Sinn Alfred Nobels. Der habe seine Stiftung als öffnende Investition in die Zukunft betrachtet. Nach seinem Testament solle die- oder derjenige ausgezeichnet werden, die oder der für die Zukunft etwas zum Wohle der Menschheit vollbringen könne und solle. Viele meinen, allein Anna B. Eckstein habe der Friedensache eine Perspektive gegeben. Als die Entscheidung aus Oslo bekannt wird, ist Eckstein enttäuscht, denn eines weiß sie: „Ich kann nicht weiter schaffen wie bisher.“

Für das neue Jahr 1914 laden ihre Freundinnen in Boston sie dringlich ein. Sie solle endlich wieder einmal zu ihnen „nach Hause“ zu kommen und neue Kraft schöpfen. Eckstein wird in Boston verwöhnt und gefeiert, allerdings fängt ihr Aufenthalt in der alten neuen Heimat sehr traurig an. Edwin Ginn stirbt am 21. Januar an den Folgen eines Schlaganfalls.

Einige Wochen arbeitet Eckstein in der Zentrale der „World Peace Foundation“. Sie wird vor allem dort eingegangene Unterschriftenlisten eingesehen haben. Mich beeindruckt ihr Interview vom 10. März 1914. Das „Boston Journal“ bringt es auf der Titelseite unter der Schlagzeile „Seeks Signatures of all adults in World“.

PROPAGANDE INTERNATIONALE FÉMINISTE-ESPÉRANTISTE

(Section : Médiation — Arbitrage, contre le duel, la guerre, etc., etc.)

Secrétariat Principal : 9, Rue de la Turbie, 9

PRINCIPAUTÉ DE MONACO

Pétition Internationale

DES FEMMES

Pour la Paix par l'Arbitrage

Cette pétition sera présentée à la 2ième Conférence de La Haye

	NOM DU PAYS D'ORIGINE (1)	NOMBRE DE FEUILLES REMPLIES (1)	NOMBRE DE SIGNATURES (1)
1re Série. — **Europe**.........			
2me — — **Amérique**......			
3me — — **Asie**...........			
4me — — **Afrique**........			
5me — — **Océanie**........			

Retournée par M ....

Adresse : ....

Demande l'envoi de .... nouvelles feuilles de pétition

(1) Prière au destinataire de ces feuilles de pétition, couvertes de signatures, de vouloir bien :
1° Remplir la formule ci-contre ;
2° Réintégrer les feuilles dans l'enveloppe à crochet ;
3° Affranchir.

Dans le cas où le premier destinatairé ne serait pas sympathique à notre cause, il voudrait bien faire passer les feuilles en d'autres mains, ou nous les retourner immédiatement.

MONTE-CAR.O — IMP. DU PETIT MONEGASQUE

Auf die Frage des Reporters nach den bereits gesammelten „signatures" antwortet Eckstein, sie brauche 50 Millionen. Sie selbst habe 6 Millionen, aber sie vertraue den vielen Sammlern in den verschiedensten Ländern. Sie hätte, wenn schon über Zahlen geredet wird, am liebsten 50 Millionen Dollars, um den vielen treuen Sammlern auf der Welt zu helfen. Das wäre ihre wichtigste Sorge. Ihre Unterstützer sollten spüren, dass Solidarität keine Einbahnstraße ist.

Ich beende dieses letzte Vorkriegs-Kapitel mit Tagebuchauszügen. Sie dokumentieren, wieviel jede Unterschriftsliste für Anna B. Eckstein bedeutet.

1909. Sonneberg: *Call from Frau Clara Ebert, who gave me Fifty petition World lists, with 1 000 signed names.* In Jena: *Spoke of World-petition after Prof. Reins lecture from 8 - 9, about 200 - 300 petition blanks distributed.* Ebenso 12., 13. und 14. August.

1910. Österreich: *Ein Lehrer in Linz a. D. hatte allein 1 462, der Besitzer eines großen Fabrikbetriebes mehrere Tausende von Unterschriften eingesandt.*

1911. Großbritannien: *Erhielt gegen 800 000 Unterschriften zur Weltpetition von Mr. W. A. Appleton. - Brief und Cheque an W. A. Appleton Esq. für Auslagen für Weltpetition. Gegen 145 Diskussionen. Über 700 000 (weitere) Unterschriften. - Auch Nachricht aus England, dass Weltpetitionsbogen mit der Unterschrift des Lord Mayors von London und 27 Parlamentsmitgliedern an Präsident Taft gesandt worden sind und von der amerikanischen Regierung bereits gedankt wurde. - Brief von Frau Penney, Brighton, England. Über 4 000 Unterschriften. Chinesischer Student hat 200 Weltpetitionsbogen drucken lassen.*

1912. Frankreich, Paris. *Unterredung mit Pastor Wagner. Soll 100 Weltpetitionsbogen nach seinem Tempel zum Verteilen an die Gemeinde senden.* - Coburg: *Um 10 Uhr Hofkirche. Herr Pfarrer Helbich aus Scheuerfeld. Sprach mit ihm nach dem Gottesdienst wegen der Weltpetition. Nachmittags besuchte mich Herr Pfarrer Dr. Helbich aus Scheuerfeld, der Mitglied der Deutschen Friedensgesellschaft ist und bereits Weltpetitionsbogen sich hat kommen lassen.* - Nürnberg: *Anfang des VIII. Deutschen Sängerbundesfestes in Nürnberg. Werbetätigkeit für die Weltpetition seitens des Herrn Georg Wagner.* - Österreich: *Dankschreiben an Herrn Konsul Kantsch und Herrn Hans Langoth, Linz an der Donau, für 1 462 Unterschriften zur Weltpetition seitens der österreichischen Lehrerschaft.* - Coburg: *Vormittags Besuch von Herrn Alfred Nonnenmacher, brachte mir einen Bogen mit Unterschriften. - Vormittags brachte mir Frau Clara Ebert einige Weltpetitionsbögen mit Unterschriften. - Sendung von Professor Dr. Robert Piloty (Würzburg) empfangen.*

1913. *In Ungarn wurde besonders im letzten Jahre vor Ausbruch des Weltkrieges die Werbetätigkeit rege. - I have just heard, that our English friends in Brighton alone have* *got 6 000 signatures; and in Germany, in spite of the various crises and subsequent increase of army expenditure, the World Petition is continuing to gain solid ground. In France, several new branches of the Peace Society have been formed in connection with my campaign, and only recently I learned, that one rich merchant personally collected no less than 1 500 signatures to the Petition, and has now organized a branch of the Peace Society in this town. This is specially gratifying, as he was quite sceptical towards the Peace movement before he had signed the World`s Petition.*

The Boston Journal

Learn to Play Music at a Glance FREE

1914

Seeks Signatures of All Adults in World

MISS ANNA ECKSTEIN.

Miss Anna Eckstein Works for Big Petition Calling for Lasting Peace Between All Nations on Earth.

"It is not an easy thing for a private person to get the signature of every man and woman in the world, but it can be done, and I am going to do it, if my health and money last. I have set my life upon it."

Such was the statement last night of Miss Anna Eckstein of the World Peace Foundation, who for four years has been carrying on her campaign to secure the signature of every adult person in the world to a petition urging lasting international peace. It is only by such a manifestation of public opinion, she thinks, that the powers can be made to see that permanent peace is as possible as they know it is desirable.

"How many signatures have you now?" asked The Journal reporter.

"Last year it was 6,000,000, but there are many more than that. Some organizations did not report their signatures. But we must have at least 50,000,000 to make an impression at the next Hague conference. There are 200,000,000 adults in the world.

"I have been in Great Britain, Germany, Holland, Belgium, France, Switzerland, Austria, Hungary and many other countries, lecturing and appealing to individuals. I work almost entirely through organizations. I have innumerable people working for me all over the world. Most of them are volunteers. If I could only pay their expenses we should have the 50,000,000 in no time. As it is I believe we shall make a good showing."

Der Krieg, er ist nicht tot, der Krieg
Der Krieg, er ist nicht tot, er schläft nur
Er liegt dort unterm Apfelbaum und schläft nur, schläft nur
Der Krieg er ist nicht tot der Krieg
Der Krieg, er ist nicht tot, der Krieg
Der Krieg, er ist nicht tot, er schläft nur
Er liegt da im Hinterhof und wartet, wartet
Auf Dich, auf mich - er ist nicht tot der Krieg
Der Krieg, er ist nicht tot, der Krieg
Der Krieg, er ist nicht tot, er schläft nur
Er hat sich sehr gut versteckt und wartet, wartet
In mir, in Dir - er ist nicht tot der Krieg
Rio Reiser 1991

Kalt durchzuckte es mich

Anna B. Eckstein versucht alles. Sie braucht mehr Geld für ihre Friedenspropaganda. Sie reist von Boston aus im April 1914 eigens für mehrere Wochen nach Washington. Sie nimmt Kontakt auf mit dem deutschen Botschafter Graf Johann Heinrich von Bernstorff (1863 - 1939), mit dem Kongressabgeordneten Thomas C. Thacher (1858 - 1945) und mit dem amtierenden US-Außenminister William Jannings Bryan (1860 - 1925). Aber es gelingt ihr vier Wochen lang nicht, Andrew Carnegie persönlich zu erreichen.

Irgendwann hört sie, dass Carnegie Ende Mai mit dem Dampfer „Oceanic" nach Europa reist. Es ist vermutlich kein Zufall, dass Eckstein auf demselben Schiff die Heimreise antritt. Geplant hatte sie ursprünglich, den Anfang des Sommers noch in Massachusetts zu verbringen, doch sie entscheidet sich kurzfristig anders. Von einem persönlichen Kontakt mit Carnegie erhofft sie sich die ersehnte größere Finanzquelle. Während der mehrtägigen Reise auf demselben Schiff fällt es ihr nicht schwer, sich ausführlich mit Carnegie auszutauschen. Sie bewegt ihn zu einer Zusage. Er werde ihr helfen, der Weltpetition neuen Schwung zu verleihen.

Aber die Zeit wird knapp. Am 21. Juni erschüttert der Tod Bertha von Suttners die Friedensbewegung. Die Woche darauf liefert am 28. Juni der Attentäter von Sarajewo allen Kriegstreibern den ersehnten Vorwand. Die

Militärführungen in Österreich-Ungarn, Russland, Frankreich und Deutschland haben es sehr eilig. Jeder will der erste sein, der zuschlägt. Keiner lässt sich mehr zurückhalten.

Nicht nur für Anna B. Eckstein ist jetzt alles zu spät. Im Juli 1914 finden in Deutschland noch einmal 288 Anti-Kriegsdemonstrationen statt. Allein in Berlin sind 100 000 Menschen auf der Straße. In Ecksteins Tagebüchern findet sich für den 1. August, dem Tag der deutschen Kriegserklärung an Russland und Frankreich, nur dieser eine Satz: *Kalt durchzuckte es mich.*

Ich versuche mich in ihre Situation hineinzudenken. Wo habe ich Vergleichbares erlebt? Am 15. Januar 1991 ziehen 4 000 Menschen ab 17 Uhr durch die Coburger Innenstadt. Viele halten Kerzen in den Händen. Es ist meines Wissens die größte „Friedens-Demo", die Coburg je erlebt hat. Am Ende stehen die Menschen auf dem Markt vor dem Rathaus in einem großen Viereck und schweigen zehn Minuten lang. Sogar Oberbürgermeister Norbert Kastner und Landrat Karl Zeitler haben sich eingefunden.

Noch mehr als die Zahl der Menschen ergreift mich die spürbare Verzweiflung. Nach zehn Minuten des Schweigens bete ich ein Vaterunser und alle beten mit. Anschließend stimmt einer den Kanon der Friedensbewegung an: „Herr, gib uns deinen Frieden!" Es dauert, bis der Gesang langsam nachlässt. Ich bedanke mich und bitte zu weiteren täglichen Friedensgebeten in die Kirchen.

Am nächsten Morgen beginnt der erste Krieg, den die USA im Irak führen. Hunderttausende Soldaten, ein Großteil von ihnen in Deutschland stationiert, werden seit Anfang Dezember als Drohkulisse in der saudischen Wüste in Stellung gebracht. Die NATO-Truppen, darauf eingeschworen, das Recht und die Freiheit tapfer zu verteidigen, leben dort allerdings ziemlich unfrei. Ihnen ist es verboten, Schweinefleisch zu essen, Alkohol zu trinken oder Bilder unverschleierter Frauen mitzuführen. Sie dürfen vor allem weder ein Kreuz noch eine Bibel offen zeigen. Man weiß im Pentagon sehr wohl, was man der islamischen Welt mit dieser Invasion zumutet.

Der Irak hatte sich mit dem ersten Golfkrieg (1980 - 1988) dramatisch verschuldet. Saddam Hussein glaubte, gegen die ihm verhasste islamische Republik der Schiiten im Iran einen schnellen Sieg zu erringen, aber der Sunnit hatte sich getäuscht. Für den neun Jahre dauernden Krieg musste der Irak enorme Kriegsanleihen aufnehmen. Um seine Verpflichtungen zu tilgen, lässt der Diktator 1990 kurzerhand das kleine, aber reiche Kuwait besetzen.

Das Emirat hatte Zugriff auf die besten Ölfelder im Süden Iraks. Nach dem dreisten Übergriff Saddam Husseins auf das Nachbarland beschließt der UN-Sicherheitsrat die Resolution 678. Dem Irak wird ein Ultimatum gestellt. Die USA und Großbritannien, sonst wenig eifrig im Befolgen von UN-Beschlüssen, nutzen die Chance. Sie hoffen, eine militärische Intervention in Kuwait und im Irak stärke ihren Einfluss im Nahen Osten.

Auch mein Schwager Alfonso Smith wartet wie fast eine Million anderer Militärpersonen in der Wüste von Saudi-Arabien auf den Ablauf des Ultimatums. Bis kurz vor Weihnachten hatte er als Sergeant in Erlangen ein friedliches Leben. Jetzt bekommt seine Familie täglich seine Mails. Alfonso fühlt sich schlecht. Ähnlich wie wir sind viele im Coburger Land mit einem Angehörigen der US-Streitkräfte verbunden.

Darüber hinaus ist die Drohkulisse „Krieg" für uns an der ehemaligen Grenze zur DDR ein Schock. 1989 war nicht nur der Kalte Krieg bei uns beendet worden, die Sowjetunion musste ihre Truppen nach einer zehnjährigen Invasion aus Afghanistan zurückziehen. Macht der Westen jetzt den gleichen Fehler? Führen auch wir einen Krieg, der wie so viele andere am Ende nur Verlierer hat?

Deutschland ist an der Vorbereitung des Irakkrieges mehrfach beteiligt. Es leistet einen erheblichen finanziellen Beitrag. Als Basis für den Nachschub der Amerikaner spielt es auch militärisch eine Rolle. Nicht nur aus unserer Perspektive von 1989 widerspricht der damalige Einsatz politischer Vernunft und den Lehren der Geschichte. Vor jedem Einsatz unmittelbarer Gewalt hat sich jeder Soldat und jeder Polizist eine Frage zu stellen. In diesem Fall: Genügt der Aufmarsch von fast einer Million Soldaten in der Wüste dem Grundsatz der Verhältnismäßigkeit? Oder schieße ich mit Kanonen auf Spatzen?

Nach den Prinzipien für eine internationale Schiedsgerichtsbarkeit, die Anna B. Eckstein einst aufgestellt hat, gibt es für einen solchen Krieg keine Rechtfertigung. Dieser Krieg führt niemals zu einem dauerhaften Frieden. Er kostet unschätzbar vielen Leben und Gesundheit. Den Nahen Osten wird er weiter destabilisieren. Eine endlos erscheinende Kette weiterer Kriege wird die Folge sein. Die Entwicklung zum Frieden ist auf lange Sicht nachhaltig gestört.

Das Meederer Friedensmuseum tritt bei der Demonstration am 15. Januar 1991 als Mitveranstalter auf. Wir führen beim Schweigezug und im Schweigekreis unsere große Anna-B.-Eckstein-Ikone mit. Ecksteins Protest gegen eine Macht ohne Recht trifft auch die bedrückende Situation im Nahen Osten.

Weil die Zweifel weltweit wachsen, werden Gräuelmeldungen aller Art über das Regime des Saddam Hussein verbreitet. Besonders infam war die „Brutkastenlüge“: Irakische Truppen hätten in Kuwait auf der Frühchen-Station im Hospital Kinder aus ihren Wärme-Bettchen gerissen, auf dem Boden liegen lassen und damit umgebracht. Später stellte sich die Meldung als Erfindung der PR-Agentur Hill & Knowlton heraus. Sie war für solche Geschichten von der kuwaitischen Exilregierung bezahlt worden.

Dass das erste Kriegsopfer stets und überall die Wahrheit ist, erfährt und erlebt auch Anna B. Eckstein vor, während und nach dem Ersten Weltkrieg. Auf alten Fotos tragen auch fränkische und bayerische Knaben Matrosen-Anzüge. Der deutschen Werftindustrie hatte mit entsprechenden Spenden im ganzen Reich „Flotten-Vereine“ installiert. Deutschland müsse Großbritannien in der Stärke seiner Flotte übertreffen! Diese Wahn-Idee von Wilhelm II. soll vom Volk geteilt werden. Ähnliche Spenden der Rüstungsindustrie finanzieren auch die unzählbaren Kriegervereine im Lande.

Und doch ist die Kriegsbegeisterung von 1914 schlicht herbeigelogen. Sofern es sie bei einigen Jungakademikern gegeben hat, war sie Produkt der Parolen, die man den kleinen Jungs samt ihren Matrosen-Anzügen und Spielzeug-Gewehren tief ins Herz gepflanzt hat. In der großen Masse sind die Deutschen 1914 keineswegs kriegsbegeistert.

Der Meederer Pfarrer, der national eingestellte Paul Seeber (1867 - 1936) , beklagt in seiner Jahres-Chronik von 1914 den fehlenden Jubel im Kirchspiel.

Doch die in der Landwirtschaft beschäftigten Männer fehlten als Arbeitskräfte. Es ist August, jede Hand wird in der Ernte gebraucht. Oft werden auch noch die Arbeitspferde eingezogen. Und das Versprechen, Weihnachten wären alle wieder zu Hause, macht alles nur noch schlimmer. Später lassen die Alldeutschen und ihre Nachfolger, die Nazis, das Märchen von der Kriegsbegeisterung von 1914 auch noch in die Geschichtsbücher schreiben.

Kalt durchzuckte es mich. Viel mehr erfahren wir nicht von Anna B. Eckstein zum Kriegsbeginn. Im Kampf für die Abschaffung des Krieges hat sie eine schmerzliche Niederlage erlitten. Die Tagebuch-Seiten bleiben jetzt einfach leer. Erst ab 1917 schreibt sie wieder alles auf. Wir haben aus der Zeit bis dahin nur wenig Quellen.

Es gibt einen Briefwechsel mit Edwin D. Mead, dem Generalsekretär der „World Peace Foundation". Zunächst bittet dessen Tochter Lyra (1877 - 1969) Eckstein inständig, nach Boston zurückzukehren. Das war damals noch über die neutralen Niederlande möglich. Auch ihre Mutter und ihre behinderte Schwester wären herzlich willkommen! Als Eckstein ablehnt, erfolgt am 2. Dezember 1914 die offizielle Kündigung. Anna B. Eckstein ist jetzt kein Friedensprofi mehr.

Am 12. Februar 1915 schreibt sie an Andrew Carnegie. Sie setze jetzt ihren Kampf fort. Er habe ihr auf der „Oceanic" seine volle Unterstützung für die Weltpetition zugesagt. Sie nennt Carnegie als Vermittlungsadresse für Geldzuwendungen einen Friedensfreund in Den Haag: Dr. B. de Jong van Beek en Donk (1881 - 1948).

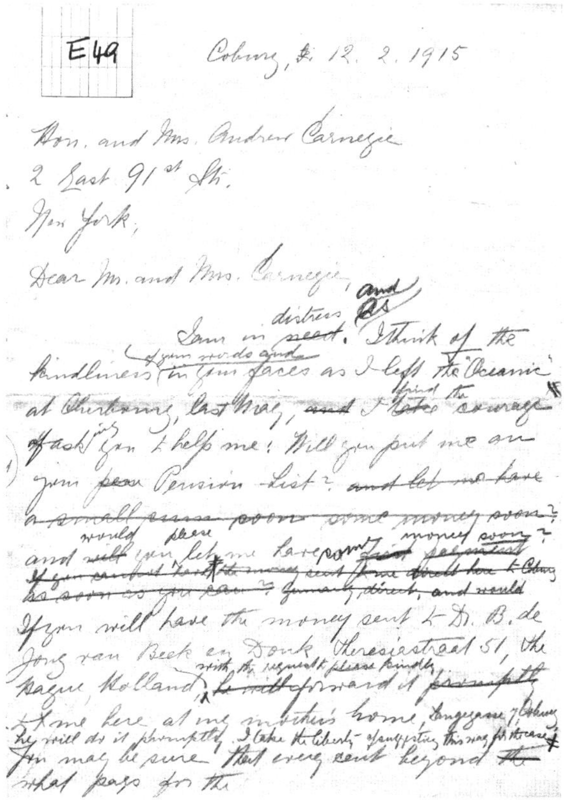
E49

Coburg, d. 12. 2. 1915

Hon. and Mrs. Andrew Carnegie
2 East 91st Str.
New York;

Dear Mr. and Mrs. Carnegie,

I am in distress and as I think of the kindliness of your words and in your faces as I left the "Oceanic" at Cherbourg, last May, I find the courage of asking you to help me: Will you put me on your Pension List? and let me have [illegible] would please let me have money soon? [illegible] If you will have the money sent to Dr. B. de Jong van Beek en Donk, Theresiastraat 51, the Hague, Holland, with the request please kindly forward it promptly to me here at my mother's home, [illegible] Coburg. He will do it promptly. I take the liberty of suggesting this way [illegible]. You may be sure that every cent beyond what pays for the

Eckstein begründet ihre Bitte mit den Sätzen: *For my faith and my will are unshaken. I believe as firmly as ever that the abolition of war will come and I am as resolved as ever that to my last breath I shall use what talents and opportunities are given me to promote the establishment of permanent peace among the nations.*

Wir erfahren nicht, ob dieser Brief Andrew Carnegie erreicht hat. Ecksteins „unerschütterlicher Glaube und Willen, für die Abschaffung des Krieges alles zu tun," bringt sie im April 1915 nach Den Haag. Auf Initiative niederländischer Frauen kommt dort ein „Internationaal Congres van Vrouwen" zustande. Es ist die einzige größere Friedenskundgebung, an der während des Weltkriegs Menschen aus gegeneinander kriegführenden Staaten teilnehmen. Und das ist schwierig genug. Den aus England angemeldeten Frauen wird kurzfristig die Ausreise verwehrt. Nur wer die Reise schon ein paar Tage zuvor angetreten hatte, kann dabei sein.

Aus Deutschland haben sich 31 Frauen angemeldet. Im Protokoll heißt es nur von der Teilnehmerin Frida Perlen (1870 - 1933) aus Stuttgart, dass sie keinen Pass für die Reise nach Den Haag bekommen habe. Perlen hatte für den „Nationalen Frauenausschuss für einen dauernden Frieden" die Broschüre drucken lassen „Was soll geschehen um künftige Kriege zu vermeiden?" Sie wird zum Preis von 10 Pfennig vertrieben.

Der Frauenkongress in Den Haag wird von der Amerikanerin Jane Addams (1860 - 1935) geleitet. Eckstein trifft bekannte Mitstreiterinnen, auch solche aus Ländern, die jetzt als „Feindstaaten" gelten. Unter den Deutschen profilieren sich in Den Haag die Münchnerinnen Lida Gustava Heymann und Dr. Anita Augspurg. Die beiden hatten 1902 den „Verband für Frauenstimmrecht" initiiert, der das politische Schwergewicht der Deutschen Frauenbewegung gebildet hatte.

Viele Namen fehlen in Den Haag. Die große Masse hält es während eines Krieges für sinnlos, mit Menschen aus den Feindstaaten zu sprechen. In Deutschland gilt während des Krieges schon die in Den Haag erhobene Forderung nach einem sofortigen Waffenstillstand als Verrat.

Eckstein ist in Den Haag dabei, aber sie meldet sich nicht zu Wort. Sie scheint Rücksicht nehmen zu müssen. Sie muss sich die Reisemöglichkeit in die Niederlande erhalten, um weiter an ihre amerikanische Rente zu kommen. Die Hauptforderung der Frauen in Den Haag gilt der alsbaldigen Einberufung einer Dritten Haager Konferenz. Alle Forderungen decken sich mit dem, was Eckstein in ihrem Staatenschutzvertrag beschreibt.

Eine besondere Szene spielt sich am Ende der Tagung ab. Die aus fünf Frauen bestehende belgische Delegation trifft erst jetzt ein, die deutsche Besatzung in Belgien hatte zuvor ihre Reise verhindert. Die Deutsche Lida Gustava Heymann fordert vom Plenum die Zustimmung, dass die gesamte belgische Delegation auf dem Podium Platz nehmen darf. Die Belgier und ihre deutsche Fürsprecherin werden daraufhin stürmisch gefeiert.

Belgien war von Deutschland ohne Kriegserklärung überfallen und besetzt worden. Diesem Bruch des Völkerrechtes fügten die Besatzer schlimme Unrechtshandlungen hinzu: Geiselerschießungen, Vergewaltigungen von Frauen und die demonstrative Zerstörung von Kulturgütern. Die Haager Frauen-Versammlung kann keine dieser Unrechtshandlungen aus der Welt schaffen. Aber schon das Zustandekommen dieser Konferenz und auch der Mut zur Teilnahme ist eine großartige und wichtige Demonstration.

Kalt durchzuckte es mich. Dieser Satz zum Kriegsbeginn beschreibt ein plötzliches Gefühl von Wehrlosigkeit. Ich erstarre. Ich bin wie gelähmt. Die Angst wird übermächtig. Als verliere mein Leben und Handeln jetzt jeden Sinn. Aber diese Wehrlosigkeit besteht nur, wo ich mich selbst aufgebe. Ich kann und muss vor dem Krieg und dem Hass, von dem der Krieg

PHOTOGRAPH OF THE PLATFORM.

:eading from left to right: Mme. THOUMAIAN, Armenia; LEOPOLDINA KULKA, Austria; Miss HUGHES. Canada; ROSIKA-SCHWIMMER, Hungary; Dr. ANITA AUGSPURG, Germany: JANE ADDAMS, U. S. A., President of tht Congress; EUGÉNIE HAMER, Belgium; Dr. ALETTA H. JACOBS, President of the Dutch Executive Committee; CHRYSTAL MACMILLAN, Great Britain: ROSA GENONI, Italy; ANNA KLEMAN, Sweden; THORA DAUGAARD, Denmark: LOUISE KEILHAU, Norway.

lebt, nicht resignieren. Dazu besteht kein Grund. Ich bin mit dem Gott fest verbunden, den man gekreuzigt hat. Ich glaube an sein und an mein Leben. Anna B. Eckstein findet schnell heraus aus dieser Wehrlosigkeit.

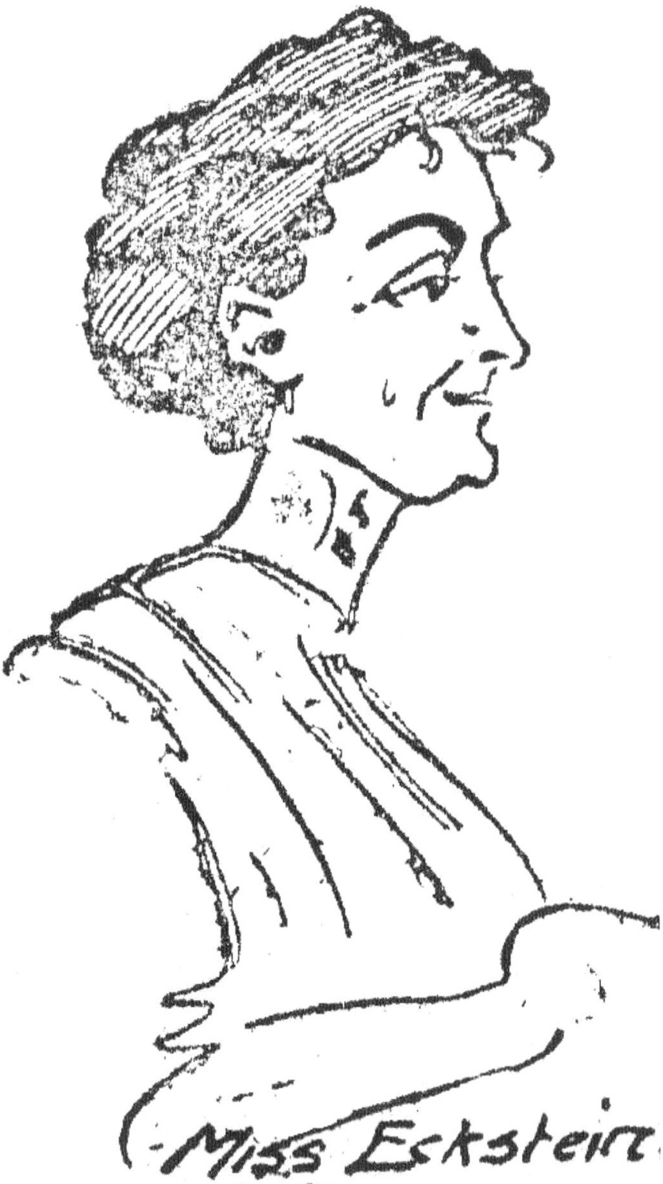

Du, lass dich nicht verhärten in dieser harten Zeit.
Die allzu hart sind, brechen, die allzu spitz sind, stechen
und brechen ab sogleich.
Du, lass dich nicht verbittern in dieser bittren Zeit.
Die Herrschenden erzittern - sitzt du erst hinter Gittern -
doch nicht vor deinem Leid.
Du, lass dich nicht erschrecken in dieser Schreckenszeit.
Das wolln sie doch bezwecken, dass wir die Waffen strecken
schon vor dem großen Streit.
Du, lass dich nicht verbrauchen, gebrauche deine Zeit.
Du kannst nicht untertauchen, du brauchst uns und wir brauchen
grad deine Heiterkeit.
Wir wolln es nicht verschweigen in dieser Schweigezeit.
Das Grün bricht aus den Zweigen, wir wolln das allen zeigen,
dann wissen sie Bescheid
Wolf Biermann
„Ermutigung" 1968

Das Recht, eine zarte Pflanze gegen den Krieg

Im Herbst 1915 und Anfang 1916 verfasst Anna B. Eckstein eine *Denkschrift.* Sie trägt den Untertitel: *Zur politischen Zielsetzung nach dem Weltkrieg. Eine Neubearbeitung der Weltpetition zur Verhütung des Krieges zwischen den Staaten.* Eckstein wirbt mit dieser Weiterentwicklung der Weltpetition für einen Verständigungsfrieden, für einen Frieden ohne Verlierer.

Eckstein richtet sich damit gegen Erich Ludendorff (1865 - 1935) und Paul von Hindenburg (1847 - 1934). Die Generäle hatten 1914 die Armee des Zaren aus Ostpreußen vertrieben. Ab dem 29. August 1916 übernehmen beide gemeinsam die Oberste-Heeres-Leitung (OHL). Ihre Politik kennt nur die Rede vom „Siegfrieden". Jede Verunsicherung des absoluten Siegeswillens soll unterbunden und ausradiert werden. Dieses Alles oder Nichts ist offenkundig militärischer und politischer Unsinn.

Was Eckstein einst mit den in der Weltpetition erhobenen Forderungen begann, arbeitet sie jetzt zum politischen Konzept aus. Den Politikern fehlt dazu der Mut. Eckstein möchte eine wirkliche „Nachkriegs"-Ordnung. Nie wieder soll sie zur „Vorkriegs-Ordnung" werden können. Der künftige Friedensvertrag soll ein „Vertragen" im Frieden sein. Dieses „Vertragen" muss gelebt werden. Dann wird es jeden künftigen Krieg verhindern oder wenigstens im Keim ersticken.

Eckstein verschickt ihre mühsam getippten Manuskripte an Regierungen und Persönlichkeiten der Mittelmächte und des neutralen Auslandes. An Anschriften in Feindstaaten ist im Krieg kein Postversand möglich. Ecksteins erste Adresse ist stets Reichskanzler Theobald von Bethmann Hollweg. Im Machtgefüge des preußisch-deutschen Militärstaates dient er als das zivile Aushängeschild.

Bethmann Hollweg reagiert äußerst freundlich auf Ecksteins Zusendungen, meist sogar handschriftlich. Das gibt der Unermüdlichen das Gefühl, ihre Arbeit nicht vergeblich zu tun. Mehr an Einflussnahme als das kontrollierte Versenden ihrer Denkschriften ist Eckstein nicht möglich. Öffentliche Erörterungen über alles, was kein Siegfrieden ist, sind bereits seit August 1914 untersagt. Die Zensuranweisungen werden bis zum Kriegsende von den Militärbehörden regelmäßig verstärkt.

Hindenburg und Ludendorff machen aus dem kaiserlichen Deutschland eine Militärdiktatur. Reichskanzler und Reichstag sind nur noch Staffage. Sie dürfen keinen entscheidenden Einfluss mehr nehmen. Kriegsmüdigkeit muss in jeder Form energisch bekämpft werden, das gilt als oberste Priorität. Die Abscheu gegen diesen Krieg verbreitet sich aber rasant und unaufhaltsam. Ein Friedensangebot an die Westmächte, das Weihnachten 1916 auf Initiative Österreichs-Ungarns zustande kommt, wird von der OHL so umformuliert, dass die alliierten Gegner es ablehnen müssen.

Im Februar 1917 setzt die OHL erneut den uneingeschränkten U-Boot-Krieg in Gang. Die Folge war vorhersehbar. Die USA erklären am 6. April Deutschland den Krieg. Präsident Thomas Woodrow Wilson (1856 - 1921) hatte vier Tage zuvor den US-Kongress aufgefordert, einem Kreuzzug der „friedensliebenden" Demokratien - auch Russland ist damals gerade zur Republik geworden - gegen die „militärisch-aggressiven" Autokratien der Erde zuzustimmen. In beiden Häusern findet der Präsident eine überwältigende Mehrheit.

Die „Coburger Zeitung" berichtet über die Wilson-Rede unter der Überschrift *Viel Feind - Viel Ehr*. Es wäre ein *Eingeständnis der Ohnmacht der Entente und eine Anerkenntnis der Überlegenheit Deutschlands und seiner Verbündeten* gewesen. *Amerika tritt zu der Meute, die geglaubt hatte, einen Hasen zu hetzen, und entsetzt war, sich einem Löwen gegenüber zu sehen.*

Aber ein ernsthafter Kräftevergleich müsste es jedem Offiziersschüler klarmachen. Die Beteiligung der USA wird diesen Krieg entscheiden. Die Erfolge des uneingeschränkten U-Boot-Krieges erweisen sich als kurzfristig. Die Alliierten schicken ihre Schiffe jetzt in Geleitzügen, flankiert von kleinen Zerstörern. Sie feuern auf jede Bewegung, die an der Meeresoberfläche sichtbar wird. Aus den Jägern werden Gejagte.

Selbst die Reichstagsmehrheit, die einst den Kriegskrediten zugestimmt hatte, geht jetzt in Opposition zur OHL. Matthias Erzberger (1875 - 1921) von der katholischen Zentrumspartei verfasst am 6. Juli 1917 eine Erklärung. Der Reichstag beschließt sie als „Friedensresolution“ mit großer Mehrheit. Erzberger weist den Militärs falsche Angaben über die Effektivität des U-Boot-Krieges nach. Ludendorff und seine Leute werden ihm das nie vergessen.

Rückendeckung bekommt Erzberger von Papst Benedict XV. (1854 - 1922). Der fordert die gegenseitige Rückgabe aller besetzten Gebiete. Vor allem Belgien soll unter Sicherung seiner Unabhängigkeit vollständig geräumt werden. Die Alliierten sollen im Gegenzug die deutschen Kolonien zurückgeben. Alle territorialen Fragen, auch die zwischen Deutschland und Frankreich, müssen *in versöhnlichem Geist und nach Maßgabe des Gerechten und Möglichen* erfolgen. Darüber hinaus reiht sich der Papst in die Forderung der Friedensbewegung ein. Auch er ist für *Abrüstung und eine effektive internationale Schiedsgerichtsbarkeit zur Vermeidung künftiger Kriege.*

Im Reichstag werden Erzberger und sein Zentrum von der linksliberalen Fortschrittlichen Volkspartei und der SPD unterstützt, also von den Parteien, die nach dem Krieg auch die Weimarer Koalition bilden werden.

Die Friedensresolution zitiert anfangs die Thronrede Wilhelms II. vom 4. August 1914: *„Uns treibt nicht Eroberungssucht“*. Dann heißt es weiter: *Der Reichstag erstrebt einen Frieden der Verständigung und der dauernden Versöhnung der Völker. Mit einem solchen Frieden sind erzwungene Gebietserwerbungen und politische, wirtschaftliche oder finanzielle Vergewaltigungen unvereinbar. Der Reichstag weist auch alle Pläne ab, die auf eine wirtschaftliche Absperrung und Verfeindung der Völker nach dem Kriege ausgehen. Die Freiheit der Meere muss sichergestellt werden. Nur der Wirtschaftsfriede wird einem freundschaftlichen Zusammenleben der Völker den Boden bereiten. Der Reichstag wird die Schaffung internationaler Rechtsorganisationen tatkräftig fördern …*

Bethmann Hollweg hatte von Anfang den Annexionswünschen der Alldeutschen widersprochen. Als er Erzbergers Friedensresolution nicht verhindern will und kann, setzen Ludendorff und Hindenburg den Kaiser unter Druck. Er „muss“ Bethmann Hollweg entlassen. Hindenburg meint, Bethmann Hollweg sei unfähig. Er könne *die Sozialdemokratie nicht mehr meistern.*

Eckstein erfährt vom Ende dieser Kanzlerschaft am 14. Juli. Sie schreibt ins Tagebuch: *Ich bin erschüttert, niedergeschmettert - wie am Tage der Mobilmachung. Kalt durchzuckte es mich.*

Wieder ist etwas geschehen, dem sich ihre Seele nicht gewachsen fühlt. Die Entwicklung im Reichstag hin zur Friedensresolution hatte ihr Hoffnungen gemacht. Aber über Nacht wird klar, was immer ein ziviler Politiker in Sachen Frieden auf den Weg bringen wird, die OHL wird es nicht dulden. „Der Krieg" und seine Protagonisten haben alles im Griff. Noch über ein Jahr wird sich das Elend hinziehen, und jeden Tag wird es weiterwachsen.

Auch Bethmann Hollwegs Nachfolger Georg Michaelis (1857 - 1936), zuvor als preußischer Staatskommissar für Volksernährung nicht gerade erfolgreich, bleibt nur kurz im Amt. Am bitteren Ende des Krieges werden die Militärs die Zivilisten für die Niederlage verantwortlich machen. Dabei waren es ausschließlich die Militärs gewesen. Sie hatten die „Alles-oder-nichts"-Strategie stets gewollt und durchgesetzt, die doch von Anfang an aussichtslos sein musste. Ludendorff, der sich selbst feige aus der Verantwortung stiehlt, setzt wenig später die „Dolchstoß-Legende" in die Welt. Als wäre die Niederlage an den Kriegskritikern in der Heimat gelegen, im Felde wären die deutschen Streitkräfte unbesiegt geblieben.

Hindenburg schickt zur Unterzeichnung des Waffenstillstandes Matthias Erzberger. Der wäre ein glaubwürdiger Vertreter deutschen Friedenswillen, meint er zynisch. Der damalige Staatssekretär muss 1918 im Wald von Compiègne die französischen Waffenstillstandsbedingungen entgegennehmen und quittieren. Wenige Monate später ist er Finanzminister der Regierung, die den Friedensvertrag von Versailles zu unterzeichnen gezwungen ist.

Erzberger wird am 26. August 1921 von zwei Marine-Offizieren erschossen. Die beiden entkommen nach Spanien. 1933 werden diese Mörder im Triumph nach Deutschland zurückgeholt. Außer Erzbergers Grab in seinem Heimatort Biberach an der Riß gibt es sehr lange in der Bundesrepublik auch für ihn kein offizielles Gedenken. Den Anfang machte 1975 eine Briefmarke der Deutschen Bundespost.

Während des gesamten Kriegs werden vom tatsächlichen Kriegsgeschehen der deutschen Öffentlichkeit nur die Siegesmeldungen präsentiert. Trotzdem spürt es jeder. Mit dem, was in der Zeitung steht, werde ich nur getäuscht. Diese ständigen Lügen sind das Schlimmste für Anna B. Eckstein. Sie schreibt am 12. Januar 1917 an Bethmann Hollweg: *Man wasche die Schreibfedern rein, und stelle den Lügenfeldzug ein!*

Zu Weihnachten 1917 war es Alfred Hermann Fried von seinem Schweizer Exil aus gelungen, ein Flugblatt zu verbreiten. Seine wesentliche Aussage: *Leider muss man alle Schuld für die Verlängerung des Krieges auf jene blödsinnigen Elemente in Deutschland zurückführen, die noch immer von den weitgehendsten Annexionen sprechen und von einem Gewaltsieg träumen.*

Am 15. Januar 1917 erfährt Ecksteins 44jähriger Bruder Ernst, dass er seine Familie verlassen muss. Der Postbeamte wird an die Ostfront versetzt. Die russischen Streitkräfte sind in Auflösung begriffen, das Zarenregime bricht zusammen. Die Regierung Kerenski ist unfähig, den Krieg zu beenden. Die verbliebenen deutschen Truppen sind andererseits mit der Gestaltung des Lebens in den eroberten Gebieten heillos überfordert.

Sie tun, was sie gelernt haben. Sie verschieben die Front noch einmal um Hunderte von Kilometern weiter nach Osten. Ihnen offenbart sich dabei bestenfalls die Sinnlosigkeit eines solchen Eroberungskrieges. Er dient nur einer realitätsfernen und sadistisch veranlagten Offiziersclique als Betätigungsfeld.

Leute wie Annas Bruder Ernst sollen versuchen, dort wenigstens ansatzweise gesellschaftliche Kommunikation zu ermöglichen. Sie sollen etwas Sinnvolles in der Sinnlosigkeit anfangen. Aber Sinn lässt sich nicht als Feldzug organisieren. Ernst Eckstein ist seelisch am Boden, als er im Januar 1919 aus den besetzten Gebieten zurückkehrt.

In der Heimat ist die Versorgung längst katastrophal. Mühevoll wird der Alltag organisiert. Die kalte Jahreszeit von 1916 auf 1917 nennen die Leute „Steckrüben-Winter". Wetterbedingt war die Ernte schlecht. Wegen garantiert billiger Brotpreise war es außerdem für die preußischen Großagrarier profitabler, Fleisch zu produzieren. Kartoffeln und Brotgetreide, die dringend zum Überleben der Menschen gebraucht würden, werden als Futtermittel verwendet. Als im Februar die Versorgung mit Nahrungsmitteln in vielen Regionen zusammenbricht, leidet die gelebte und die gefühlte Solidarität in der Gesellschaft. Es kommt zu Streiks, die vom Militär-Regime blutig unterdrückt werden.

Das Meederer Friedensmuseum zeigt ein „Kriegskochbuch". Ärmeren Leuten wird erklärt, wie sie sich von Brennnesseln und Kräuter ernähren können. Dasselbe Buch mahnt gleichzeitig vermögende Kreise, nicht auf Fleisch zu verzichten. Die Landwirte würden sonst nichts mehr verdienen. Das ist Realsatire pur. Die Königin von Bayern, die dieses Buch 1917 ihrem treuen Volk widmet, scheint den Zynismus der Empfehlungen nicht bemerkt zu haben.

Ecksteins in Coburg haben Schwierigkeiten, Weißbrot zu bekommen. Mutter Eckstein und ihre Toni vertragen das Graubrot nicht, das zum Teil mit Ersatzstoffen gebacken wird. Hausarzt Marzen wird von Monat zu Monat um ein entsprechendes Attest gebeten. Um Milch zu bekommen, muss man erst dem Milch-Versorgungsamt gegenüber einen außerordentlichen Bedarf nachweisen. Auch Kohlen werden gespart, das heißt, es werden weniger Zimmer beheizt.

Anna B. Eckstein kümmert sich in Abwesenheit von Bruder Ernst um ihre drei Neffen. Hermann ist jetzt 17 Jahre alt, Hans 14 und Otto 13. Alle drei besuchen das Gymnasium Casimirianum. „Tante Anna" ist stolz, dass sie ihre „Buben" trotz der schlechten Zeit zu hervorragenden schulischen Leistungen motiviert. Sie lernt mit ihnen sogar Latein. Intensiv diskutiert sie mit ihnen Deutsch-Aufsätze und Referate. Von jetzt ab begleitet sie kritisch die auf dem „Casi" betriebene Pädagogik.

Im Frühjahr wandern Hermann und Hans mit ihren Klassen eine Woche zur Landarbeit auf einen Gutshof bei dem nahen Schloss Hohenstein. Schon am dritten Tag kommen die Schüler laut protestierend wieder nach Hause. Nicht einmal dort gab es für die hungrigen Jugendlichen genügend zu essen. Anna B. Eckstein tut, was sie kann. Sie hilft den Bauern auf der „Höhe" hinter der Veste Coburg beim Kartoffellegen. Als Lohn ergattert sie Saatkartoffeln, die im Garten „Lange Gasse 7" wachsen sollen. Auch „Frau Staatsrat" Baudler, der Nachbarin und Freundin, ist Eckstein zur Hand, wenn diese in Heimarbeit Geschosskörbe flechten muss.

Die letzte Post aus den USA erreicht Eckstein am 29. Januar 1917. Drei Monate war der Brief unterwegs. Jetzt erfährt sie von Lyra Trueblood, dass deren Vater Benjamin Trueblood, der Generalsekretär der American Peace Society, am 26. Oktober 1916 verstorben war. An englische und französische Friedensfreunde versucht Eckstein über die Schweiz und Holland wenigstens Weihnachtskarten zu senden. Aber auch in neutrale Länder braucht die Post oft Wochen. Das liegt an der Zensur. Mit zunehmender Kriegsdauer werden die Postkontrollen strenger und langwieriger. Die Kriegswelt der Weltfriedensfrau wird schon der reduzierten Kommunikationsmöglichkeiten wegen recht überschaubar.

Da öffnet sich eine neue Tür. Ihre „Denkschrift" hat Eckstein nach Kiel geschickt. Dort gibt es die einzige Forschungsstelle für zwischenstaatliches Recht in Deutschland. Offiziell darf sie sich zunächst nur mit dem Recht für die internationale Schifffahrt befassen. Ab 1912 kommt Kolonialrecht dazu.

Doch Professor Theodor Niemeyer (1857 - 1939), der Leiter der Einrichtung, ist damit nicht zufrieden. Er möchte das Völkerrecht umfassend betrachten und zugänglich machen. 1915 gibt er schon einmal die „Zeitschrift für internationales Recht" heraus. Bald darf sich seine Stelle „Kriegsarchiv" des Völkerrechts nennen. 1917 gründet er die „Deutsche Gesellschaft für Völkerrecht". Nach dem Krieg wirbt er für eine europäische Friedensordnung und Rüstungskontrolle.

Niemeyer hatte auf Ecksteins Weltpetition sehr positiv reagiert. Er schrieb ihr am 24. März 1910: *Ich möchte nichts hinzusetzen noch streichen. Nehmen Sie meine Unterschrift hiermit gütigst unter Ihre Führung.* Eckstein lernte Niemeyer 1912 in Heidelberg persönlich kennen. Dort gab es das erste nationale Treffen des „Verbandes für internationale Verständigung", so nennt sich der deutsche Zweig von „Conciliation Internationale". In Ecksteins Tagebuch heißt dieses Treffen nur „ein Freudentag".

In der Folge wertet sie für Niemeyer die internationale pazifistische Literatur aus. Im Krieg engagiert Niemeyer Eckstein als wissenschaftliche Mitarbeiterin. Regelmäßig kommen Pakete aus Kiel mit Literatur. Eckstein soll lesen, sichten und einordnen. Die internationale Expertin ist kompetent. Sie weiß über alles Bescheid, was Staaten tun können, um sich miteinander zu „vertragen".

Eckstein kann mit dem Segen des Kieler Instituts über die jeweilige deutsche Botschaft politische Kontakte mit ihren bisherigen Freunden im neutralen Ausland betreiben, ohne sich verdächtig zu machen. Sie nutzt alte Kontakte. Sie schreibt etwa nach Kopenhagen an Frederick Bajer (1837 - 1922) und dessen Ehefrau Mathilde

(1840 - 1934). Frederick Bajer hatte einst das Internationale Friedensbureau in Bern ins Leben gerufen. Ecksteins Brief ins neutrale Dänemark beschreibt Sinn und Zweck ihres neuen Aufgabenfeldes:

Wären nun Sie … bereit, Ihre wertvolle Mitarbeit dem Kriegsarchiv des Völkerrechts angedeihen zu lassen? Und zwar in dem Sinne, dass Sie unter den Friedensfreunden Ihres lieben Vaterlandes geeignete Persönlichkeiten veranlassten, sowohl die früher erschienene als die gegenwärtig und künftig erscheinende dänische Friedensliteratur zu sammeln und mir gütigst zuzusenden?

Die Übermittlung der Bücher usw. nach Deutschland wird am besten durch Gefälligkeit der deutschen Gesandtschaft geschehen, indem diese die Sachen über das Auswärtige Amt in Berlin an obige Adresse des Herrn Geheimen Justizrat Professor Dr. Th. Niemeyer leitet und auch die Erstattung von Auslagen vermittelt.

Welche Zumutung ich mit dieser Anfrage an Sie, verehrte, liebe Freunde, stelle, die Sie sicherlich mit Arbeit überbürdet sind, weiß ich. Ich weiß aber auch, dass gerade Sie zu den Männern und Frauen gehören, die die Tragweite des Vorteils zu schätzen verstehen, der für die von uns gemeinsam verfolgten Bestrebungen zur Sicherung eines dauernden Weltfriedens in der Tatsache liegt, dass unser langjähriges Wirken von einem so bedeutungsvollen deutschen wissenschaftlichen Unternehmen, wie es das Kieler Kriegsarchiv des Völkerrechts ist, dessen Schöpfer und Leiter doch zu den allerersten wissenschaftlichen Autoritäten der Welt gehört, als eine ernst zu nehmende Erscheinung gewürdigt wird. Außerdem ist, wie Ihnen zweifellos bekannt, Geheimer Justizrat Herr Professor Dr. Th. Niemeyer der erste unter den hervorragenden deutschen Völkerrechts-Gelehrten, der bereits vor Jahren seine Aufmerksamkeit dem Pazifismus zugewandt und dies als seine wissenschaftliche Pflicht bezeichnet hat.

So wird mitten in dem grenzenlosen Hass des Krieges und der unentwegten Verdrehung jeder Wahrheit zur gemeinen Lüge ein zartes Pflänzchen gehegt und gepflegt. Und Anna B. Eckstein ist eine qualifizierte Mitarbeiterin in diesem Friedensgarten, der sich zunächst „Kaiserlich-Königliches Institut für das Völkerrecht“ nennt.

Wir Juden, sagt Reuven,
haben unsere Weisen,
die nicht alles bejahen,
was die Machthaber preisen.
Zum Beispiel nennen die Mächtigen
g'rad den einen Helden, der Feinde erschlägt oder stellt,
doch wer einen Feind sich zum Freund macht,
den preisen viel mehr unsre Weisen als Held.
Gerhard Schöne „Die Mundharmonika"
auf der CD „Seltsame Heilige" 1997

Helden machen aus Feinden Freunde

„Sie sind mir willkommen. Ich selbst werde nie wieder nach Deutschland fahren." Nach dem Waffenstillstand 1918 erhält Anna B. Eckstein endlich unkontrollierte Post aus dem neutralen Ausland. Die erste Karte stammt aus Scheveningen in den Niederlanden. Anna Francoise van Bemmelen, eine bekannte Kinderbuch-Autorin und Reiseschriftstellerin, schreibt an die „Friedensfreundin":

Accept my good wishes with this New-Year, that will bring the world now peace, at last. The illusions of your great work in former times shall - as we all hope - now be fulfilled! O I cannot believe it; how it came all, as we passivists failure it. But what a blood and misery it has cost to all creatures on earth. I am sure that you will come to the Hague afterwards and pay me a visit. You are welcome. I will never go to Germany again. I adore Wilson for his great work. With kindest greetings and good wishes for your health yours sincerely A.v.B. 17. December 1918.

Das sollen gut gemeinte Gedanken für Anna B. Eckstein sein, doch am Ende steht ein schlimmer Satz: *I will never go to Germany again.* 1965 radeln mein Freund Ulli und ich von Schweden her durch Kopenhagen. Unterwegs war der Gepäckträger an meinem Fahrrad gebrochen. Wir betreten einen Laden. Wir schildern das Problem auf Deutsch und Englisch. Irgendwann stoppt der Mann hinter der Theke unseren Redefluss. In bestem Deutsch erklärt er: „Meine Herren, ich bediene keine Deutschen."

Wir sind als Pfadfinder unterwegs. Auf unseren Hemden ist die Lilie aufgenäht, das internationale Zeichen der Boy Scouts. Darüber verrät ein kleines nationales Banner unser Herkunftsland, nicht schwarz-weiß-rot, sondern schwarz-rot-gold. Mit unserer Großfahrt werben wir auch für ein demokratisches und friedliches Deutschland.

Die Unterscheidung zwischen Schwarz-Weiß-Rot und Schwarz-Rot-Gold macht der dänische Fahrradhändler nicht mit. Dabei sind wir erkennbar zu jung. Mit den Untaten der Nazis und der deutschen Wehrmacht haben wir nichts zu schaffen. Unsere Pfadfinderschaft wurde 1933 aufgelöst und verboten. Aber von all dem will er, der uns hätte helfen können, nichts wissen. Es interessiert ihn nicht. Enttäuscht und traurig verlassen wir nach diesem Rauswurf das Land, für das wir „Feinde“ sind. Mit einem notdürftig stabilisierten Gepäckträger schaffen wir es bis Lübeck.

Ähnlich wie wir in Kopenhagen mag sich Anna B. Eckstein gefühlt haben, als sie diesen ersten unzensierten Gruß aus dem Ausland liest. *I will never go to Germany again.* Eckstein hebt sich die Karte auf. Sie ist ein Beleg für den heiß ersehnten, aber zugleich unendlich schweren Neuanfang. Dieser Friede bekommt einen bitteren Beigeschmack. Im Gegensatz zu ihrer sonstigen Übung finde ich keine Notiz, dass die stets unverdrossene Friedensbotin jener Anna van Bemmelen jemals geantwortet hätte.

Für Eckstein gibt es das Böse: Der Krieg samt allem, was zum Krieg führt. „Krieg dem Kriege“ heißt ihre Losung. Aber Eckstein kennt keinen bösen Menschen. Jeder braucht jeden Tag ein Stück Frieden und Zuwendung, und jedem fühlt sie sich aus diesem Grund verpflichtet. Grundlegend für ihr Handeln ist ihr absolutes Vertrauen auf die Kraft des Friedens, auf Jesus Christus und seinen Geist. Sie glaubt an das Wunder des Friedens: Jeder kann zum Frieden bekehrt werden.

Eckstein war 1912 während ihrer Kampagne in Frankreich mit dem Hass aufrechter Franzosen auf Deutschland konfrontiert. Sie hat sich davon nicht beirren lassen. Es gab für sie genügend friedliebende Franzosen. Das half ihr. Weiterhin mutet sie sehr bewusst ihre Botschaft jedem Mann und jeder Frau auf der Erde zu. Sie lehnt es ab, sich statt eines realen Menschen ein Feindbild vorzustellen.

Wer Frieden will, den dürfen auch die Feinbilder der anderen nicht beeindrucken. Feindbilder wollen mich manipulieren, schon deshalb enthalten sie keine Wahrheit. Feindbilder sollen nur eines bei mir erreichen: Meine Seele soll sich der konkreten Begegnung mit den vermeintlichen Feinden verweigern und entziehen.

Auch mitten im Zweiten Weltkrieg wird das 75jährige Fräulein Eckstein noch Post an Adolf Hitler schicken. Auch diesem Mann mutet sie ihre Friedensvorschläge zu. Sie handelt so, obwohl dieser Mann restlos alles vernichtet und zerstört, was ihr lieb und teuer ist. Kaum jemand gilt dermaßen als Verkörperung des Bösen wie der Mann, der mindestens 50 Millionen Menschenleben auf dem Gewissen hat. Aber für Eckstein gibt es keine Alternative. Sie lädt jeden zu jedem Zeitpunkt zum Frieden ein.

Ihr Verhalten Hitler gegenüber erinnert an Martin Niemöller (1892 - 1984). Als die Deutschen Christen den „Arierparagraphen" in der Kirche einführen, gründet er den Pfarrernotbund, den Anfang der Bekennenden Kirche. Am 25. Januar 1934 empfängt Hitler ihn und weitere Kirchenvertreter. Der Reichskanzler herrscht die Protestierenden an: „Die Sorge um das Dritte Reich überlassen Sie mir. Kümmern Sie sich um die Kirche!" Niemöller antwortet: „Die Verantwortung fürs deutsche Volk, die können wir nicht weggenommen bekommen, die hat Gott uns auferlegt, und kein anderer als Gott kann die von uns wegnehmen, auch Sie nicht."

Als Niemöller von 1937 bis 1945 im KZ lebt, ärgert er sich über sein an sich mutiges Verhalten. Er meint später, er sei in Wahrheit feige gewesen, ausgerechnet er, der hochdekorierte einstige U-Boot-Kommandant. Er fragt sich, warum habe ich Hitler nicht einfach etwas von Jesus erzählt, was hat mich aufgehalten, warum habe ich ihn nicht persönlich von diesem Frieden überzeugt, den die Welt auch mit der besten Friedensstrategie nie in sich selbst findet.

Wer nur Interessen vertritt, und seien es die Interessen der Kirche, verhält sich taktisch. Er ordnet eine Begegnung mit dem anderen vermeintlich höheren strategischen Zielen unter. Genau das darf ein Christ nicht. Damit grenzt er sich ab. Er schließt von vornherein die Menschlichkeit des anderen aus seinen Überlegungen aus. Dabei käme es in Wahrheit auf diese Menschlichkeit an. Mit einem ausgrenzenden Verhalten bin ich nie ein glaubwürdiger Zeuge für Jesus.

Jesus, der Jude aus Nazareth, ist für alle gestorben, auch für Nazis. Die wenigsten verstehen Niemöllers radikale Frömmigkeit. Aber was hätte ich dem Fahrradhändler in Kopenhagen sinnvoll sagen können, wie hätte ich mit ihm Frieden anfangen sollen? Vielleicht - der Krieg ist vorbei? Vielleicht - nicht alle Deutschen waren Nazis? Vielleicht - nicht alle Nazis waren Mörder? Vielleicht - auch an den Verbrechen der deutschen Wehrmacht war nicht jeder Soldat in gleicher Weise beteiligt? Vielleicht - auch unter den Dänen in Dänemark hatten die Nazis Kollaborateure?

Sehr viele Deutsche ahnten, wie sehr sie von den Nazis betrogen und missbraucht wurden. Aber ihnen war erfolgreich abgewöhnt worden, sich für die einfache Wahrheit von Mensch zu Mensch zu interessieren. Sie ließen sich von anderen abgrenzen, als wären diese anderen keine Menschen. Genau damit haben sie versagt. Das ist ihr eigentliches Verbrechen. Theologisch gesprochen: Etwas hat sie von dem Gott der Liebe und des Friedens getrennt, und sie haben sich von diesem Gott trennen lassen. Sie finden nicht wieder aus dem Machtbereich des Bösen heraus. Sie können nicht glauben, dass Jesus für alle gestorben ist.

Sie glauben erst recht nicht an dessen Auferstehung und an die damit verbundene Kraft. Es ist dieser Glaube, es ist „nur" dieser Glaube. In Namen des für alle Gekreuzigten und des für alle Auferstandenen werde ich jeden Zaun und jede Mauer zwischen Menschen überwinden. Keiner muss eingeschlossen bleiben in dem Teufelskreis von Gleichgültigkeit und Lieblosigkeit.

Ich darf auf jeden zugehen. Ich möchte mit ihm beten. Ich möchte eines Tages in Frieden sterben, auf keinen Fall möchte ich in ab- und ausgrenzender Selbstgerechtigkeit verharren. Darum geht es in jeder Begegnung, genau wie in jedem christlichen Gottesdienst. Ich lade jeden dazu ein.

Die Neujahrs-Postkarte der niederländischen Friedensfreundin mit der Abgrenzung von Deutschland löst bei Anna B. Eckstein ähnliche Gedanken aus. Es gibt keine Kollektiv-Schuld, obwohl ich in einem Schuldzusammenhang existiere. Eckstein lebte nicht nur unter, sondern auch mit der Militärdiktatur der OHL, genau wie der U-Bootkommandant und spätere Widerständler Niemöller. Bei ihm dauert es 20 Jahre länger als bei Eckstein, bis er das Lügengebäude durchschaut, in dem er bisher sein Leben verbracht hat. Aber gerade einer wie Niemöller zeigt, dass es nie zu spät ist. Die Wahrheit des Friedens, die Wahrheit von Jesus Christus, ist radikal. Sie schließt keinen Sünder aus, auch wenn er noch so sehr das Böse verkörpert.

Diese Wahrheit ermöglicht es Anna B. Eckstein, auch 1919 weiter bewusst in Deutschland und in Coburg zu leben und weiterhin von Mensch zu Mensch den Frieden zu bezeugen. Mein bester Lehrer in dieser Beziehung heißt Reuven Moskovitz (1928 - 2017). Ich lernte ihn 1991 in Dortmund kennen. Ich suchte damals im Juni auf dem ersten Kirchentag nach dem Mauerfall einen Menschen, der Ende August die Friedensrede beim 340. Coburger Friedensdank in Meeder übernehmen könnte.

Im Januar war der Golfkrieg nicht aufzuhalten gewesen. Auch unsere Demonstration auf dem Coburger Marktplatz hatte daran nichts geändert. Wir hatten keine andere Wahl, wir brauchten jetzt ein neues Motto für unser

Fest. Dabei hatte zuvor alles so schön ausgesehen. Der Kalte Krieg war 1989 zu Ende gegangen. Endlich stellten Verträge mit den Siegermächten von 1945 Frieden her.

Auf unseren Plakaten sollte es heißen: „Frieden - Gott sei Dank!" Aber als der Golfkrieg geplant und durchgeführt wurde und als dann auch der Waffenstillstand im April kein friedenschaffendes Ende ermöglichte, passte diese Losung nicht mehr. Wir konnten nicht mehr so empfinden. Wir mahnten jetzt: „Um Gottes willen - Frieden".

Der in Rumänien einst dem Holocaust entronnene Jude Moskovitz warb seinerseits auf dem Kirchentag für einen wirklichen Frieden Israels mit den Palästinensern. Der Golfkrieg hatte die Spannungen im Heiligen Land erheblich verschärft. In Israel waren einige irakische Raketen eingeschlagen. Sämtliche Ängste waren sofort aktiviert, und mit ihnen alle Feindbilder.

Das erste Opfer in jedem Krieg ist die Wahrheit. Dieser Satz gilt weniger, weil ich bewusst belogen werde. Das Wahrheitsopfer funktioniert, weil Menschen sich hilflos fühlen. Für Christen heißt es aber: *In Ängsten - und siehe wir leben.* (2. Korinther 6,9b)

Dieses Wort von Paulus war 1975 die Losung des Frankfurter Kirchentags. Moskovitz durfte sein Leben lang auf kein Kirchentags-Podium. Das Präsidium fürchtet jede offene Kritik am Staat Israel und an dessen Politik. Erfahrungsgemäß belastet derartiges das mühsam hergestellte Verhältnis zu gesprächsbereiten israelischen und jüdischen Gesprächspartnern.

Moskovitz verkörperte den Bruch dieses Tabus. Moskovitz ließ sich auch von einem Ausschluss aus dem offiziellen Kirchentagsprogramm nie zurückhalten. Er schaffte es mit Wortmeldungen an den Saalmikrofonen. Kirchentagsbesucher wollten seine Botschaft hören, auch wenn er im Programm mit keiner Zeile erwähnt gewesen war.

Moskovitzens Botschaft war einfach. Bei einem Studienaufenthalt im Berlin von 1968 wuchs in ihm, dem Holocaust-Überlebenden, die Überzeugung: *Es gibt ein Deutschland, das ich liebe.* Gerade zu Deutschen sprach er in großer Herzlichkeit. Für ihn war die gewaltfreie Wende von 1989 vorbildhaft. Israel könne davon nur lernen.

In öffentlichen christlich-jüdischen oder deutsch-israelischen Dialogen ist ein Satz wie dieses, *es gibt ein Deutschland, das ich liebe*, undenkbar, oder zumindest unaussprechlich. Man pflegt dort die Sorge, mit Sympathie-Erklärungen für irgendetwas oder für irgendwen in Deutschland würden die Opfer des Holocaust relativiert. Moskovitz lehnte eine solche Angst ab.

Sein Reden und Erzählen unterbrach er mit Psalmen, die er auf einer Mundharmonika musikalisch darstellte. Dieses kleine Instrument hatten ihm zwei palästinensische Mädchen geschenkt. Während des Sechs-Tage-Krieges 1967 hatte er als Soldat den Befehl, die Ausgangssperre in Ramallah zu überwachen. Als er in seiner Nähe Kinder lachen hörte, konnte er nicht anders. Er verschenkte zwei Orangen. Bald kamen die beiden zurück. Sie schenkten dem feindlichen Soldaten ihrerseits ihre Mundharmonika.

Der sächsische Liedermacher Gerhard Schöne, der Moskovitz wie ich damals im Ruhrgebiet kennen lernte, feierte den wundersamen Mundharmonika-Spieler mit einem Lied. Ein Held sei, heißt es bei Schöne, nicht derjenige, der „Feinde erschlägt oder stellt", sondern vielmehr, wer „einen Feind sich zum Freund macht". Ein solcher Mensch genieße nach jüdischer Weisheit zu Recht Verehrung.

Auch bei uns in Meeder wurde der Mann mit der Mundharmonika zum Helden. Seine wundervolle Geschichte wandelte unsere vom Golfkrieg verursachten Ängste und Hemmungen in Mut. Der Friedensdank von 1991 wurde ein wunderschönes Fest. Freund Reuven verdient deshalb zu Recht einen festen Platz im Meederer Friedensmuseum.

Meine eigenen dänischen Erfahrungen sind Spätfolgen des Naziterrors und des Zweiten Weltkriegs. 1918 muss sich Anna B. Eckstein mit ähnlichen Blockaden befassen. Nach der überstandenen Katastrophe hatte sie sich das Werben für einen wirklichen Frieden einfacher vorgestellt. Die Weigerung der Friedensfreundin aus Holland, ein anderes Deutschland wahrzunehmen, ist ein erstes Warnzeichen. Die Schwierigkeiten der Nachkriegszeit werden alle Befürchtungen übertreffen.

Anna B. Eckstein hält dagegen. Sie beteiligt sich sofort am Aufbau einer deutschen Demokratie und am Umbau der Staatskirche, die bisher auch vor dem Segnen von Waffen nicht zurückgeschreckt war. Dergleichen darf nie wieder geschehen. In Coburg hatte eine Neuorientierung bereits 1907 mit der Gründung der Kirchlich-Liberalen Vereinigung im Widerstand gegen einsame Entscheidungen von Herzog Carl Eduard begonnen. 1911 setzen die Kirchlich-Liberalen eine Kirchenverfassung durch. Das ist ein großer Erfolg, auch wenn Carl Eduard als juristisches Kirchenoberhaupt sich weigert, auf dieser Grundlage einen neuen Generalsuperintendenten zu ernennen.

Georg Kükenthal, der Favorit der Kirchlich-Liberalen für das Bischofsamt, beschäftigt sich anderweitig. Zur Theologie hatte er auch Botanik studiert.

Die Leidenschaft dafür vertiefte er als Dorfpfarrer in Weitramsdorf, Großwalbur und Grub am Forst. Seine Forschungsergebnisse betrafen Sauergräser, Weiden und Rosen. Er findet Anerkennung. 1913 bekommt er einen dreimonatigen Urlaub für eine Exkursion nach Turkestan. Bei einer weiteren Forschungsreise nach Korsika überrascht ihn 1914 der Kriegsausbruch. Über drei Jahre wird er von den Franzosen interniert. Im Dezember 1917 lässt man ihn endlich nach Coburg zurück.

Anna B. Eckstein pflegt zu ihm und zu seiner Familie näheren Kontakt. Kükenthal hatte 1912 Ecksteins Initiative für kleinere Schulklassen befürwortet, seine Frau sammelte engagiert Unterschriften für die Weltpetition. Kükenthal seinerseits besucht Eckstein auch 1913 während ihrer langen Krankheit. Zu ihrem 45. Geburtstag bringt er ihr Rosen ans Krankenbett. Am 9. November jenes schwierigen Jahres würdigt Kükenthal in seiner Sonntagspredigt Ecksteins Friedens-Engagement.

Eckstein schreibt ihm dann nach Korsika ins Internierungslager. Sie erlebt den Schmerz des Vaters um seinen Sohn Hans, der U-Boot-Kommandant kehrt kurz vor Kriegsende von einer letzten „Feindfahrt" nicht mehr zurück. Kükenthal hatte schon zuvor in seinen Predigten offen für einen Verständigungsfrieden geworben. Wer so lange bei den Feinden gelebt hat, redet nach seiner Heimkehr überraschend glaubhaft von der Menschlichkeit vermeintlicher Todfeinde.

Am Samstag, 9. November 1918, schreibt Eckstein in ihr Tagebuch: „*Mittags Einkäufe. Unterwegs kaufe ich Extrablatt: Kaiser Wilhelm II. hat abgedankt; Kronprinz auf den Thron verzichtet; Reichskanzler Prinz von Baden will zurücktreten und empfiehlt sozialdemokratischen Abgeordneten Ebert als seinen Nachfolger. Auch unser Herzog Carl Eduard werde ersucht, abzudanken.*" Zehn Arbeiter bilden friedlich mit vier Soldaten aus den vier in Coburg stationierten Kompanien den Arbeiter- und Soldatenrat.

Am Dienstag, den 26. November, heißt es in Ecksteins Aufzeichnungen: „*Es schneit den ganzen Tag. … Nachmittags sagte uns Hermann, die 95er kämen heute Nachmittag aus dem Feld zurück. Auf dem Bahnhofsplatz sind Ehrenpforten errichtet; ich sah den 5-Uhr-Zug ankommen, der viele heimkehrende Soldaten brachte. Welcher Anblick! So muss 1812 der Rückzug aus Russland gewesen sein; schenkte einem armen, vor Kälte schlotternden Infanteristen einige Mark für etwas Warmes zu essen.*"

Der Friede besteht nicht aus großen Worten. Anna B. Eckstein kann nicht anders. Sie gibt *dem vor Kälte schlotternden Infanteristen einige Mark für etwas Warmes.* Frieden ist nichts anderes als eine Menschenkette. Sie besteht aus

Zuwendung zu anderen, mögen sie mir noch so fremd sein. Nur so wird der Krieg gegen den Krieg gewonnen. Alles andere, was jetzt für den Frieden auf den Weg gebracht wird, kann nur der Rahmen sein, in dem sich der wahre Friede ereignet. Ohne diese Zuwendung sind Verfassungen und Verträge wertlos, so viel Mühe jetzt auch darauf verwendet werden muss.

Am Dienstag, den 10. Dezember, notiert Eckstein: „*Um 5 Uhr Gründungsversammlung der Ortsgruppe Coburg Stadt, der Deutschen Demokratischen Partei (DDP); wurde als Beisitzerin gewählt.*" In dieser neuen Partei sammeln sich liberale Protestanten und andere Freigeister. Eckstein spricht am liebsten von „uns Demokraten", das klingt amerikanisch. Sie denkt dabei an den amtierenden US-Präsident Wilson. Bis zum Kriegseintritt der USA im April 1917 war der Mann der Hoffnungsträger der Friedensbewegten gewesen. Am 8. Januar 1918 proklamierte Wilson für den Frieden in Europa im US-Kongress ein 14-Punkte-Programm. Das klingt verheißungsvoll, obwohl Wilson, seit er Krieg führt, seinerseits mit Kriegsdienstverweigerern brutal umgeht. Alles, was „deutsch" ist, ordnet er seinem neuen Feindbild „Deutschland" unter. Das macht Deutsch-Amerikanern das Leben schwer.

Ausgehend vom Selbstbestimmungsrecht der Völker und der Gründung des Völkerbundes verheißen seine 14 Punkte immerhin eine dauerhafte Friedensordnung. Mit ihnen identifiziert sich die Deutsch-Amerikanerin in Coburg. Anfang 1918 widerspricht Wilson noch Engländern, Franzosen und Italienern, die für die Zeit nach dem Krieg eine harte Bestrafung Deutschlands fordern. Doch der US-Präsident ändert seine Meinung, als die Deutschen ihrerseits als „Sieger" den Bolschewisten 1918 in Brest-Litowsk einen unglaublich harten „Friedensvertrag" diktieren.

Ihn erschüttert, dass nicht einmal die deutsche Opposition gegen diesen „schändlichen" Vertrag protestiert. Eckstein schreibt nur am 17. Februar in ihr Tagebuch: *Mein Vaterland! Wie viel verblendete Menschen birgst Du - wieviel mit einem eisernen Rand um die Stirn!* Aber diese Veränderung in Wilsons Einstellung erkennt Eckstein erst im Sommer, als der Versailler Vertrag vorliegt. Jetzt wird es in Deutschland schwierig, weiter für den Frieden zu werben.

In den ersten Monaten nach dem Krieg ist Eckstein auf die innere Entwicklung in Coburg und Deutschland konzentriert. Die „plötzliche" Gleichberechtigung der Frauen bringt Bewegung. Eckstein holt die wenigen Prominenten unter den Frauen in Deutschland nach Coburg. Helene Glaue (1876 - 1967), Pfarrfrau aus Jena hat es zur Privatdozentin an der Universität gebracht. Sie referiert am 13. Dezember über „Die Frau im neuen Deutschland".

Besonders ist Eckstein von Dr. Gertrud Bäumer (1873 - 1954) aus Hamburg angetan. Am 4. Januar 1919 spricht Bäumer in Coburg im völlig überfüllten Gesellschaftshaus über „Politische Tagesfragen und die Stellung der Frau in der Politik“. Die Menschen sind begeistert, obwohl man/frau erst einmal zwei Stunden auf die Rednerin warten musste, weil Bäumers Zug im Nachkriegschaos Verspätung hatte.

Eckstein „triumphiert“ im Coburger Tageblatt am 9. Januar 1919: … *dass wir in Deutschland solche Frauen haben! Frauen, von solch wissenschaftlicher Durchbildung, von solch gründlichen Kenntnissen auf sozialem und politischem Gebiete, Frauen, die die Programpunkte der verschiedenen Parteien und was dahinter steht, richtig zu bewerten vermögen und die vielen schwierigen Probleme unserer inneren und äußeren Politik und deren Zusammenhänge kennen. Frauen von solch hervorragendem gesunden Menschenverstande, solcher Lauterkeit der Gesinnung, solcher Geradheit des Charakters, deren Vaterlandsliebe keine hochtönenden Worte macht, sondern sich als etwas ganz Selbstverständliches schon so lange in hingebungsvoller, tüchtigster Arbeit fürs Vaterland betätigt! Dass solche Frauen Demokratinnen sind und ihre ganze Kraft für die Deutsche Demokratische Partei einsetzen, ist für alle unter uns, die wir zielstrebige Demokraten sind, ein Quell der Begeisterung.*

Anna B. Eckstein ist jetzt gefragt. Sie verfügt über reale Erfahrungen mit Demokratie. Als erstes beteiligt sie sich an der Kampagne, dass es im neuen Freistaat Coburg anders als in den USA weiterhin an staatlichen Schulen konfessionellen Religionsunterricht geben soll. Damit unterscheidet sie sich von den auch in Coburg dominierenden Sozialdemokraten. Aber Eckstein liebt ihre Coburger Heimatkirche. Sie hat von ihr in schweren Zeiten Wärme und Menschlichkeit erfahren. Das möchte sie bewahren. Sie beteiligt sich an einer deutschlandweiten Kampagne für eine „Volkskirche“.

Zunächst muss aber für das Reich eine verfassungsgebende Versammlung gewählt werden. Die Zeit drängt. Eckstein besucht auch Veranstaltungen politischer Gegner. Einen Sonntag vor der Wahl geht sie zur Nationalen Volkspartei. Redner dort ist Richard Leutheußer, ihr Jugendfreund und Mitkonfirmand. Mit dem zweiten Referenten, dem Theologen Friedrich Wilhelm Thümmel (1856 - 1928) aus Jena, legt sie sich persönlich an: *Letzterer besonders unsachlich, beleidigend, alles fälschend. Deutsche Demokratische Partei Mangel an Vaterlandsliebe usw. Dagegen erhob ich Einspruch, worauf er mir sagte, ich solle mir etwas - weiß nicht mehr was - überlegen, und zwar am besten zu Hause.* Am Morgen danach heißt es: *In der Frühe kam Frau Staatsrat Baudler wegen der gestrigen Versammlung. Frau Gustav Schmidt telephonierte: Wir wollen einen Artikel schreiben. Abends um 6 Uhr brachte ihn Frau Staatsrat Baudler noch auf die Redaktion.*

Eckstein absolviert für ihre „Demokraten“ auch auswärtige Wahlkampfauftritte. Die sind im Januar besonders strapaziös. Sie gehört zu einem Team mit dem Bierbrauer Ernst Külbel (1863 - 1938) und Justizrat Kuno Hirsch (1868 - 1943), der 1943 nach Theresienstadt deportiert wird und dort umkommt. In Külbels Landauer kutschieren die drei nachmittags einmal nach Sonnefeld und einmal nach Weidhausen zu Wahlversammlungen, jeweils 20 Kilometer. Durch die eisigen Winternächte geht es dann zwischen 2 und 3 Uhr früh nach Coburg zurück.

Eckstein erkältet sich dabei, aber wichtiger ist, dass am 19. Januar im Freistaat Coburg die SPD mit 56 Prozent siegt und die DDP immerhin auf 35,5 kommt. Die Deutschnationalen erreichen dagegen nur 8,6 Prozent. Dieses Verhältnis wird sich im Lauf der Jahre für die demokratischen Parteien kontinuierlich verschlechtern. Dank Herzog Carl Eduard und permanenter antisemitischer Hetze wird Coburg innerhalb von zehn Jahren zur Hochburg der Nationalsozialisten.

Am 9. Februar geht es bei einer weiteren Wahl um eine Verfassung für den neu gebildeten Coburger Freistaat. Zur neuen Coburger Regierung gehören nach Abschluss der Staatsbildung Ecksteins Parteifreund Dr. Hans Schack sowie die Sozialdemokraten Franz Klingler und Reinhold Artmann. Letzteren tituliert Eckstein als „unseren neuen Herzog“.

Der Jurist Schack ist ein enger Vertrauter von Georg Kükenthal. Die beiden verbindet ihre Leidenschaft für Botanik. Auch Schack und Anna B. Eckstein sind schnell gute Freunde. Schack heiratet 1922 Elly Krafft aus Ecksteins liberaler Frauengruppe. Eckstein wird 1927 Taufpatin von Schacks erstem Kind Johannes.

Schacks bleibendes Verdienst für Coburg ist eine schnelle Regelung mit dem Herzog über die Trennung von staatlichem und privatem Vermögen. Mit dem gewichtigsten Teil des Staatsvermögens gründet Schack die heute noch segensreiche „Coburger Landesstiftung“. Neben den Kunstsammlungen und Museen zählen dazu mehrere ertragreiche Landgüter.

Vom Ertrag dieser „Domänen“ erhoffen sich Schack und Eckstein, dass es Geld für ihren großen Traum gibt. Sie halten ihn für die wichtigste Kultur- und Friedensaufgabe überhaupt. Es soll endlich mehr Lehrer und damit kleinere Schulklassen geben. Wenigstens kann Coburg damit einen Anfang machen, der für andere Länder und Nationen als Vorbild wirken könnte.

Das Geld der Landesstiftung weckt auch anderswo Begehrlichkeit. Das neue Land Thüringen hofft auf den Beitritt Coburgs. Es könnte diese zusätzliche Einnahmequelle für seine Gemeinschaftskasse gut gebrauchen. Aber Schack lässt sich Zeit. Er verhandelt gründlich mit der bayerischen Regierung. Tatsächlich zeigt sich Bayern besonders großzügig. Es räumt Schack, was Coburgs kulturelles Erbe angeht, reichlich Privilegien ein. Das überzeugt.

Nun kämpft auch Anna B. Eckstein energisch für den Anschluss an Bayern. Bei der Abstimmung im Dezember 1919 gibt es eine überwältigende Mehrheit für den Freistaat im Süden. Die Coburger sind übrigens die einzigen Franken, die jemals gefragt wurden, ob sie auch Bayern sein wollen. Von der Liberalität Bayerns war Eckstein von Gastgeber Ludwig Quidde beim Münchener Friedenskongress 1907 beeindruckt gewesen.

Leider ändert sich nach dem Coburger „Ja" zu Bayern dort die politische Richtung. Am 21. Februar 1919 war in München Ministerpräsident Kurt Eisner (* 1867) von dem rechtsradikalen Grafen Arco erschossen worden. Zum Nachfolger wählte der Landtag den bisherigen Kultusminister Johannes Hoffmann (1867 - 1930).

Der linksliberale SPD-Mann aus der Pfalz muss allerdings zunächst aus München fliehen. Die Unruhen nach dem Mord an Eisner führen in München zu einem linken Putsch. Die gewählte Regierung macht Bamberg vorübergehend zum Sitz der Staatsregierung und der Landesversammlung.

Während in Franken an einer bayerischen Verfassung gearbeitet wird, gelingt es Hoffmann, sich auch im Süden wieder durchzusetzen. Er lässt sich auf ein Bündnis mit den rechtsradikalen Freikorps ein. Das wird sich als schwerer Fehler erweisen. Deren blutiger Terror fordert viele Opfer gerade unter Sozialdemokraten und Pazifisten. Auf Dauer werden die Feinde der Demokratie auch Hoffmann nicht akzeptieren.

Als Ministerpräsident muss Hoffmann schon im März 1920 zurücktreten. In Berlin putschen damals Ludendorff und Lüttwitz mit einem von ihnen ernannten Reichskanzler Kapp. Nach drei Tagen scheitern die Putschisten vor allem am Generalstreik der Arbeiterschaft. In München zerbricht allerdings die Koalition des Ministerpräsidenten Hoffmann. Bayern macht sich zum Rückzugsgebiet der Putschisten, die in Berlin nicht mehr geduldet werden.

Hoffmann schafft es nicht, sie verhaften zu lassen. Für die Verteidigung der Demokratie kann er von den Freikorps-Leuten kaum Loyalität erwarten. Sein Nachfolger wird Gustav Ritter von Kahr (1862 - 1934), ein Mann, der sich selbst einen „evangelischen Monarchisten" nennt. Mit der Demokratie hat er nichts im Sinn. Er strebt ein unabhängiges Bayern an.

Ein Bündnis mit Hitler und Ludendorff kommt ihm dazu gerade recht. Als Vorposten Bayerns wird Coburg nun zum bevorzugten Aufmarschgebiet der Freikorps. Von hier aus wollen sie die Berliner Republik beseitigen. Sie haben hier auch die volle Unterstützung von Herzog Carl Eduard. Der ist zwar abgesetzt, aber immer noch sehr vermögend.

Am 3. September 1921 kommt es zum „Coburger Blutsonnabend". Veranlasst durch die Morde an Walter Rathenau und Matthias Erzberger, sowie einem Mordversuch an Philipp Scheidemann rufen Sozialisten und Gewerkschaften in Coburg zur Demonstration auf. Die Sozialdemokraten wollen nicht hinnehmen, dass Menschen zu Freiwild für Rechtsradikale werden. Obwohl die liberalen Coburger Behörden die Protestversammlung ohne Auflagen genehmigen, verbietet die Bayreuther Bezirksregierung über Nacht das demokratische Aufbegehren.

Sicherheitspolizisten aus Bayreuth umzingeln mit Freikorps-Leuten auf dem Schlossplatz etwa 3 000 Demonstranten. Panik bricht aus. Die Polizei und ihre rechtsradikalen Hilfstruppen spielen Krieg. Sie werfen Handgranaten. Das ist nicht zu fassen. Mitten im Frieden setzen sie Kriegswaffen ein gegen eine Menschenmenge, in der sich auch Kinder befinden. Im Krankenhaus müssen über 20 Schwerverletzte behandelt werden. Einer davon stirbt in der Nacht. Die Beerdigung dieses Toten wird am Mittwoch darauf erneut zu einer Kundgebung für den Frieden und für die Demokratie.

Auch jener Samstag ist für Anna B. Eckstein nicht irgendein Tag gewesen. An ihm wird der „Sedan-Tag" begangen. Im Tagebuch berichtet Eckstein vom Gottesdienst am Tag danach, Sonntag, 4. September. Zum ersten Mal findet sie kritische Worte über ihren Freund Georg Kükenthal. Er habe den „Sedan-Tag" allzu oberflächlich angesprochen, vermutlich ist er auf den „Coburger Blutsonnabend" mit keinem Wort eingegangen. Das findet sie feige. Von einem Seelsorger, der doch die Bergpredigt Jesu in den Mund nimmt, erwartet sie Empathie und Seligpreisung für diejenigen, die altes und neues Leid tragen müssen.

Deutschland findet keinen Frieden. Die Reichswehr wird zwar entsprechend dem Friedensvertrag abgerüstet, aber für den Terror im Innern sorgen die Freikorps und andere vagabundierende Räuberbanden. Die selbsternannten Ordnungshüter lassen sich von reichen Leuten für Mord und Totschlag bezahlen. Vor Gericht wird kaum einer gestellt. Demokraten stehen auf verlorenem Posten. Gegenüber solchen Verbrechern wirken sie schutzlos, aber viele kämpfen trotzdem. Auf dieses „trotzdem" kommt es an, meint Eckstein. Anders kann der Krieg gegen den Krieg nicht gewonnen werden.

Anna B. Eckstein gründet in Coburg 1920 einen „Bezirksverein der Deutschen Liga für Völkerbund". Initiiert war diese deutsche Bewegung für ein friedliches Miteinander mit den ehemaligen Feinden bereits ein Jahr zuvor in Berlin worden. Politiker wie Matthias Erzberger fanden es wichtig, dass jetzt für den Frieden intensiv geworben wird. Das Auswärtige Amt richtete eine entsprechende Stelle ein.

Das Ziel dieser „Deutschen Liga" bezieht sich auf die Ecksteins Weltpetition. Aus dem „Völkerbund", in dem sich nach dem Versailler Vertrag nur die Interessen der Sieger durchsetzen lassen, müsse ein wirklicher Bund der Völker werden. Nur solange die Menschen sich für die Idee begeistern, dass immer und überall ein Kompromiss möglich ist, nur solange wird dieser Völkerbund Frieden bewirken. Die Menschen selbst müssen es sein. Sie sollen sich untereinander vertragen und miteinander in Beziehung kommen. Versöhnung muss gelebt werden, sonst bleibt sie eine schöne Idee.

Die Rechtsradikalen, damals vor allem die „Alldeutschen" und die „Antisemiten" sehen das genau umgekehrt. Für sie war und bleibt der Krieg der stets zu erstrebende Zustand. Selbst nach dem Weltkrieg, den sie kläglich verloren haben, fühlen sie sich in ihrer Unversöhnlichkeit als „moralische" Sieger. Für diese Niederlage werden sie in keiner Weise die Verantwortung übernehmen. Schuld sind immer die anderen. Das ist bequem, die Wahrheit wird entsprechend umgebogen.

Mit ihrem durch erneute Waffengewalt zu erstrebenden Sieg meinen sie gerade keinen Frieden. Ideal erscheinen ihnen Verhältnisse, unter denen sich ein Gewaltmensch nehmen kann, was immer er will. Die rechtsradikale Vorstellung vom Recht beschränkt sich darauf, andere ausgrenzen, ihnen gleiche Rechte zu verweigern. Die meisten Menschen werden einfach zu „Untermenschen" erklärt. Eckstein dagegen glaubt, dass jeder Mensch ein vollkommenes Kind Gottes ist. Deshalb muss das Recht ein elementares Menschenrecht für alle sein. Allein dann wird die „Rechtsprechung" wirklich Frieden und Gerechtigkeit schenken.

Eckstein ist durchaus erfolgreich. Ihr Coburger Bezirksverein wird zu einer handlungsfähigen Größe. Am 19. Dezember 1919 heißt es im Gründungsaufruf: *Volksgenossen! Nach Ansicht des Philosophen J. G. Fichte hat unser Zeitalter die Selbstsucht zum Antrieb. Die Selbstsucht der Völker, die an uns heute durch den Versailler Friedensvertrag ‚ihre vollständige Entwicklung' gefunden hat, vernichtet sich dadurch*

Deutsche Liga für Völkerbund, Bezirksverein Coburg.

Volksgenossen! Nach Ansicht des Philosophen J. G. Fichte hat unser Zeitalter die bloße Selbstsucht zum Antrieb. Die Selbstsucht der Völker, die an uns heute durch den Versailler Friedensvertrag „ihre vollständige Entwickelung gefunden hat", vernichtet sich dadurch aber noch nicht selbst, wie Fichte hoffte; alle, die wir unter ihr seufzen, können sie nur überwinden durch einen höheren Antrieb: edleres Menschentum und in ihm Frieden auf Erden zu schaffen. Frieden aus Volkserneuerung, Frieden aus Völkerverständnis, Frieden der Völkervereinigung. Wer aus den Kräften seines Innenlebens zur Erreichung dieses Zieles an irgend einem Punkte mitarbeiten will, der sei uns als Mitglied herzlich willkommen. Unterrichtende Schriften stehen bei den Mitgliedern des Vorstandes zur Verfügung, und an eines derselben beliebe man auch seine Anmeldung zu richten.

Der Vorstand:

Dr. Kipper, Vorsitzender. Pilgramsrot 8 a

Anna B. Eckstein, Beisitzer und Stellvertreter. [redacted] Schillerplatz 4

G. H. Weber, Schriftführer und Schatzmeister. Pilgramsrot 8 a.

Der Ausschuß:

Dr. **Schack**, Staatsrat und Abgeordneter zur Landesversammlung, Vorsitzender. Dr. **Marzen**, Sanitätsrat, stellvertretender Vorsitzender. **Altenstädter**, Bürgermeister. **Angermüller**, Oberpostschaffner. **Artmann**, Staatsrat und Abgeordneter zur Landesversammlung. **Bähr**, Rektor und Stadtverordneter. **Balzer**, Kaufmann, Stadtverordneten-Vorsteher. Frau Geheime Staatsrat **Baudler**. **Beyer**, Lokomotivführer. Frau Klempnermeister **Desoye**. **Helbich**, Pfarrer. **Heß**, Finanzsekretär. **Hirsch**, Prediger. **Hirschfel**, Oberbürgermeister. **Höch**, Maschinenmeister. **Anton Jacobi**, Kaufmann. **E. Just**, Oberlehrerin. **Klingler**, Staatsrat und Abgeordneter zur Landesversammlung. **Kübler**, Rektor. **Dr. Kühn**, Oberlehrer. **Dr. Kükenthal**, Superintendent und Oberpfarrer. **Külbel**, Fabrikant und Abgeordneter zur Landesversammlung. **Knnisch**, Buchbindermeister. **Leh**, Kommerzienrat und Stadtverordneter. Frau Regierungsrat **Loy**. **Ludwig**, Intendant des Landestheaters. **Mämpel**, Kassenbeamter und Abgeordneter zur Landesversammlung. **Mai**, Kommerzien- und Magistratsrat. Frau Professor **Mauritius**. **Meckel**, Direktor der Städtischen Werke. **Freifrau von Meyern-Hohenberg**, Coburg. **Freifrau von Meyern-Hohenberg**, Wüstenahorn. **Meythaler**, Regierungs- und Baurat. **Mönch**, Kommerzienrat. **Nuglisch**, Lokomotivführer. **Rabich**, Vortragender Rat. **Rädlein**, Oberturnlehrer a. D. **Reukauf**, Schulrat, Direktor der städtischen Schulen. Frau Privatier **Rittler**. **Senkeisen**, Kommerzienrat und Magistratsrat. **E. Schultze**, städtische Lehrerin und Stadtverordnete. **Reinh. Ungelenk**, städtischer Lehrer. **Dr. Warnke**, Schulrat, Direktor der Alexandrinenschule. Frau Diakonus **Weiß**. **Werner**, Wagenmeister und Stadtverordneter. **Dr. Wilhelm**, Professor und Hofrat. **Wustandt**, Baurat, Bausch uldirektor.

aber noch nicht selbst, wie Fichte hoffte; alle, die wir unter ihr seufzen, können sie nur überwinden durch einen edleren Antrieb: edleres Menschentum und in ihm Frieden auf Erden zu schaffen. Frieden aus Volkserneuerung, Frieden aus Völkerverständnis, Frieden der Völkervereinigung. Wer aus den Kräften seines Innenlebens zur Erreichung dieses Ziels an irgend einem Punkte mitarbeiten will, der sei uns als Mitglied willkommen.

Es folgen 49 Namen bekannter Coburger Persönlichkeiten. Nichts erledigt sich von selbst, auch der Friede muss von Mensch zu Mensch gewagt werden. Er fällt nicht über Nacht vom Himmel. Ich muss ihn leben, gerade mit meinen Feinden. In Ecksteins Tagebüchern findet sich deshalb über ihre ebenso antidemokratischen wie antisemitischen Gegner kein einziges böses Wort. Nur ihre Abscheu, ihre Wut, ihre Trauer und ihr Schmerz über die Kriegsbesessenheit und die Blindheit für den Frieden sprechen aus jeder Zeile.

Am 15. Oktober 1922 scheinen in Coburg die Rechtsradikalen endgültig gesiegt zu haben. Der Deutschvölkische Schutz- und Trutzbund veranstaltet einen „Deutschen Tag". Geladen ist auch die NSDAP mit Hitler. Er kommt in einem Sonderzug von München mit rund 650 SA-Begleitern. Hitler marschiert dann an der Spitze seiner derart importierten Münchener „Truppen" durch die Stadt. Oben auf der Veste veranstaltet er eine Kundgebung. Anschließend wird er von Herzog Carl Eduard zum Kaffee und einem längeren Gespräch empfangen. Erstmals kann sich Hitler derart inszenieren. Erstmals fühlt sich der Mann richtig bedeutend.

Im Januar 1923 besetzt Frankreich wegen ausbleibender Reparationen das Ruhrgebiet. Die Berliner Regierung ruft dagegen den passiven Widerstand aus. Die Arbeiter treten in den Generalstreik, die Bahnbediensteten boykottieren einen geordneten Bahnbetrieb. In vielen Bahnhöfen und Stellwerken wurden die Beschriftungen demontiert, Lokomotiven und Wagen in unbesetztes Gebiet abgefahren. Die Regierung bezahlt die Streikenden. Kontraproduktiv zu diesem friedlichen, aber wirkungsvollen Protest verhalten sich Kommunisten und Nazis. Sie wetteifern, wem besonders spektakuläre Terrorakte gegen die Besatzer gelingen.

Der monatelange Generalstreik ruiniert die deutsche Währung endgültig, umgekehrt signalisieren die Besatzer endlich Verhandlungsbereitschaft. Am 13. August wird Gustav Stresemann (1878 - 1929) zum Reichskanzler einer großen Koalition gewählt. Er beendet am 26. September den passiven Widerstand im Ruhrgebiet.

Kahr, Hitler und Ludendorff sind dafür blind. Sie sehen in jedem friedlichen Verhalten eine unentschuldbare Schwäche. Kahr lässt sich aus Protest gegen den Abbruch des Ruhrkampfes durch die Reichsregierung von der Staatsregierung nach Artikel 64 der Bamberger Verfassung zum Generalstaatskommissar mit diktatorischen Vollmachten ausrufen. Er verhängt in Bayern den Ausnahmezustand. In Bayern stationierte Einheiten der Reichswehr unterstellt er seinem Kommando. Die drei Herren fühlen sich jetzt stark genug für ihren lang geplanten Putsch gegen die Republik, die ihnen unglaublich schwach erscheint. Termin soll der 9. November sein, der 5. Jahrestag der Kapitulation von 1918. Im letzten Moment bekommt Kahr allerdings „kalte Füße". Er lässt seine Polizei auf die Nazis schießen. Hitler wird verwundet, Ludendorff verhaftet.

Im Coburger Land hatte Kahr dagegen die dort stationierten Freikorps inzwischen als „Grenzschutzkommando Nordbayern" legalisiert. Den geplanten Putsch nehmen diese Grenzschützer zum Anlass, jüdische Mitbürger persönlich zu traktieren. Hubert Fromms Buch „Die Coburger Juden", 1989 und 1990 im Friedensmuseum entstanden, dokumentiert, dass allein die Hetze und Jagd auf Juden, auf Sozialisten und Demokraten als Träger „jüdischen Gedankenguts", den Aufstieg der Hitlerpartei bewirkt.

Die Republik bekommt im November 1923 nach dem Hitlerputsch einen glücklichen Neustart hin. Stresemann führt in der Woche danach die Rentenmark ein. Sie erweist sich als stabil. Deutschland ist gerettet. Das ist bemerkenswert und überzeugend. Erstmals war durch den gewaltlosen Widerstand im Ruhrgebiet ein internationaler Konflikt mit friedlichen Mitteln entschieden worden. Die Deutschen erweisen sich als kreativ und handlungsfähig. Sie lassen sich nicht erpressen.

Obwohl Stresemann den Widerstand gegen die Ruhrbesetzung beendet, ohne sich als Sieger fühlen zu können, überwindet er gerade damit die Lähmung und Erstarrung samt allen Feindbildern, die seit dem Versailler Vertrag die Weltpolitik blockierten. Für Eckstein wird Stresemann zu einer großen Hoffnung, obwohl der Mann nicht ihrer Partei angehört. Endlich steht sich Deutschland nicht mehr selbst im Wege.

Vier Wochen, nachdem Deutschland unter Protest den Versailler Vertrag unterzeichnet hatte, bekommt Eckstein am 26. Juli 1919 wieder Post aus England. Langsam zwar, sehr langsam öffnen sich die Grenzen. Eckstein hat wieder Kontakt zu Menschen in den Ländern der Feinde. Am 1. August, genau fünf Jahre nach Kriegsbeginn, erhält sie den ersten Brief ihrer Freundin Kitten Parry aus Boston. Das ist eine große Freude. Kitten kümmert sich darum, dass an Eckstein jetzt wieder Geld aus ihrer amerikanischen Rente überwiesen wird. Diese Dollars werden bald zu einer riesigen Hilfe.

Eckstein hatte 1919 ihre bisherige Wohnung in der Langen Gasse 7 verlassen müssen. Die Nachkommen von Aktuarius Müller meldeten Eigenbedarf an. Eckstein findet nach langem Suchen eine fast herrschaftliche Bleibe am Schillerplatz 4. Die dortige Villa hatte sich der Industrielle Rudolph Geith 1869 für seine Familie gebaut. Eckstein wird den Rest ihres Lebens hier als Mieterin von Geiths Enkeltöchtern wohnen. Es gibt dort schon eine Heizung, und bald leuchtet auch elektrisches Licht im Haus.

Bis zum 15. Mai 1923 bleibt Schwester Toni der Mittelpunkt im Haushalt. Am 22. Januar 1926 stirbt auch Mutter Anna Barbara Eckstein. Die drei Neffen zählen mindestens bis zum Abitur zu den regelmäßigen Hausgästen. Hermann und Hans werden Bankkaufleute. Beide gründen in Coburg auch eine Familie, und Tante Anna ist stets willkommen. Otto, der besonders Begabte, wird zum großen Kummer der Tante Berufssoldat. Obwohl alle drei auf dem Gymnasium Casimirianum zu den Jahrgangsbesten zählen, denkt keiner aufgrund der wirtschaftlichen Verhältnisse an ein Studium.

Hermann fällt 1943 an der Ostfront. Hans wird im Krieg dreimal verwundet, seine Familie in Berlin ausgebombt. Sie kommen in Obersiemau unter, nach der Kriegsgefangenschaft versucht sich Hans als Holzfäller im Bucher Forst. Auch Otto wird mit seiner Familie in Berlin ausgebombt. Er zieht nach der Gefangenschaft im Schillerplatz 4 bei Tante Anna ein, ebenso Annas Bruder Ernst mit Frau. Ernst stirbt am 14. Mai 1946.

Otto war im Krieg Oberst im Generalstab sowohl an der Ost- wie an der Westfront. In dieser Funktion wird er mit dem Leid unmittelbar konfrontiert, das Wehrmacht und SS überall wissentlich und willentlich bei der Zivilbevölkerung anrichten, vor allem in der Sowjetunion. Während des deutschen Vormarsches hat er in der Generalquartiermeisterei Mitte für die Ausplünderung der Ukraine und Weißrusslands zu sorgen. Mit der Aufstellung der Bundeswehr kehrt Otto in seinen alten Beruf zurück. In Coburg wirbt er 1966 für eine eigene Notstandsgesetzgebung in der Bundesrepublik.

Georg Hansen (1904 - 1944), Ottos Mitabiturient, wird ebenfalls Berufsoffizier. Er ist an Stauffenbergs Widerstandsplänen beteiligt. Im Februar 1944 wird er als Nachfolger von Admiral Wilhelm Canaris (1887 - 1945) Chef der militärischen Abwehr. Nach dem gescheiterten Attentat vom 20. Juli und einem Schauprozess vor dem Volksgerichtshof wird er am 8. September 1944 in Berlin-Plötzensee hingerichtet.

Ein weiterer Casimirianer dieses Jahrgangs ist Hans Joachim Morgenthau (1904 - 1980). Er promoviert 1929 über das Völkerrecht und wird Richter am Frankfurter Arbeitsgericht. Seit 1932 ist er auch als Privatdozent an der Universität von Genf tätig. Da er als Jude 1933 sein Richteramt verliert, lebt er zunächst in Genf, dann in Madrid, Rom und Paris. 1937 wandert er in die USA aus. Als Staats- und Völkerrechtler erwirbt er sich hohes Ansehen. Unter anderem berät er John F. Kennedy und Henry Kissinger.

Morgenthaus Hauptwerk „Politics among Nations“ von 1949 trägt den deutschen Titel „Macht und Frieden“. Manches darin liest sich, als käme der Mann direkt aus einer Diskussion mit Anna B. Eckstein. Die Welt beruhe nicht auf Harmonie, die nur vorübergehend gestört wäre. Damit widerspricht Morgenthau Ecksteins Optimismus. Unablässig wirkten Macht- und Interessenkonflikte. Man würde sich solange kriegerischer Mittel bedienen, wie Macht unkontrolliert durchs internationale System vagabundiert. Insofern propagiert Morgenthau umfassende Rüstungskontrollverträge wie den Nichtweitergabe-Vertrag für Atomwaffen.

Ein Mensch könne sich zu schöpferischer Liebe aufschwingen, aber auch zu ungehemmter Brutalität. Morgenthau äußert sich von Anfang an kritisch zum Vietnamkrieg. Dadurch bekommt er in den USA viele Feinde. 1975 verleiht die Bundesrepublik Deutschland diesem ehemaligen Coburger ihr großes Verdienstkreuz, Morgenthau nimmt die Ehrung an.

Anna B. Eckstein bezieht seit 1918 zunehmend eine theologische Position. Der Nürnberger Pfarrer Wilhelm Stählin (1883 - 1975) kommt in den Kirch-

lich-Liberalen Gesprächskreis und in die Völkerbunds-Liga nach Coburg. Eckstein kündigt ihn enthusiastisch im Tageblatt an: *Dr. Stählin ist kein Alltagsredner. Bei ihm ist nichts Oberflächliches, nichts von engherziger, einseitiger Einstellung. Tief und großherzig und großzügig sind seine Gedanken. … er gehört zu den ganz bedeutenden zeitgenössischen deutschen Denkern. Ein solcher Geist darf einen Vortrag unternehmen über „Christentum und Weltfrieden", Dinge von weltweiter Bedeutung, die gleichzeitig bis ins kleinste hinein das Leben jedes einzelnen Menschen, mag er sich dessen bewusst sein oder nicht, wohler oder weher gestalten.*

Stählin beschreibt die „zwiespältigen Empfindungen", mit denen man in Deutschland der Friedensfrage gegenüberstehe. Man sei durch den ungeheuren Eindruck der furchtbaren Erlebnisse überzeugt von dem Wahnsinn und der Schuld des „Kriegführens"; man mache es der Kirche zum Vorwurf, dass sie in der Kriegszeit oft den Hass geschürt, Gott zum nationalistischen Götzen gemacht habe. Stählin wirbt demgegenüber für Ecksteins Völkerbunds-Liga und für eine bewusst gelebte weltweite Ökumene.

Eckstein nutzt ihre „ökumenischen" Beziehungen nicht nur theologisch und politisch. Sie lindert schlimme Not. Über ihre Beziehungen in die USA und nach Großbritannien schleust sie sogenannte Quäker-Hilfen nach Coburg. Am 2. September 1919 steht im Tagebuch: „*Nachmittags um 4 Uhr in der Ehrenburg Versammlung der Evangelischen Arbeitsgemeinschaft. … Miss Carolina Wood kam später … und sprach zu den Anwesenden über ihre Sammlung und die religiösen Gebräuche der Quäker. Sie brachte 700 Zentner kondensierte Milch; 200 Zentner Speck; für 50 000,00 Mark Kakao und 200 Zentner Kleider mit zur Verteilung an Bedürftige.*"

Als die deutsche Währung täglich an Wert verliert, ermutigt Eckstein Coburger Frauen zu aufwändigen Handarbeiten. In großen Containern werden sie von ihr erst zum Zollamt gebracht und von dort in die USA geschickt. Ecksteins Freundinnen dort haben daran Interesse. So kommen Frauen aus Coburg, als es für deutsches Geld kaum noch etwas zu kaufen gibt, zu wertvollen Dollars.

Ein größerer politischer Erfolg gelingt Eckstein am 16. März 1922. Zwei Jahre hatte sie sich vergeblich bemüht. Jetzt endlich kommt Graf Johann

Heinrich Bernstorff (1862 - 1939). Von 1909 bis 1917 war er kaiserlicher Botschafter in Washington gewesen. Schon damals hatte Eckstein mit ihm Kontakt. Als Bernstorffs Erfolg gilt, dass er die USA über zwei Jahre von einem Kriegseintritt zugunsten der Alliierten abzuhalten vermochte. Aber gegen den uneingeschränkten U-Boot-Krieg, mit dem die OHL zu siegen hofft, ist auch dieser Botschafter für ein friedlicheres Deutschland machtlos.

Nach dem Bruch mit den USA wird Bernstorff im letzten Kriegsjahr kaiserlicher Botschafter in der Türkei. Er kommt zu spät, um etwas gegen den Völkermord an den Armeniern zu unternehmen, der in der Hauptsache 1915 und 1916 stattgefunden hat. Immerhin kann er jetzt verhindern, dass die Türken mit den Juden, die sich in Palästina angesiedelt haben, ähnlich wie mit den Armeniern verfahren. Sie werden dank Bernstorff 1918 nicht zum Sterben in die Wüste getrieben.

1919 wird Bernstorff für die DDP in den Reichstag gewählt. 1922 übernimmt er die Präsidentschaft der Deutschen Liga für Völkerbund. Als er jetzt in Coburg redet, ist der Saal des Gesellschaftshauses gestopft voll. Viele Rechtsradikale sind erschienen. Eckstein fürchtet, sie könnten die Versammlung sprengen. Aber Bernstorff geht souverän mit Provokationen und Provokateuren um.

In einem ersten Bericht schreibt das Coburger Tageblatt: *Lausbubokratie. Die nationalistisch-deutschvölkische Mentalität zeigte sich in der gestrigen Bernstorff-Versammlung in bengalischer Beleuchtung. Ein überfülltes Haus; in atemloser Spannung hörten die dichtgedrängt Zusammengepressten die Ausführungen des früheren kaiserlichen Botschafters in Washington, der als „Wissender" im wahrsten Sinn des Wortes die Erfüllungspolitik des Kabinetts Wirth verteidigt. Er spricht, da er ohne Scheuklappen die Ursachen des verlorenen Krieges und die Mentalität der Sieger zu beurteilen weiß, als echter Deutscher. Und er spricht seine Überzeugung mit rücksichtsloser Entschiedenheit und Deutlichkeit aus. Wie er dem Wahnsinn des Hineintreibens Amerikas in den Krieg entgegenzuwirken versuchte.*

Zwei Punkte stellt er als das A und O von Deutschlands Politik heraus: Die Erhaltung der Reichseinheit und die Verständigung mit Amerika. Ohne Gefühlsappelle, unter Verzicht auf jedes rhetorische Hilfsmittel, wirken seine fast lapidaren Sätze, deren jedem einzelnen die eigene Überzeugung aufgeprägt ist, umso wuchtiger.

Seine dokumentarischen Auslassungen über den einzigen Weg der Erfüllungs- und Verständigungspolitik müssen wie Peitschenhiebe auf die zahlreich anwesenden „Dolchstoß- Legendäre" gewirkt haben. Und sie, die so großspurig unter sich und am Biertisch die schwarz-weiß-rote Propaganda betreiben, sie hatten da Gelegenheit, im ehrlichen Meinungsaustausch die politische Klinge zu kreuzen. Aber sie schwiegen. *Keine der zahlreichst anwesend gewesenen geistigen schwarz-weiß-roten Kapazitäten hatte den Mut, dem Manne entgegenzutreten.*

Und sie besiegelten ihre geistige Niederlage noch mehr, dass sie deutsch-völkische „Sturmböcke" anrennen ließen. Ob dem geistigen Leuchten der Dolchstoß-Legendäre nicht selbst ein Gefühl der Scham über das *Auftreten der deutsch-völkischen Sprengkolonisten aufstieg? Überflüssig zu bemerken, dass Graf Bernstorff in seinen Erwiderungen glänzend wirkte. Und wie er, vornehm, die Leute ernst nahm, verstärkte erst recht die deutschnationalistisch-hakenkreuzlerische Niederlage.*

Das Coburger Gesellschaftshaus am Ernstplatz war durch eine Initiative Coburger Bürger geplant, gebaut und finanziert worden. Seit 1873 erwies es sich geschäftlich und politisch als überaus erfolgreich, auch für den Aufbau einer wahrhaft zivilen Gesellschaft.

Dieses Gesellschaftshaus ist den Nazis ein Dorn im Auge. 1934 zwingen sie die Eigentümer zum Verkauf. Nach dem Münchner Vorbild errichten sie in Coburg ein „Braunes Haus". Als letzte Veranstaltung wird dort im März 1945 die Vereidigung von Hitler-Jungen stattfinden. Für ihren Führer und seine Partei sollen sie noch den Endsieg erringen. Dieses „Braune Haus" ist eines der wenigen Gebäude in Coburg, das von den Amerikanern zerstört wurde.

Wer an das ewige Leben glaubt,
ist vielleicht wie Noah.
Die Leute haben Noah für verrückt erklärt.
Noah baute oben auf dem Berg ein Schiff.
Weit und breit war kein Gewässer zu sehen.
Immer wieder werden Leute wie Noah ein Schiff bauen.
Sie glauben, dass die Menschheit noch zu retten ist.
Für einen wie Noah gibt es keinen hoffnungslosen Fall.
Aus der „Wolke der Zeugen"
nach dem Brief an die Hebräer, Kapitel 11

Sanctorum Communio

2008 verändert sich Coburg. Oberbürgermeister Norbert Kastner (* 1959) appelliert an seine Stadt. Für „Stolpersteine" werden Paten gesucht. Mit dem Verlegen von Kleinstdenkmalen im Straßenpflaster gegen das Vergessen hatte der in Köln lebende Künstler Gunter Demnig (* 1947) nach dem Fall der Mauer 1992 begonnen.

Ende 2016 sind solche Steine des Anstoßes in 1 100 von 11 000 deutscher Kommunen verlegt, also etwa in zehn Prozent aller Gemeinden. Ähnliche Aktionen gibt es in Österreich, ebenso in zahlreichen anderen Ländern. 60 000 Messingplättchen auf „Bürgersteigen" erinnern an herausgerissene Bürgerinnen und Bürger. Sie dokumentieren deren letztes wirkliches „Zuhause", bevor sie durch Hitlerdeutschland „entheimatet" und vernichtet wurden. 60 000 - das sind noch nicht einmal ein Prozent der tatsächlich verübten Morde. Ebenso fehlen die Millionen, die vor diesem Deutschland in irgendein anderes Elend geflüchtet sind.

Coburgs Messingplättchen sind im „Digitalen Stadtgedächtnis" abrufbar. Das ist hilfreich, nicht nur für Auswärtige. Es macht durchaus Mühe, alle Häuser aufzusuchen. Aber es lohnt sich. Diese Menschen, die ihre Stadt nie vergessen darf, sind mehr als nur „Opfer". Unter ihnen sind große Vorbilder. Viele stellten sich bewusst und aktiv den Rechts- und Friedensbrechern in den Weg.

Ich selbst fasse Mut, wo ich mich an sie erinnere. Die Kirche nennt solche Menschen „Märtyrer", auf Deutsch „Zeugen". Sie stellen den wahren Schatz der Kirche dar. Ihr Zeugnis dafür, dass der gekreuzigte Jesus Christus lebt, macht die Heiligkeit von Kirche aus. Mit ihrem Sterben war ihr Einsatz nicht zu Ende. Die Liebe dieser Menschen kann ich weiterhin „wahr"-nehmen. Für mich bekennen sie unablässig die Wahrheit des Friedens.

Ihr „Zeugnis" wird nie erledigt sein. Ihre Ermordung und ihre vermeintliche Auslöschung aus dem Gedächtnis der Menschheit haben das Gegenteil erreicht. Ihr Zeugnis gehört zu Gottes Ewigkeit. „Ewigkeit" wird oft mit Unendlichkeit verwechselt. Was gemeint ist, verstehe ich besser, sobald ich anders denke. Ewigkeit ist die Möglichkeit, jeden Augenblick neu anzufangen. Das Wort beschreibt den Zauber allen Neubeginns. Die Zeiten mögen noch so schnell dahinfliegen, die Zeugen dieser schlimmen Zeit laden mich beharrlich zum Frieden ein.

Durchaus bewährt hat sich als sichtbarster Coburger Märtyrer oder Zeuge der heilige Mauritius. Die Stadt verehrt den dunkelhäutigen Mann in ihrem Wappen, die Moriz-Kirche ehrt ihn mit ihrem Namen. Die Mauritius-„Legende" klärt mich auf: Ende des 3. Jahrhunderts brechen am Genfer See Unruhen aus. Die christliche Untergrundkirche breitet sich dort rasch aus. Die römische Militärmacht glaubt, einschreiten zu müssen. Der aus Nordägypten stammende Mauritius soll mit seiner Legion die Verweigerer des Kaiseropfers bestrafen.

Doch nach geglückter Alpenüberquerung bekennt sich dieser Mauritius mit seiner Truppe selbst als Christ. Wie viele vor ihm und nach ihm wird der Offizier zum Kriegsdienstverweigerer. Kaiser Maximianus (240 - 310) ordnet sogleich eine Strafexpedition an. Er lässt ein Massaker veranstalten. Mit Mauritius werden am 23. September 286 über 3 000 seiner neuen Freunde hingerichtet. Keiner überlebt. Aber diese Märtyrer mit Mauritius an der Spitze waren von der Wahrheit des Friedens ergriffen worden. Was für ein Wunder!

Von Wundern darf ich nie aufhören zu erzählen. Mauritius, Moritz oder Moriz, dieser erkennbar schwarze Zeuge wird in den folgenden 1600 Jahren von den Germanen und ihren Nachfahren hoch verehrt. Das änderte sich nach 1871. Zunehmend bestimmten im Deutschen Reich Kriegstreiber und Rassisten das öffentliche Leben und die Erinnerungskultur.

Auf den „Mörder" von Mauritius, den Kaiser Maximianus, folgte wenige Jahre später Konstantin der Große (288 - 337). Mit seiner konstantinischen Wende wandelt sich das Bekenntnis zu Jesus Christus. Aus einer oft verbotenen und verfolgten Religion wird eine erlaubte und geförderte Kirche.

Aber ein christliches Gewissen regt sich unabhängig davon, welches Regime gerade das sagen hat. Kaiser Maximianus war kein Rassist. In seiner

Armee übten auch andersfarbige Menschen allerhöchste Ämter aus. Nur ein Gewissen durfte sich kein Soldat bei der Ausübung seines Berufes machen. Gewissensentscheidungen von Befehlsempfängern möchte kein Befehlshaber dulden. Pontius Pilatus ist ein Beispiel dafür. Nach der Verurteilung Jesu fiel ihm die lächerliche Geste ein, seine Hände in Unschuld zu waschen.

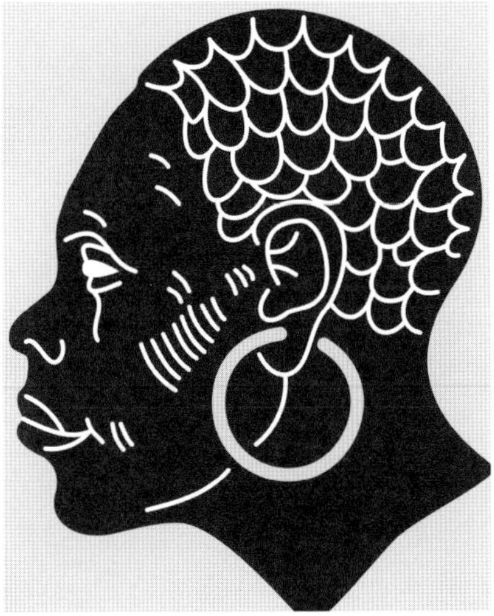

Rassismus im Sinne der Nazis hatte es im Altertum nicht gegeben. Er ist ein Produkt des 20. Jahrhunderts. In ihrem Dünkel erklärten Rassisten jeden „Neger" oder jeden „Juden" oder jeden „Slawen" zum Untermenschen. Dieser Begriff ist ein typisches Feindbild. Kriegstreiber können nicht anders, sie kommen ohne Feindbilder nicht aus.

Feindbilder machen Angst, und Angst macht Menschen gefügig. SS-Führer Heinrich Himmler (1900 - 1945) setzte den Begriff „Untermensch" in die Welt. In vielen Sprachen ließ er 1941 eine Broschüre erstellen und millionenfach verteilen. Sie trug den Titel „Der Untermensch", sie sollte den Angriff auf die Sowjetunion ideologisch rechtfertigen. Die Völker der Sowjetunion waren demnach als Untermenschen zu betrachten und möglichst zahlreich auszurotten.

Wer in seinen Feinden keine Menschen mehr sehen kann, denen gegenüber Liebe geboten ist, nimmt sich viele positive Möglichkeiten. Sein Verzagen vor den Gefahren, die ein anderer für ihn bedeuten könnte, wird immer größer sein als sein Mut zur Kommunikation. Er zerstört sich selbst. Er rechtfertigt zwanghafte Gewaltphantasien. Unter Umständen kommt er nie mehr davon los.

Gegen das eigene Volk müssen sich Kriegstreiber anders absichern. Wer die Menschenverachtung der Rassisten nicht teilt, wer die herrschenden Feindbilder nicht akzeptiert, wird zum „Wehrkraftzersetzer" erklärt. Ein solcher muss mit schlimmsten Strafen rechnen. In Hitlerdeutschland wird für Wehrkraftzersetzung seit 1934 die Todesstrafe gefordert und am 26. August 1939 tatsächlich verkündet. Wer sich Feindbildern verweigert, wer also die Wehrkraft zersetzt, wirkt auf die Moral der Truppe wie ein Deserteur, ein Fahnenflüchtiger oder ein Befehlsverweigerer. Mit ihm muss kurzer Prozess gemacht werden.

Zwischen 1939 und 1945 verhängt die deutsche Justiz über 30 000 Todesurteile allein gegen Deserteure. Mindestens 23 000 davon werden gnadenlos vollstreckt. Von den anderen 7 000 landeten viele in sogenannten Todeskommandos. Sie kehrten nie mehr zurück. Jeder Verweigerer gilt automatisch als Deserteur. Kaum erfasst sind die Kriegsmüden und Fahnenflüchtigen, die von Feldjägern in der Eile des Rückzugs ohne Urteil liquidiert wurden. Ihre Zahl dürfte erheblich größer sein.

Die Möglichkeit zur „Kriegsdienstverweigerung" kommt erst 1949 mit dem Grundgesetz ins deutsche Recht. Obwohl ich selbst Zeitsoldat gewesen war, durfte ich als Pfarrer kirchlicher Beistand vor und während der obligatorischen Gewissenprüfung sein. Ich habe über 1 000 junge Männer beraten und begleitet. Ob einer anerkannt wurde oder nicht, war nach meinem Empfinden absoluter Zufall oder reine Willkür.

Meine Hauptaufgabe sah ich darin, abgelehnte Antragsteller psychisch zu stabilisieren. Ich ermutigte jeden, seinen Friedensweg durch die Instanzen fortzusetzen. Manche haben im Lauf der Jahre mehr als zehn Verhandlungen durchgestanden. Ich habe mich über diese Beharrlichkeit sehr gefreut.

Mich selbst hat jede Ablehnung eines meiner Klienten erheblich belastet. Ein junger Mann will sich für den Frieden engagieren. Und der Staat, den ich doch selbst für den besten und friedliebendsten halte, den es je auf deutschem Boden gab, dieser Staat unterstellt einem, der sich ein Gewissen macht, er wolle sich nur vor den Unbequemlichkeiten des Soldatenlebens drücken. Für die jungen Leute waren das keine guten Erfahrungen von Demokratie. Die Gewissensprüfung wurde 2003 endgültig abgeschafft. Gott sei Dank! Wie entsetzlich muss aber erst das Schicksal eines Deserteurs oder Wehrkraftzersetzers vor 1945 gewesen sein!

Vom 27. auf den 28. Februar 1933 brennt der Reichstag. Am Tag danach lässt Hindenburg die längst vorbereitete „Verordnung zum Schutz von Volk und Staat" verkünden. Pazifisten fühlen sich zu Recht in Deutschland nicht mehr sicher. Viele setzen sich in die Schweiz ab. Anna B. Eckstein verlässt Coburg am 16. März und kommt am 17. März in Aarau bei ihrer Schweizer Freundin Hermine Heller an.

Ihr erster politischer Kommentar in ihrem neu begonnen Tagebuch findet sich am 10. Mai: *Abends in Berlin die Verbrennung von 200 000 undeutschen Büchern (vor dem Opernhaus). Auch Bertha von Suttners.* Eckstein wusste nicht, dass schon drei Tage zuvor in Coburg die Bücher brannten. Die Hitlerjugend hatte im äußeren Hof von Schloss Ehrenburg einen Scheiterhaufen errichtet. Bereits am 5. und 6. April waren entsprechende Bände in den Leihbüchereien eingesammelt worden. Wahrscheinlich wurde auch Anna B. Ecksteins „Staatenschutzvertrag“ ins Feuer geworfen.

Eckstein schickt am 30. August eine Denkschrift an Adolf Hitler. Eine englische Fassung lässt sie über ihren Freund in London, den britischen Gewerkschafter William Appleton, sowohl an Churchill (1874 - 1965) als auch an Hitler schicken. Sie gibt nie auf. Trotz dieser Nachhilfe in Sachen „Völkerrecht“ erklärt das Deutsche Reich am 19. Oktober seinen Austritt aus dem Völkerbund.

Am 17. September 1933 bekommt Eckstein in der Schweiz Besuch aus Coburg. Otto kommt. Bis zum 28. September macht Otto mit Tante Anna Urlaub in Luzern. Sie braucht Zeit, um sich mit dem Berufssoldaten auszutauschen, der doch schon immer ihr Liebling war. Sie macht ihn mit Gertrud Studer bekannt, einer Verwandten ihrer Freundin Hermine Heller. Otto ist auch mehrfach mit Gertrud allein unterwegs. Vielleicht hofft Eckstein insgeheim, sie könne Otto damit zum Bleiben in der Schweiz bewegen. Aber am Ende nimmt Otto die Tante mit zurück ins Deutsche Reich. Anna B. Eckstein lässt sich ihrer Familie zuliebe neu auf ein Leben in Coburg ein.

Die Stadt befindet sich in einem unvorstellbaren Taumel. Die Verehrung für Hitler wird ins Unermessliche gesteigert. Oberlehrer Oskar Engel (1875

- 1956), ein Bruder meiner Urgroßmutter, langjähriger Stadtrat in Coburg und Kirchenvorsteher von St. Moriz, sagt am 20. September zu seiner Klasse in der Rückertschule, die ihm morgens den Hitler-Gruß ins Gesicht brüllt: „Schreit nicht so laut!“ Nachts wirft man Scheiben an seiner Wohnung ein. Einer schießt mit einem Revolver von außen in die Decke seines Wohnzimmers. Im Briefkasten findet sich ein Zettel mit der Botschaft: „Was Sie heute erlebt haben, ist nur ein Vorspiel. Eine größere Abreibung wird in der nächsten Zeit erfolgen. Das Rollkommando der SA.“

Von der SA wird Onkel Oskar am 30. September, einem Sonnabend, durch die Stadt geführt. Um seinen Hals hängt ein Schild mit der Aufschrift: „Ich kann den Hitler-Gruß nicht hören.“ Den ganzen Tag über muss er mit Professor Karl Pauli vom Casimirianum und dem Bücherrevisor Zöllner auf dem Marktplatz „am Pranger“ stehen. Die drei müssen sich beschimpfen und anspucken lassen. Mit dem Begriff „Führerkult“ wird dieser jetzt alltägliche Terror nur unzureichend erfasst. Genau an diesem 30. September ist Anna B. Eckstein zum ersten Mal wieder in der Stadt.

Mit einem anderen Ärgernis kann die Coburger NSDAP dagegen nie vollständig „aufräumen“. Nach wie vor muss sie mit einem „nichtarischen“ Schädel für das Ansehen der Stadt werben. Der abgebildete Untermensch hatte außerdem noch als Soldat den Befehl verweigert. 1934 wird der Mohr ersetzt. Wie die verbrannten Bücher muss er ausradiert werden aus dem Gedächtnis der Stadt.

Im Vergleich zum Mohrenkopf ist das Ersatz-Wappen der Nazis extrem hässlich. Der schwarze SA-Dolch auf goldenem Grund präsentiert jedoch ihren ganzen Stolz. Er stellt die grenzenlose Fähigkeit der neuen Herren dar, andere zu terrorisieren.

Der SA-Dolch bezieht sich auf die Nazi-Bibel „Mein Kampf“. Hitler erklärt dort seinen „Zug nach Koburg“ am 15. Oktober 1922 zum „Markstein“ der Bewegung. Die für Coburg eigentümliche englische Schreibweise wurde „eingedeutscht“. Schließlich hatte das englische Königshaus 1917 seinen Familiennamen „Coburg“ gegen „Windsor“ ausgetauscht.

Koburg mit „K“ setzt sich nicht durch, es wirkt nur peinlich. Vor allem aber verschwindet der Coburger Mohr nie restlos von der Bildfläche. Die Abdeckungen der Revisionsschächte des städtischen Kanalsystems zeigen den Einwohnern und Besuchern weiterhin diesen Heiligen. Gott sei Dank! Welch eine Schande für alle Rassisten und Kriegstreiber! Was für eine Ehre für alle ihre Opfer! Was für eine Auszeichnung für jeden, der die Wahrheit des Friedens bezeugt!

Aus der „Wolke der Zeugen“ ragt schon vor 1933 Dietrich Bonhoeffer heraus. 1931 arbeitet der 25jährige bereits in Berlin als Studentenpfarrer und wird zum Jugendsekretär im „Weltbund für die Freundschaftsarbeit der Kirchen“ bestimmt. Diese Freundschaftsarbeit war von Anna B. Eckstein 1907 angeregt worden. Mit dem Deutschen Eduard de Neufville und dem Briten Joseph Allen Baker hatte sie die richtigen Leute motiviert. Der Friede müsse das ureigenste Anliegen jeder Kirche sein, oder er hätte es wenigstens längst werden müssen.

Bei einer Tagung in Konstanz vom 1. bis 3. August 1914 war dann der „Weltbund“ gegründet worden. Fast schon wäre es zu spät gewesen. Am 1. August um 17 Uhr gab Wilhelm II. den Mobilmachungsbefehl. Am 2. August musste es dann schnell gehen mit dem Gründungsbeschluss. Anschließend löste sich die Versammlung auf. „Freundschaft“ mit Christen aus Feindstaaten durfte vorerst weder gelebt noch gepredigt werden.

Unfassbar schnell korrumpiert ein Krieg Handeln und Denken. Über Nacht bleiben nur wenig Friedenszeugen. Anna B. Eckstein scheint das geahnt zu haben. Auch deshalb suchte sie ihrerseits in den Kirchen Partner und Unterstützer. Für Christen gelten andere Loyalitäten, das war ihre Erfahrung in Boston gewesen. Auch in Europa hofft Eckstein auf Christen, auf solche, die auch im Krieg dem Frieden alles zu trauen. Sie wissen, dass kein Krieg irgendetwas besser macht. Tausend Mal lieber glauben sie dem gekreuzigten Gott seinen Frieden.

In den Jahren nach dem Weltkrieg bringt der „Weltbund für die Freundschaftsarbeit der Kirchen“ Christen sowohl aus Deutschland wie aus den ehemaligen Feindstaaten zusammen. Sie können sich bei solchen Treffen zwar mühevoll, aber beharrlich mit den zerstörerischen Lasten des Versailler Vertrages auseinandersetzen.

In Konstanz war der Berliner Pfarrer und Sozialarbeiter Friedrich Siegmund-Schultze (1885 - 1969) Sekretär des neugegründeten Freundschaftsbundes geworden. Eckstein hatte ihn seit 1911 bei ihren Besuchen in Berlin und mit vielen Briefen „bearbeitet“. Er wird sie nicht enttäuschen. 1933 setzt Siegmund-Schultze sich für ein „Internationales Hilfskomitee für deutsche (evangelische, katholische und mosaische) Auswanderer jüdischer Abstammung“ ein. Schon in den ersten Monaten überzeugt er in- und ausländische Stellen von der Notwendigkeit einer solchen Einrichtung.

Kurz vor der für den 1. Juli vorgesehenen Eröffnung verhaftet ihn die Gestapo. Mit dem Vorwurf, er habe „Hilfe für Juden in 93 Fällen“ geleistet

Von Eckstein inspirierte Inspiratoren des Weltbundes für Freundschaftsarbeit der Kirchen:
Eduard de Neufville *Joseph Allan Baker* *Friedrich Siegmund-Schultze*

und an „umfassenden Plänen zur Rettung des gesamten deutschen Judentums" gearbeitet, eskortiert die Polizei ihn zur Schweizer Grenze. Die deutsch-christliche Amtskirche in Berlin führt Siegmund-Schultze nicht als Mitarbeiter fort, doch er nimmt auch aus dem Exil so oft es geht Verbindung zu Freunden wie Dietrich Bonhoeffer auf. Nach dem Krieg sorgt Siegmund-Schultze dafür, dass das Recht auf Kriegsdienstverweigerung ins Grundgesetz kommt.

Am 27. August 1928 hatte sich endlich etwas in der internationalen Politik bewegt. Für Anna B. Eckstein ging ein Traum in Erfüllung. In Paris unterzeichneten die Vertreter von zunächst elf Staaten einen Vertrag zur Ächtung des Krieges. Nach seinen Initiatoren, dem US-Außenminister Frank Billings Kellogg (1856 - 1937) und dem französischen Außenminister Aristide Briand (1862 - 1932) nennt man ihn den „Briand-Kellogg-Pakt". Die erste Unterschrift auf dem Dokument leistete Gustav Stresemann für das Deutsche Reich. Bis Ende 1929 folgten weitere 52 Staaten.

Nicht nur für Eckstein ist diese Ächtung des Krieges ein Meilenstein in der Entwicklung des Völkerrechts. Die unterzeichnenden Staaten verzichten darauf, den Krieg zum Werkzeug ihrer Politik zu machen. Streitigkeiten werden sie in Zukunft friedlich lösen. Jeder aus nationalem Interesse geführte Angriffskrieg wird für völkerrechtswidrig erklärt, ausgenommen bleiben das Recht auf Selbstverteidigung und die Teilnahme an Sanktionen des Völkerbundes. Da der Vertrag außerhalb des institutionalisierten Völkerbundes verhandelt und abgeschlossen wurde, behält er Gültigkeit über das Ende des Völkerbundes hinaus. Der Vertrag enthält keine Kündigungsklausel und ist somit auf unbeschränkte Dauer gültig.

Das seit 1927 in den USA erscheinende „Unity World Magazine“ bat Anna B. Eckstein im Januar 1929 um ihre Einschätzung dessen, was mit dem Briand-Kellogg-Pakt auf den Weg gebracht wurde. Ecksteins Artikel fragte dann konkret: „What is the next step?“ Sie arbeitet täglich daran bis zum Sommer. Ich konnte den Text nirgends auftreiben. Wie schade!

Am 5. Dezember 1929 sprach Hitler erneut in den Coburger Hofbräuhaus-Gaststätten. Der ehemalige Herzog Carl Eduard sitzt mit Gattin in der ersten Reihe. Es gab keine besseren Wahlhelfer für die NSDAP als die herzogliche Familie. Am Sonntag darauf verfehlte die NSDAP bei der vorzeitigen Stadtratswahl nur knapp die absolute Mehrheit. Es dauerte noch bis zum 25. August 1930. Dann hatte die Coburger NSDAP zwei weitere Stadtratsmitglieder entsprechend unter Druck gesetzt. Sie stimmten der Wahl des Nazi-Aktivisten Franz Schwede (1888 - 1960) in das eigens für ihn geschaffene Amt des dritten Bürgermeisters zu. Mit diesem zusätzlich Stimmberechtigen verfügte die NSDAP über die absolute Mehrheit.

Mit der Wahl im Dezember enden 1929 Anna B. Ecksteins Coburger Tagebucheinträge. Ihre Haltung zur Abschaffung der Demokratie in Deutschland kann ich mir aber anhand ihrer Aufzeichnungen aus den Jahren zuvor leicht ausmalen. In den „stabilen“ Jahren der Weimarer Republik, die als die die „Goldenen Zwanziger“ gelten gelten, empfand sie schon den plötzlichen Tod von Reichspräsident Friedrich Ebert und die anschließende Wahl Hindenburgs als große Katastrophe. Ebenso bedrückend war für sie der tödliche Schlaganfall von Gustav Stresemann am 3. Oktober 1929.

Drei Wochen später wurde der 25. Oktober zum „Schwarzen Freitag“. An der New Yorker Börse stürzte der Dow-Jones-Index ins Leere. In der Folge verloren Aktien weltweit über 99 Prozent ihres Wertes. Viele Banken überlebten dieses Desaster nicht. Über Nacht erwiesen sich unzählige Kredite als ungedeckt.

Der am 30. März zum Kanzler ernannte Zentrumspolitiker Heinrich Brüning (1885 - 1970) findet dann weder den Mut noch die Mittel. Er will alles besser machen als Gustav Stresemann 1923 mit seiner großen Koalition. Abgesichert von Notverordnungen des Reichspräsidenten spart er um jeden Preis. Die Stabilität der Währung geht ihm über alles. Vor allem geht sie ihm über den Frieden, und das darf nicht sein.

Der Mann erweist sich als unfähig, das Elend der arbeitslosen Massen zu bekämpfen. Bald regiert er nur noch mit Notverordnungen, die Hindenburg unterzeichnet. Hindenburg wird trotz dieser erneut von ihm verursachten deutschen Katastrophe am 10. April 1932 als Reichspräsident wiedergewählt. Wieder wird es Eckstein „kalt durchzuckt" haben. Im Vergleich zu Hitler gilt Hindenburg als „das kleinere Übel". Aus Sicht Ecksteins liefert sich die Demokratie mit einem solchen Denken in die Hände ihrer Feinde aus.

Nach Friedrich Eberts plötzlichem Tod hatte es am 28. Februar 1925 in Ecksteins Tagebuch geheißen: *Redakteur Lorenz … sagte mir, dass unser Reichspräsident Friedrich Ebert gestorben sei. Mir krampfte sich vor Weh über diesen Schmerz das Herz zusammen. Einer nach dem anderen werden unsere fähigsten und besten dahin gemordet oder durch das Gift der Verleumdung durch die Bösen getötet. Was mag Gott mit Deutschland noch vorhaben?* Den Ausgang der Präsidentenwahl am 26. April kommentiert Eckstein dann: *Hindenburg hat also die Mehrheit der Stimmen. Ein tiefes Weh und ein fast noch tieferer Ekel will mich übermannen, heute so wie damals, als Hindenburg und Ludendorff den verschärften U-Boot-Krieg durchgesetzt hatten.*

Auf Eberts Beerdigung sprach damals der Heidelberger Stadtpfarrer Hermann Ludwig Maas (1877 - 1970) ein Gebet. Er gilt als Pionier im jüdisch-christlichen Dialog, er selbst nennt sich einen christlichen Zionisten. Eckstein begegnete ihm am 6. September 1923 in Nürnberg auf der Jahrestagung des „Weltbundes für Freundschaftsarbeit der Kirchen". Seine Rede damals gegen den Antisemitismus hat sie tief erschüttert.

Sein öffentliches Gebet für den aus der Kirche ausgetretenen Ebert wird von der rechten Presse zum Skandal erklärt. Maas wurde von seiner badischen Landeskirche gemaßregelt. Doch der Mann ließ sich nicht verunsichern. 1933 initiiert er in Heidelberg die Hilfsstelle für „rassisch" Verfolgte, bis 1939 organisiert er für viele Juden die Auswanderung. 1943 wird er wegen seiner fortgesetzten Aktivitäten zu Zwangsarbeit in Frankreich verurteilt. 1950 wird Maas dann der erste christliche Deutsche sein, der offiziell vom Staat Israel zu einem Besuch eingeladen und empfangen wird. Die Gedenkstätte Yad Vashem ehrt Maas als „Gerechten unter den Völkern".

Dietrich Bonhoeffer und Anna B. Eckstein sind sich persönlich nie begegnet. Als Eckstein 1907 auf dem Höhepunkt ihres Wirkens steht, ist der kleine Dietrich ein halbes Jahr alt. Trotzdem verbindet beide Friedenszeugen allerhand. Von Jugend an gehen beide konsequent ihren Weg. Beide lehnen ein Christentum ab, das Dogmatik als Vorwand benutzt, um Jesus nicht nachfolgen zu müssen. Kirche ist für beide ein eminent praktischer Ort. Beide verfügen über sehr gute Erfahrungen in lebendigen amerikanischen Kirchengemeinden.

Kirche teilt der Welt den Frieden aus. So hatten sie es in Amerika erlebt. Wer sonst als die Kirche könnte es tun! Wer sonst könnte derart bewusst in der Vollkommenheit handeln, die Gott jedem seiner Kinder schenkt. Eckstein und Bonhoeffer ziehen es vor, allem Elend von Rassenwahn und Kriegstreiberei zum Trotz ihrer Kirche in Deutschland zu helfen, den Frieden zu verkündigen, sie hatte diese Entscheidung 1914 getroffen, und er 1939. Beide hätten jeweils in Amerika bleiben und den Krieg ungefährdet überleben können.

Bonhoeffer hatte sich schon als 18jähriger während eines Sommersemesters in Rom Gedanken über die Kirche gemacht. Der Titel seiner Doktorarbeit lautet deshalb „Sanctorum Communio". Bereits 1927 wird er mit 21 Jahren Doktor der Theologie. Es vergehen allerdings fast drei Jahre, bis dieses Buch einen Verleger findet. Obwohl sich die evangelische Kirche nach dem Ende des Staatskirchentums neu erfinden muss, scheint die Kirche als „Sanctorum Communio" kein Thema zu sein, das damals die deutsche Öffentlichkeit interessiert. Aber Bonhoeffer nimmt sich seiner Kirche an. Er versucht es mit Theologie, mit Charme und Leidenschaft. Am Ende ist es sein Leben.

Der Doktorand bringt er seine Gedanken auf die Formel „Christus als Gemeinde existierend". Ohne eine Gemeinde, die selbst Christus als ihren Frieden lebt, bleibt das Evangelium eine leere Hülse. Die Lektüre von „Sanctorum Communio" inspiriert meine Meederer Abendmahls-Agende. Bevor ich Brot und Wein segne, bitte ich die Gemeinde, sie möge über die

Bänke hinweg sich zu einer Menschenkette verbinden. Nach dem „Heilig, heilig, heilig“ und der Bitte um den Heiligen Geist, sage ich zu den Zusammengeschlossenen: „Ihr seid es. Ihr seid der Leib Christi. Ihr seid der neue Bund, das Neue Testament. Ihr seid Jesus Christus. Er ist auferstanden, hier und heute, hier in unserer Mitte.“

Die Dynamik der frohen Botschaft braucht stets Menschen, die miteinander etwas anfangen wollen. Bonhoeffer spricht aus, wovon auch Anna B. Ecksteins Herz voll ist. Von seiner inzwischen berühmt gewordenen Predigt am 28. August 1935 anlässlich der Jugendkonferenz des Weltbundes auf der dänischen Nordseeinsel Fanö hätte sie jedes Wort unterschrieben:

Es gibt keinen Weg zum Frieden auf dem Weg der Sicherheit. Denn der Friede muss gewagt werden. Friede ist das Gegenteil von Sicherung. Sicherheiten fordern heißt Misstrauen haben, und dieses Misstrauen gebiert wiederum Krieg. Sicherheiten suchen heißt sich selber schützen wollen. Friede heißt sich gänzlich ausliefern dem Gebot Gottes, keine Sicherung wollen, sondern in Glaube und Gehorsam dem allmächtigen Gott die Geschichte der Völker in die Hand legen und nicht selbstsüchtig über sie verfügen wollen. Kämpfe werden nicht mit Waffen gewonnen, sondern mit Gott. Sie werden auch dort gewonnen, wo der Weg ans Kreuz führt. …

Wie wird Friede? Wer ruft zum Frieden, dass diese Welt es hört, zu hören gezwungen ist? dass alle Völker darüber froh werden müssen? Der einzelne Christ kann das nicht - er kann wohl, wo alle schweigen, die Stimme erheben und Zeugnis ablegen, aber die Mächte der Welt können wortlos über ihn hinwegschreiten. Die einzelne Kirche kann auch wohl zeugen und leiden - ach, wenn sie es nur täte - aber auch sie wird erdrückt von der Gewalt des Hasses. Nur das Eine große ökumenische Konzil der Heiligen Kirche Christi aus aller Welt kann es so sagen, dass die Welt zähneknirschend das Wort vom Frieden vernehmen muss und dass die Völker froh werden, weil diese Kirche Christi ihren Söhnen im Namen Christi die Waffen aus der Hand nimmt und ihnen den Krieg verbietet und den Frieden Christi ausruft über die rasende Welt.

… Die Stunde eilt - die Welt starrt in Waffen und furchtbar schaut das Misstrauen aus allen Augen, die Kriegsfanfare kann morgen geblasen werden - worauf warten wir noch? Wollen wir selbst mitschuldig werden wie nie zuvor? … Wir wollen reden zu dieser Welt, kein halbes, sondern ein ganzes Wort, ein mutiges Wort, ein christliches Wort. Wir wollen beten, dass uns dieses Wort gegeben werde - heute noch - wer weiß, ob wir uns im nächsten Jahr wiederfinden?

Anna B. Eckstein ist täglich in ihrer Stadt unterwegs. Unzählige Male überquert sie einen Kanalschacht. Zwischen 1907 und 1916 waren Coburgs Abwasser erfasst worden. Die Deckel über den Schächten in der Tiefe hatte man stolz mit dem „Coburger Mohr“ geschmückt. Aber erst seit 1934 schauen viele bewusst auf das sonst in der Stadt verschwundene Wappen. Mancher fragt sich, was das für ein Heiliger ist oder auch was ist überhaupt ein Heiliger und was macht die Gemeinschaft der Heiligen aus, was nützt mir ewiges oder grenzenloses Leben.

In den Legenden der vielen Heiligen dieser Stadt finde ich Antworten. Im Zusammenhang mit ihnen begreife ich mich selbst als vollkommenes Kind Gottes. Und dermaßen gesegnet gehe ich gestärkt und konfirmiert durch dieses Leben und durch diese Zeit.

Anna B. Eckstein spaziert auch als 70jährige noch im weißen Friedenskleid mit einem entsprechenden Hut durch die Stadt. Manche rufen ihr spöttisch „Völkerbunds-Tante“ oder „Friedens-Anna“ hinterher, vielen erscheint sie „nur“ als „komische“ Heilige.

Irgendwann besorgt sie sich leere blaue Karten. Obenhin schreibt sie mit breiter Feder und schwarzer Tusche in Druckschrift „Peace on Earth“. Daneben klebt sie ein kleines Foto von sich im Friedenskleid: Sie steht im Coburger Hofgarten und füttert weiße Friedenstauben.

Ich beende dieses Buch mit einem Brief. Hans Eckstein informiert die Freundin seiner eben verstorbenen Tante: *Liebe Frau Wolkins! Es ist meine aller-*

traurigste Pflicht, Ihnen den Tod unserer liebsten Tante mitzuteilen: Fräulein Anna B. Eckstein aus Coburg, Schillerplatz 4, starb am 16. Oktober 1947. Nach einem nahezu bewusstlosen Dahinschwinden während der letzten vierzehn Tage verschied sie sanft aus diesem Leben ohne weiteres Leiden und Quälen.

Ihre Gesundheit war während der letzten drei Jahre sehr beeinträchtigt gewesen. 1947 wurde sie im Frühling sehr krank und lag tagelang bewusstlos im Bett. Es begann mit einer Nervenentzündung im Rücken und in der Herzgegend. Sie war schrecklich leidend. Später stand sie langsam wieder auf, spazierte wieder zu einem Hügel in der Umgebung. Mit einigen Freunden hoffte sie, dass sie bald auch wieder in die Stadt könnte.

In ihrem Alter war sie nicht in der Lage gewesen, ihren Lebensunterhalt selbst zu verdienen. Zu ihrer Krankheit kam auch noch die Nachricht, dass die US-Regierung Versicherungsunternehmen untersagt hatte, irgendeine Jahresprämie auf das europäische Festland zu schicken. So empfing sie seit 1941 keinerlei Zahlung mehr. Täglich rückte der Punkt näher, an dem sie über nichts mehr für ihren Lebensunterhalt verfügen würde.

Mit dem 1. März 1945 stoppte auch die deutsche Regierung, die Auszahlung eines ihr monatlich gewährten kleinen Kredits auf die unerfüllten Ansprüche, die sie jeden Monat an die Teachers Insurance hatte. So war sie im Elend allein gelassen, zu hilflos, zu schwach und zu sehr von ihrem kranken Herzen belastet, um sich selbst zu helfen. Schon deshalb war sie voll tiefster Dankbarkeit für die überaus wertvollen Päckchen, die sie ihr so großzügig all die Jahre zukommen ließen.

Wir selbst waren erst im Sommer 1946 in der Lage, mit ihr in Verbindung zu treten. Sie war stets geistig völlig klar, dabei empfindsam und verschwenderisch mit den Kleinigkeiten, die sie noch besaß. Sie war glücklich zu sehen, dass sich ihr Gebet erfüllt hatte: „Keinen Krieg mehr!" Was Gott ihr zu tragen zumutete, trug sie, bis es sein Wille war, dieses liebenswerte und großherzige Erdenleben zu beenden.

Es war ihr letzter Auftrag an mich gewesen, dass ich Ihnen schreibe. Seien Sie ihrer guten Wünsche und grenzenlosen Dankbarkeit versichert, ebenso sollen es alle ihre anderen Freunde in Amerika sein! Sie hat darum gebetet, dass Gott Sie und alle Ihre Lieben segnen möge.

Dank

Gott sei Dank! Dieses Buch ist „endlich“ geschrieben, was bei einer „unendlichen“ Geschichte problematisch ist und bleibt.

Da es mein erstes Buch in dieser Form ist, danke ich allen Lesern. Sie werden Ausdauer brauchen, sich mit achtzehn Kapiteln zu beschäftigen. Als Orientierungshilfe habe ich eine Chronologie angehängt. Soweit bekannt fügte ich bei der Erstnennung einer Person deren Geburts- und Todesjahr in Klammern ein.

Da ich kein „wissenschaftliches“ Buch schreiben wollte, habe ich auf Fußnoten, Anmerkungen, Indizes und Quellennachweise verzichtet. Ich verweise auf die von mir bearbeiteten Tagebücher. Sie können im Friedensmuseum, in der Landesbibliothek Coburg oder im Pfarramt von St. Moriz eingesehen werden. Gern stelle ich dieses Dokument jedem Interessierten zur Verfügung.

Mein spezieller Dank gilt meinen Freunden. Horst Jürgen Schunk war der erste Leiter des Friedensmuseums. Er stellte den entscheidenden Kontakt zu Antiquar Sigi Hirsch her. Mit vielen Recherchen half Rainer Axmann, der Spezialist für die Coburger Kirchengeschichte. Hildegard Böhm aus Mirow, sowie Veronika und Walter Hoffmann aus Gauting haben mein „literarisches“ Schaffen kritisch und konstruktiv begleitet.

Moritz Eisentraut aus Lichtenfels hat sich als Coburger Pflastermaler betätigt. Anna B. Eckstein musste mit dem dort allgegenwärtigen „Moriz“ in Beziehung gesetzt werden. Mit der Gestaltung des Buchtitels hat er mein Werk vollendet.

Last but not least lobe ich mir die Mitarbeiter von Druck und Verlag der Sonnefelder Firma Louis Hofmann. Margarita Vorister bewies eine Engelsgeduld mit mir. Einem alten Pfarrer fällt es schwer, zweimal die genau gleiche Predigt zu halten. Ständig glaubt er seinen Text ändern zu müssen.

Dass dieses Buch erscheint, liegt an der großartigen Solidarität, die in Meeder den Friedensdank und das Friedensmuseum trägt. Anna B. Eckstein hätte auch hier vom „Solidarismus Christi“ gesprochen. Der Verein „Friedensmuseum Meeder e.V.“ begeistert die Gemeinde Meeder für Anna B. Eckstein.

Für mich ist es ein Wunder, dass dieses Museum so viel Leben entfaltet, dass es sich als „Lernwerkstatt Frieden“ jedem öffnet und vor allem, dass die Meederer Schule sich in einmaliger Weise für ihre selbst gewählte Namensgeberin engagiert. Ohne die Schulleiterin Gabi Heller und ihre Nachfolgerin Eileen Fritsche wäre das nicht möglich.

Henning Schuster, Kirsten Gensinger, Elke Bräutigam, Wolfgang Geuß und Wolfgang Freise waren stets bei der Sache. Ohne sie gäbe es dieses Buch nicht.

Ein Ermutiger war und ist mein niederländischer Friedensfreund Gerard Lössbroek. Noch immer findet er Dokumente aus internationalen Archiven. Mit Peter van den Dungen von der Universität Bradford hält er ein Netzwerk aller Friedensmuseen zusammen. Deren weltweite Verbreitung zähle ich zu den Spätfolgen von Anna B. Ecksteins Weltpetition.

Schließlich teilt meine Frau Johanna Sperl meine Leidenschaft für die große Friedensfrau. Jeder Friedensmensch versteht nicht nur Gott in seiner Vollkommenheit, er lebt auch selbst dieses Vollkommen-Sein. Wie schön, wirklich wunderschön!

Trossenfurt, zu Ostern 2018:
Karl Eberhard Sperl

Chronologie

1866	8. Mai Hochzeit der Eltern Johann Nikolaus Eckstein, Eisfeld, und Anna Barbara, geb. Götz, Coburg, in der Coburger Morizkirche.
	11. Mai - 8. Oktober: Deutscher Krieg, auch zwischen Coburg und Meiningen.
	Feindliche Ausländer müssen Coburg verlassen.
	12. November: Vorzeitige Geburt von Sidonie „Toni“ Eckstein in Meiningen, Ecksteins lebenslang behinderte Schwester.
1868	14. Juni: Geburt von Anna Bernhardine Eckstein in Coburg, Heilig-Kreuz-Straße 15
	25. Juni: Taufe in Coburg - St. Moriz.
1871	Vater Eckstein wird stellv. Bahnhofsleiter. Ecksteins wohnen jetzt im Bahnhof, Lossaustr. 6.
1873	12. Juni: Geburt von Bruder Ernst Eckstein. Zuvor hat die Mutter bereits drei Totgeburten. Von 15 Geschwistern überstehen nur Sidonie und Ernst das frühe Kindesalter.
	2. September: Kindlicher Protest von Anna Bernhardine gegen kriegerisches Schauspiel am Sedan-Tag.
1874	Besuch der Luther-Schule. „Lieblingslehrerin“ Ottilie Frese.
1882	17. April: Konfirmation in Coburg - St. Moriz. Konfirmationsspruch Matthäus 5,48.
	Große Liebe zu „A.S.v.H.“.
1884	2. September: Auswandern nach Brooklyn zu Onkel Bernhard und Tante Carrie Degenkolb.
1886	8. März: Kindermädchen in New York bei Familie Goldsmith (6 Kinder). Freundschaft zu Max Goldsmith (Onkel der Goldsmith-Kinder).
1887	21. Mai: Kindermädchen in Brooklyn bei Liebmanns (3 Kinder).

26. September: Lehrerin in New York bei Miss Smyth.

4. Dezember: Gesellschafterin von Mamie Mannheimer, einziger Tochter des Multimillionärs Godfrey Mannheimer in New York.

1888 Ferienaufenthalte u.a. im Yellow Stone Nationalpark.

1889 Europareise, Weltausstellung Paris, Karlsbad, Coburg: Dabei Wiedersehen mit A.S.v.H. am 25 Juli, am 1. März kam sein erster Brief, am 9. November folgte der letzte.

1890 - 1892 Weitere Europareisen u.a. Berlin, Dresden, Karlsbad, Coburg, München, St. Moritz, Luzern, Paris, Ostende.

1893 11. November: Gesellschafterin in Brooklyn für die spätere Autorin Elisabeth Cary.

ab 1894 Eckstein wechselt nach Boston. Wohngemeinschaft mit „Mütterchen“ Martha Griffith Browne, Sklavenbefreierin.

ab 1897 Eckstein besitzt und leitet jetzt im Haus von Mrs. Browne die Modern School of Languages and Literature.

1898 23. April - 12. August: Spanisch-Amerikanischer Krieg. Eckstein beteiligt sich an Aktionen von Rev. Charles Gordon Ames, der die „Liga gegen US-Imperialismus“ gründet.

Gefangenenbetreuung in Kittery Point während Ecksteins Sommerkursen für Erwachsene.

Eckstein liest von Suttners „Die Waffen nieder“; Korrespondenz mit von Suttner.

24. August: „Zarenmanifest“. Jan Bloch initiiert den Aufruf des Zaren zur Haager Friedenskonferenz.

1899 18. Mai - 29. Juli: Erste Haager Friedenskonferenz.

4. September: Ecksteins Tagebuch-Eintrag in Kittery Point: „Der schönste Tag meines Lebens.“

1901 3. Mai: Tod von Vater Johann Nikolaus Eckstein.

11. Juni - 25. September: Europareise Berlin, Dresden, Mailand, Paris in Begleitung der Bostoner Freundin Helen Lincoln Jordan („Madre“) und deren Töchter Helen und Marion.

1902 12. März: Ecksteins erster „Amerikanischer Brief“ für die „Friedenswarte“, Zeitschrift der „Deutschen Friedens-Gesellschaft“ (DFG). Redakteur Alfred Hermann Fried.

1903 2. Juli: Ecksteins ausführliche Unterredung mit Verleger Edwin Ginn, ihrem späteren Hauptsponsor.

1904 3. - 8. Oktober: 13. Universal Peace Congress in Boston, erstes Welttreffen außerhalb Europas, viele deutsche Teilnehmer.

1905 ab 18. Mai: Eckstein Direktorin der „American Peace Society“.

20. Juni - 20. Oktober: Europareise.

19. Juli: Regierungsantritt von Herzog Carl Eduard in Coburg.

August: Ferienkurs der Universität Jena, Eckstein bei dem Pädagogen Wilhelm Rein und dem Theologen Heinrich Weinel.

19. - 3. September: XIV. Universal Peace Congress in Luzern. Kennenlernen von Franz Bucher-Heller und Eduard de Neufville.

1906 25. Mai: Tod von „Mütterchen“ Martha Griffith Browne.

1907 Winter 1906 / 1907: Eckstein verfasst Petition an die II. Haager Friedenskonferenz.
Sie sammelt 2 Millionen Unterschriften.

15. Juni - 18. Oktober: Zweite Haager Friedenskonferenz.

4. Juli: Eckstein übergibt die gesammelten Unterschriften in Den Haag.

7. September: Ecksteins Coburger Rede.

19. - 23. September: XVI. Universal Peace Congress in München. Ecksteins wichtiger Impuls für eine weltweite Ökumene der Kirchen mit Joseph Allen Baker und Eduard de Neufville.

1908 18. Mai: offizieller Beginn der Kampagne für die Weltpetition. Eckstein spricht in der Dana Hall des Wellesley-College, Mass.

27. Juli - 1. August: XVII. Universal Peace Congress in London. Eckstein „on the high table“ bei King Edward VII.

29. August 1908: Eckstein schickt die Weltpetition an Kaiser Wilhelm II.

1909	1. Januar: Verleger Edwin Ginn nimmt Eckstein unter Vertrag. Im Sommer veräußert Eckstein ihre Schule in Boston und kauft sich bei einer Lebensversicherung auf Rentenbasis ein.
	14. Mai: Rede bei der New England Association of School Superintendents: „Frieden gibt es nur, wenn in Schulklassen höchstens 10 Kinder sind".
	Juni: "International Council of Women" in Toronto / Canada.
	9. Juli: Eckstein kehrt nach Coburg zurück. Adresse Lange Gasse 7.
	7. - 12. Oktober: Teilnahme an der Jahrestagung des Berner „International Peace Bureau" in Brüssel.
	28. Oktober: Begegnung mit Herzog und Herzogin in Coburg.
	1. - 8. November: Vortragsreise in Dänemark.
	22. November - 3. Dezember Vorträge in Berlin.
	3. - 5. Dezember: Vorträge in Straßburg.
	6. - 17. Dezember: Vorträge in der Schweiz.
1910	1. - 17. Februar: Vorträge in Cassel, Gotha, Jena, Eisenach, Stuttgart, München.
	18. Februar - 24. Februar: Vorträge in Wien, teils mit Bertha von Suttner und Alfred Hermann Fried.
	25. Februar - 1. März: Vorträge in Budapest.
	2. - 16. März: Vorträge Breslau, Dresden, Stettin, Schweinfurt, Nürnberg.
	30. März - 17. April: Vorträge Berlin, Hamburg, Königsberg.
	25. April - 4. Mai: Vorträge Mannheim, Frankfurt/Main, Freiburg, Bern, Luzern, sowie in Warnsdorf in Böhmen.
	20. - 23. Mai: Dritter deutscher Friedenskongress in Wiesbaden. Ecksteins Vortrag „Die Frauen und die Friedensbewegung".
	1. - 5. August: XVIII. Universal Peace Congress in Stockholm. Einstimmige Unterstützung der Weltpetition.
	6. August: Schweden, Vorträge in Stockholm, Härnösand, Örebro, Karlstad, Trollhättan, Malmö.

7. - 13. Oktober: Österreich, Vorträge in Linz und Wien.

17. Oktober: Christus-Karten für die Weltpetition.

7. - 13. November: Niederlande, Vorträge in Amsterdam und Leiden.

14. November - 20. Dezember: Großbritannien, Vorträge in Coventry, Rugby, Glasgow, Dundee, Edinburgh, Wisbech, London, Cardiff, Gloucester, Plymouth, Bristol, Bridgewater.

1911 4. Januar - 20. Februar: Großbritannien, Vorträge in Brighton, Ipswich, Felixstowe, Norwich, Colchester, Liverpool, Southport, Monkseaton, London, Holyhead, Dublin, Belfast, Cork, St. Austell, Redruth, Southhampton.

21. - 26. Februar: Belgien, Vorträge in Jette und Brüssel.

27. Februar - 6. März: Frankreich, Vorbereitung einer längeren Tournee.

7. März - 14. April: Großbritannien: London, Cambridge, Edinburgh.

20. - 22. Mai: Vierter Deutscher Friedenskongress in Frankfurt/Main.

August: Ferienkurs an der Universität Jena.

11. - 13. August: Berlin, Internationales Friedensbureau für Lehrervereine.

24. - 28. November: Vorträge in Heilbronn und Schorndorf.

11. - 22. Dezember: Vorträge in London.

1912 11. Januar: Vortrag im „Kaffeekränzchen" der Nürnberger Hausfrauen, 1 800 Menschen.

22. Januar - 24. Februar: Vorträge in Königsberg i.Pr., Zoppot bei Danzig, Amsterdam, Winterswijk, Brüssel, Antwerpen, Scheveningen, Rotterdam.

25. Februar - 7. Juni: Frankreich, Vorträge in Guise, Versailles, Clermont-Ferrand, Lyon, Nîmes, Toulouse, Pau, Montauban, Bordeaux, Nantes, Niort, La Rochelle, Paris, Rouen, Beauvais, Angoulême, Limoges, Bourges, Cher, Dun sur Auron.

6. - 8. September: Magdeburger Monistentag.

21. - 29. September: XIX. Universal Peace Congress in Genf. anschließend Vorträge in Lausanne.

5. - 7. Oktober: Verband für Internationale Verständigung in Heidelberg.

26. - 31. Oktober: Vorträge in Berlin.

8. Dezember: Berliner Kriegsrat, geheime Besprechung der Militärs mit Wilhelm II. ohne Beteiligung von Kanzler und Auswärtigem Amt: Je eher der Krieg kommt, umso besser.

1913 26. Februar: Bittbrief an Carnegie-Stiftung um 50 000 $, für Info-Material, um Flotten- und Krieger-Vereinen entgegenzuwirken.

28. Februar - 4. März: Vorträge in Arnheim, Haarlem und Berlin.

18. März - 2. Oktober: Gesundheitliche Krise, Gelenkrheumatismus.

14. August: Einweihung des Friedenspalastes in den Haag, mit 1 500 000 $ finanziert von der Carnegie-Stiftung.

10. Dezember: Friedensnobelpreis an de Lehaie und La Fontaine, statt an die ebenfalls nominierte Anna B. Eckstein.

1914 2. Januar - 9. April: Aufenthalt in Boston, Gast von Helen Lincoln Jordan („Madre“).

21. Januar: Tod von Edwin Ginn.

11. April - 15. Mai: Aufenthalt in Washington D.C.

Ende Mai: Mit Andrew Carnegie auf dem Schiff nach Europa. Hilfszusage des schwerreichen Mannes.

21. Juni: Tod Bertha von Suttners in Wien.

28. Juni: Serbisches Attentat auf österreichischen Thronfolger.
1. August: Generalmobilmachung.
Kriegserklärung Deutschlands an Russland.

1. - 2. August: Gründungskonferenz des Weltbundes für Freundschaftsarbeit der Kirchen in Konstanz.

15. - 19. September: XXV. Universal Peace Congress in Wien entfällt.

2. Dezember: World Peace Foundation kündigt Anna B. Eckstein, nachdem sie sich weigert, in die USA zurückzukehren.

1915 28. April - 1. Mai: Internationaler Frauenkongress in Den Haag mit Teilnehmerinnen aus allen kriegführenden Staaten.

1916 ab 1. Mai: Eckstein Mitarbeiterin des Völkerrechtlers Prof. Theodor Niemeyer. Sie kann unzensierte Diplomatenpost versenden.

29. August: Hindenburg und Ludendorff werden zur Obersten Heeres-Leitung (OHL). Deutschland wird faktisch zur Militärdiktatur.

12. Dezember: Österreich-Ungarn veranlasst Friedensangebot.

30. Dezember: Zurückweisung durch die Alliierten:
Ohne Rückzug auf Vorkriegsgrenzen kein Frieden möglich.

1917 12. Januar: Brief Ecksteins an Kanzler von Bethmann Hollweg gegen die Lügenpropaganda der Kriegstreiber.

20. - 21. Januar: Verband für internationale Verständigung tagt in Frankfurt.

1. Februar: Verschärfter U-Boot-Krieg.

2. - 12. März: Aufenthalt bei Prof. Niemeyer in Kiel.
Beginn der Vorarbeiten Ecksteins für den „Staatenschutzvertrag".

15. März: Revolution in Russland.

6. April: Kriegserklärung der USA an Deutschland.
Eckstein bekommt kein Geld mehr aus ihrer Lebensversicherung.
Sie nimmt Privat-Schüler an, darunter Hans-Martin Helbich.

14. Juli: Reichskanzler von Bethmann Hollweg muss zurücktreten.

19. Juli: die Friedensresolution des Reichstags.

28. August: Eckstein regt „Weltbund für Wahrheitsfreunde" an.

7. November: „Oktober-Revolution" , die Sowjets übernehmen die Macht in Russland.

24. November: Waffenstillstandsangebot der Sowjets.

30. November - 3. Dezember: Generalversammlung der DFG in Erfurt. Eckstein veranlasst Bankier Arnhold 50 000 Mark für Friedenspropaganda zu stiften.

1918 4. März: Kanonendonner verkündet in Coburg den Friedensvertrag von Brest-Litowsk mit Sowjetrussland als großen deutschen Sieg.

20. März: Gründung der Gesellschaft für Literatur und Musik. In Coburg ein Versuch, das Verbot von Friedensdiskussionen zu umgehen.

29. September: Eckstein schickt ihr Manuskript vom „Staatenschutzvertrag“ an den Kaiser.

30. September: Erlass des Kaisers, räumt dem Volk Mitsprache ein.

3. Oktober: Der liberale Max von Baden wird Reichskanzler.

5. Oktober: Waffenstillstandsersuchen an US-Präsident Wilson.

14. Oktober: Deutschland will besetzte Gebiete räumen.

9. November: Kaiser Wilhelm II. dankt ab.

11. November: Coburger Arbeiter- und Soldatenrates tritt auf.
13. November: Herzog Carl Eduard entsagt dem Thron.

21. November: Eckstein tritt dem Demokratischen Volksbund bei, am 7. Dezember der Deutschen Demokratischen Partei (DDP).

10. Dezember: Gründung der Ortsgruppe Coburg-Stadt der DDP.

14. Dezember: Weihnachtskarte aus Scheveningen.

1919 3. - 18. Januar: Wahlkampf für die Nationalversammlung.

11. Februar: Nationalversammlung wählt „Fritz“ Ebert, Schneidersohn und Sattler, zum Präsidenten der Republik.

16. Februar: Ecksteins Initiative in der Kirchengemeinde St. Moriz zur „Neubelebung des kirchlichen Gemeindelebens“.

21. Februar: Kurt Eisner, bayerischer Ministerpräsident, wird erschossen, weitere Morde hindern den Start der Republik.

16. März: Ecksteins fordert weiterhin Religion als Pflichtfach.

17. März: Eckstein erhält Druckausgabe von „Staatenschutzvertrag zur Sicherung des Weltfriedens“.

24. April: Reichsregierung veröffentlicht Völkerbunds-Vorschlag. Laut „Fränkischem Kurier Nürnberg“, stimmt er mit Ecksteins Vorschlag überein.

Eckstein wirbt für eine Coburger Volkshochschule.

7. Mai: Eckstein im Vorstand der „Vereinigung Volkskirche und Kirchentag", initiiert von der „Christlichen Welt" Martin Rades.

25. Juni: Umzug mit Mutter und Schwester in die „Geith-Villa", Schillerplatz 4.

28. Juni: Unterzeichnung des Friedensvertrages in Versailles.

25. Juli: Ecksteins Vortrag in München
„Deutsche Auswanderung und Staatenschutzvertrag".

7. August: Aufruf der DFG, Völkerbund sei der beste Weg zur Revision des Versailler Vertrages.

9. August: Coburger Landtag berät Beitritt zu Bayern oder Thüringen.

2. September: Besuch von Carolina Wood.
Lebensmittelverteilung in St. Moriz.

23. - 25. September: Eckstein bei der Religiös-Sozialen Konferenz in Tambach-Dietharz. Vortrag Karl Barths: „Der Christ in der Gesellschaft."

24. Oktober: Eckstein plädiert im Tageblatt für Coburgs Beitritt zu Bayern.
Sie hofft auf Geld für kleinere Schulklassen.

30. September: Eckstein unterstützt die jüdische Gemeinde in Coburg gegen die aufkommende antisemitische Hetze.

14. November: Eckstein wirbt für einen Bezirksverein Coburg der „Deutschen Liga für Völkerbund". 19. Dezember: dessen Gründung.

30. November: Große Mehrheit beim Volksentscheid für einen Beitritt Coburgs zu Bayern.

19. Dezember: Eckstein gründet „Bezirksverein Coburg" der Deutschen Liga für Völkerbund.

1920 Februar: Wiederauszahlung von Ecksteins Versicherungsbezügen aus den USA in Aussicht gestellt.

13. März: Kapp-Ludendorff-Putsch. Generalstreik.

17. März: Demokraten demonstrieren in Coburg.
Putsch in Berlin beendet.

26. März: Bayerische Truppen besetzen Coburg,
um Spartakisten (!) zu entwaffnen!

29. April: Eckstein gründet „Bezirksverein Hildburghausen“
der Deutschen Liga für Völkerbund“.
Impulse zur Gründung des Lichtenfelser Bezirksvereins,
Thomas Dehler.

1. Juli: Coburg bayerisch.

6.- 11. September: Eckstein beim Bund Neues Werk in Marburg.

Eckstein transferiert Coburger Handarbeiten in die USA.

1921 1. April: Beitritt Coburgs zur Bayerischen Landeskirche.

3. September: Coburger Blutsonnabend. Bayerns Regierung unter
von Kahr lässt eine Demonstration gegen die Morde an Erzberger
und Rathenau blutig niederschlagen.
Handgranaten auf Frauen und Kinder.

1922 16. März: „Lausbubokratie“ in Coburg.
Rede von Graf Bernstorff mit Nazi-Störern.

15. Oktober: Hitlers „Deutscher Tag in Coburg“.
Herzog Carl Eduard unterstützt offen Adolf Hitler.

1923 29. Januar: Ruhrbesetzung durch Frankreich, passiver Widerstand,
ungebremste Inflation.

3. April: Lieblings-Neffe Otto Eckstein beginnt zum Leidwesen
der Tante eine Karriere als Berufsoffizier bei der Reichswehr.

15. Mai: Tod von „Toni“ Eckstein.

13. August: Große Koalition unter Kanzler Gustav Stresemann
beendet den passiven Widerstand im Rheinland.
Sie liefert damit einen Vorwand für Hitlers Putsch am 9. November.

16. November: Stresemann führt die Rentenmark ein.
In der Folge blüht die Republik auf.

1924 15. Januar: Die Coburger DDP geht gegen die SPD Wahlbünd-
nisse mit den Konservativen ein.

Eckstein im Tagebuch:
„Und das wollen Demokraten sein!"
Eckstein zieht sich aus der Coburger Politik zurück.

18. März: Ludwig Quidde wegen angeblichem Landesverrats in München verhaftet. Er hatte die illegale Aufrüstung öffentlich kritisiert: „Die schwarze Reichswehr".
Stresemann, jetzt Außenminister, sorgt für seine Freilassung.

1925 28. Februar: Tod Friedrich Eberts.

26. April: Hindenburg wird neuer Reichspräsidenten gewählt.

1926 22. Januar: Tod von Mutter Anna Barbara Eckstein.

20. Juni: Volksentscheid zur Fürstenenteignung scheitert nach massiver Wahlbehinderung der Nazis am 50%-Quorum.

1928 27. August: Briand-Kellogg-Pakt ächtet den Krieg.

1929 25. Februar: Für das Magazin „Unity" soll Eckstein den Briand-Kellogg-Pakt würdigen. Sie schreibt „What is the next step?"

24. Juni: NSDAP gewinnt Coburg, nach Hetze gegen Juden.
Ecksteins Tagebuch: „Die Hakenreuzler … diese Handlanger und Blutvergießer, diese bezahlten Agenten der Reaktion".

3. Oktober: Stresemanns plötzlicher Tod.

29. Oktober: „Schwarzer Freitag", Börsencrash.
Weltweite Rezension.

31. Dezember: Letzter Tagebuch-Eintrag Ecksteins.

1930 27. März: Ende der großen Koalition.
Hindenburg lässt mit Notverordnungen regieren.
Extreme Sparpolitik Kanzler Brünings, Massenarbeitslosigkeit.

1932 26. Februar: Hitler wird Ehrenbürger von Coburg.

1933 27. - 28. Februar: Reichstagsbrand.

17. März - 28. September: Schweizer Exil.
Eckstein wohnt bei Hermine Heller in Aarau.
Sie führt sporadisch wieder Tagebuch.

10. Mai: Bücherverbrennung, bereits am 7. Mai in Coburg.

1934	31. Mai: Theologische Erklärung von Barmen.
	11. - 25. Oktober: Landesbischof Meiser unter Hausarrest.
1935	11. März: Tödlicher Unfall von Pfarrer Paul Helbich.
	28. August: Bonhoeffers Aufruf zu einem „Friedenskonzil" auf der dänischen Insel Fanö.
1939	1. September: Deutscher Überfall auf Polen. Zweiter Weltkrieg.
1941	5. Januar: Eckstein schreibt zum letzten Mal an Adolf Hitler.
	11. Dezember: Deutschland und Italien erklären den USA den Krieg, erneut eine jahrelange Notlage Ecksteins.
1943	1. Februar: Neffe Hermann Eckstein fällt in Russland.
1942	27. November: Der Minister für Volksaufklärung und Propaganda" verweigert die Druckgenehmigung für Ecksteins Manuskript „Der Wille zur harmonisierten Macht".
1944	Dauernde Krankheit.
1945	Die Familien von Otto und Hans werden in Berlin ausgebombt.
	11. April: US-Truppen befreien Coburg.
1946	14. Mai: Tod von Bruder Ernst Eckstein.
1947	16. Oktober: Anna B. Eckstein stirbt zu Hause, Schillerplatz 4.

Inhaltsverzeichnis